· 河 大 百 年 · 法 学 论 丛 ·

U0454028

本书受河北省社会科学基金项目"数字经济税收法律问题研究"（HB21FX001）的支持

加密货币监管法律问题研究

于品显　著

實事求是

知识产权出版社
全国百佳图书出版单位
——北京——

图书在版编目（CIP）数据

加密货币监管法律问题研究／于品显著. —北京：知识产权出版社，2023.12
ISBN 978-7-5130-8772-8

Ⅰ.①加… Ⅱ.①于… Ⅲ.①数字货币—货币法—研究 Ⅳ.①D912.285.04

中国国家版本馆 CIP 数据核字（2023）第 094760 号

责任编辑：高志方　韩婷婷　　　　　　责任校对：潘凤越
封面设计：乾达文化　　　　　　　　　责任印制：孙婷婷

加密货币监管法律问题研究

于品显　著

出版发行：	知识产权出版社有限责任公司	网　　址：	http://www.ipph.cn
社　　址：	北京市海淀区气象路 50 号院	邮　　编：	100081
责编电话：	010-82000860 转 8512	责编邮箱：	15803837@qq.com
发行电话：	010-82000860 转 8101/8102	发行传真：	010-82000893/82005070/82000270
印　　刷：	北京建宏印刷有限公司	经　　销：	各大网上书店、新华书店及相关专业书店
开　　本：	787mm×1092mm　1/16	印　　张：	17.25
版　　次：	2023 年 12 月第 1 版	印　　次：	2023 年 12 月第 1 次印刷
字　　数：	276 千字	定　　价：	88.00 元

ISBN 978-7-5130-8772-8

前　言

　　数字技术的发展正在促进全球金融业的深度转型。随着电子支付的普及，纸质货币的使用日渐减少，消费者的支付方式和在其他金融业务中的行为已经发生了变化，包括银行在内的金融服务提供者面临新的市场进入者的挑战。数字货币（digital currency）尤其是加密货币（cryp to currency）的出现，顺应了经济的全球化、数字化发展趋势，是人类社会经济发展到数字时代的必然产物。加密货币和金融科技（fintech）的发展，从功能实现和技术治理的角度对法律和监管提出了要求，无论普通民众、金融机构、监管机构还是中央银行，都在关注其发展及未来的走向。加密货币的监管涉及国家安全、个人权利保护以及技术发展的价值需求，各国的货币管理当局都在关注这一现象，并且已经着手研究数字货币对货币政策、外汇管理、支付结算、反洗钱（anti-money laudering，AML）等的影响。有的国家已经开始探讨央行发行法定数字货币的可行性等问题。因此，加密货币的监管法律是亟待研究的重大问题。

　　本书除绪论、结论与建议外，共六章。

　　第一章是概述，主要论述加密货币的技术基础、风险、监管挑战和影响。第一节简要介绍了加密货币的技术基础、定义与分类，对"数字货币"、"虚拟货币"（virtual currency）、"加密货币"等有关概念进行了辨析，分析了加密货币生态系统的主要参与者及其法律关系；第二节分析了加密货币产生的动因及影响；第三节分析了去中心化的加密货币带来的风险，引起的监管挑战及影响，重点论述了监管挑战，包括对货币体系的挑战、法律属性认定的挑战以及监管的挑战。

第二章是本书的基础理论章节，论述加密货币的法律属性。对于加密货币这一新生事物，监管方面的难题是如何对其进行分类和定性，以及纳入什么样的监管体系。加密货币表现出多重法律属性，由此形成了"财产说""货币说""有价证券说"等学说，但都存在一定理论困局。第一节探讨了加密货币"财产说"及其理论困局；第二节探讨了加密货币"有价证券说"并对其进行了评析；第三节探讨了"货币说"并对其进行了评析；第四节提出应根据加密货币的功能而非形式重新定位其法律属性，并指出相应的构建路径。

第三章研究加密货币的底层技术之一，即分布式账本技术（DLT）的监管问题，因为只有先理解分布式账本技术才能深入理解加密货币，分布式账本技术监管是加密货币监管的基础。第一节主要介绍了分布式账本技术的概念、重要特性和应用；第二节分析了分布式账本技术带来的风险和监管挑战；第三节提出了分布式账本技术监管模式构建的若干法律思考。

第四章研究加密货币的发行中的首次代币发行（ICO）及其监管问题。第一节主要介绍首次代币发行的运行机制和监管挑战，包括首次代币发行相关背景解析、风险与政策考量及面临的监管挑战；第二节着重探讨世界代表性的国家和地区首次代币发行的监管框架和制度设计，分析了首次代币发行监管的法律依据、监管模式的选择；第三节就我国首次代币发行的监管提出若干建议。

第五章研究加密货币反洗钱的法律问题。由于加密货币的匿名性和跨国性特征能阻碍对其流动轨迹的追溯，且容易混淆交易链条，因此网络犯罪活动中通常选择使用加密货币作为支付手段。加密货币还可用于洗钱活动，带来了诸多风险，各主要国家都采取了一定的监管措施。国际反洗钱组织金融行动特别工作组（FATF）也专门发布了加密货币反洗钱的监管指南，协调全球的加密货币反洗钱工作。第一节分析了加密货币洗钱的监管困境，包括利用加密货币洗钱的手段、风险以及加密货币带来的反洗钱监管挑战；第二节介绍了世界主要国家和地区的加密货币反洗钱法律实践，包括美国、欧盟、亚太等国家和地区的实践，并对其进行了评价；第三节重点研究加密货币反洗钱国际监管制度，主要是金融行动特别工作组的建议与措施；第四节提出了构建中国加密货币反洗钱制度的若干思考。

　　第六章研究加密货币发展的高级阶段，即中央银行数字货币（CBDC）的法律问题。央行数字货币已成为各国争相研发，具有战略前沿意义的新领域。第一节是中央银行数字货币的经济分析，首先介绍了中央银行数字货币的定义与类型，然后分析了央行发行中央银行数字货币的原因以及发行对货币政策所产生的影响；第二节探讨了中央银行数字货币运行机制设计和技术选择问题；第三节是对中央银行数字货币难点问题的法律思考。

缩略语表（部分）

AML：Anti-Money Laundering 反洗钱

ATS：Alternative Trading Systems 替代交易系统

BIS：Bank for International Settlements 国际清算银行

CPMI：Committee on Payments and Market Infrastructures 支付和市场基础设施委员会

CCP：Central Counter Party 中央对手方

CSD：Central Securities Depositories 中央证券存托机构

CDD：Customer Due Diligence 客户尽职调查

CBDC：Central Bank Digital Currency 中央银行数字货币

CBCC：Central Bank Cryptocurrency Currency 中央银行加密货币

CFTC：Commodity Futures Trading Commission 美国商品期货交易委员会

CTF：Counter Terroristn Financing 反恐融资

DBM：Digital Base Money 数字基础货币

DCEP：Digital Currency Electronic Payment 数字货币电子支付

DLT：Distributed Ledger Technology 分布式账本技术

DAO：Distributed Autonomous Organization 分布式自治组织

ECB：European Central Bank 欧洲中央银行

EBA：European Banking Authority 欧洲银行管理局

ETF：Exchange Traded Funds 交易所交易基金

FSB：Financial Stability Board 金融稳定理事会

FINMA：Swiss Financial Market Supervisory Authority 瑞士金融市场监督管理局

FSA：Financial Services Agency 日本金融服务厅

FinHub：Strategy Hub for Innovation and Financial Technology 美国证券交易委员会的创新与金融科技策略中心

CPMI：Committee on Payments and Market Infrastructures 支付与市场基础设施委员会

Fintech：Financial Technology 金融科技

FMI：Financial Market Infrastructure 金融市场基础设施

FATF：Financial Action Task Force 金融行动特别工作组

FinCEN：Financial Crimes Enforcement Network 美国金融犯罪执法网络

FCA：Financial Conduct Authority 英国金融行为监管局

GDPR：General Data Protection Regulation 通用数据保护条例

JVCEA：Japan Virtual Currency Exchange Association 日本虚拟货币交易业协会

KYC：Know Your Customer 识别客户身份

IMF：International Monetary Fund 国际货币基金组织

ISO：International Standards Organization 国际标准化组织

ICO：Initial Coin Offer 首次代币发行

IOSCO：International Organisation of Securities Commissioners 国际证监会组织

MAS：Monetary Authority of Singapore 新加坡金融管理局

NYDFS：New York Department of Financial Service 纽约金融服务管理局

OTC：Over-The- Counter 场外交易

OSCE：Organization for Security and Cooperation in Europe 欧洲安全和合作组织

POS：Proof of Stake 权益证明

POW：Proof of Work 工作量证明

PFMIs：Principle of Financial Market Infrastructures 金融市场基础设施准则

RTGS：Real Time Gross Settlement 实时全额结算

SEC：Securities Exchange Commission 美国证券交易委员会

SFC：Securities & Futures Commission of Hong Kong 香港证券及期货事务监察委员会

STO：Security Token Offering 证券型代币发行

SFA：Securities and Futures Act 证券和期货法案

IPO：Initial Public offering 首次公开募股

IFRS：International Financial Reporting Standards 国际财务报告准则

IASB：International Accounting Standards Board 国际会计准则理事会

SWIFT：Society for World Inter-bank Financial Telecommunications 全球银行间金融电信协会

VC：Virtual Currency 虚拟货币

UNODC：United Nations Office on Drugs and Crime 联合国毒品和犯罪问题办公室

FTC：Federal Trade Commission 联邦贸易委员会

ASIC：Australian Securities and Investments Commission 澳大利亚证券和投资委员会

NIFA：National Internet Finance Association of China 中国互联网金融协会

BaFin：Bundesanstalt für Finanzdienstleistungsaufsicht 德国联邦金融监管局

FMIA：Financial Market Infrastructure Act 金融市场组织法

IRS：Internal Revenue Service 美国国税局

BSA：Bank Secrecy Act 1970 1970 年银行保密法

4AMLD：The Fourth Anti-Money Laundering Directive 第四项反洗钱指令

5AMLD：The Fifth Anti-Money Laundering Directive 第五项反洗钱指令

FSRBS：FATF-style Regional Bodies 反洗钱区域性组织

APG：Asia/Pacific Group on Money Laundering 亚太反洗钱组织

目　录

绪　论

一、研究背景与意义

（一）加密货币引发监管范式变革

技术是最具革命性的力量，特别是熊彼特所说的"破坏式创新"技术的出现，往往带来政治、经济、法律等多方面的变革。区块链（blockchain）就是这种意义上的技术，它把点对点网络、分布式数据储存和加密算法结合起来，形成了一种新的价值转移和信任形成机制。世界经济论坛创始人施瓦布（Klaus Schwab）将区块链技术诠释为"工业 4.0"，认为区块链是继蒸汽机、电力和计算机发明之后，带动人类社会进入第四次工业革命的技术。区块链技术正在引领全球经济变革，包括货物、服务和资产的转移方式以及人类社会的生产和组织方式的变革。

区块链技术最早的应用领域就是比特币（bitcoin）等加密货币，其也是区块链技术相对比较成熟的应用领域。比特币是最早出现的加密货币，自推出以来，已引起全世界的关注。它是一个全新的支付系统，可以使资金在全球范围无缝转移，具有提高支付转账的效率和速度，减少商业欺诈、降低交易成本等多种优势。然而，比特币等加密货币的影响并不局限于支付领域，作为一种新的信任机制和"制度技术"（institutional technology），它是市场资本主义制度的革命性发展，有可能对生产和组织方式产生多方面的影响，甚至从根本上改变我们的社会运行方式。

继比特币之后，基于各种区块链技术创新的加密货币不断涌现，[①]监管机

---

① 根据 CoinMarketCap 网站统计，截至 2019 年 4 月 12 日，全球范围内有 2 168 个加密货币和 17 764 个加密货币交易所，全体加密货币的市值约为 1 702 亿美元（其中比特币市值占比为 52.1%），过去 24 小时交易量约为 551 亿美元。

构开始意识到这种革命性技术将带来重大变化。早期的金融科技（Fintech）创新重点是通过减少市场摩擦来提高金融体系的运行效率，而加密货币的目的是通过消除对第三方的信任并代之以对加密技术的信任，从而实现货币和金融体系的范式转变。[①]加密货币具有去中心化、匿名性和跨国性等特点，也产生了一些法律和监管问题。一是与腾讯"Q 币"、网络游戏"魔兽世界"的"金币"等只能在虚拟环境下使用的虚拟货币不同，加密货币可以在真实世界中使用，存在一定的监管真空，产生了一系列问题，包括欺诈[②]、市场操纵[③]、金融犯罪[④]、消费者保护[⑤]、分布式分类账中的负债[⑥]、大型封闭网络的发展可能阻碍市场准入[⑦]、对有关加密货币税收政策的担忧、货币政策和金融稳定等[⑧]。此外，缺乏共同标准可能会带来操作性问题、治理问题、隐私问题[⑨]可扩展性以及中央银行数字货币（Central Bank Digital Currency，CBDC）或数字基础货币（Digital Base Money，DBM）的发行问题。二是从形式上看，加密货币不过是一串连续的代码，但它能够产生法律上的约束力，"代码即法律"（Code is Law）。加密货币的法律属性是证券、财产（property）（商品），抑或是货币，

---

① NABILOU H，PRÜM A. Ignorance，debt，and cryptocurrencies：The old and the new in the law and economics of concurrent currencies[J]. Journal of Financial Regulation，2019，5（1）：29-63.

② BARTOLETTI M，CARTA S，CIMOLI T，et al. Dissecting Ponzi schemes on Ethereum：identification，analysis，and impact[J]. Future Generation Computer Systems，2020，102：259-277.

③ GRIFFIN J M，SHAMS A. Is Bitcoin really untethered?[J]. The Journal of Finance，2020，75（4）：1913-1964.

④ STOKES R. Virtual money laundering：the case of Bitcoin and the Linden dollar[J]. Information & Communications Technology Law，2012，21（3）：221-236.

⑤ 何东，卡尔·哈伯，梅尔罗斯·莱科，等. 虚拟货币及其扩展：初步思考[J]. 金融监管研究，2016（4）：48.

⑥ ZETZSCHE D A，BUCKLEY R P，ARNER D W. The distributed liability of distributed ledgers：Legal risks of blockchain[J]. University of Illinois Law Review，2018（4）：1361-1407.

⑦ HE M D，LECKOW M R B，HAKSAR M V，et al. Fintech and financial services：Initial considerations[M]. International Monetary Fund，2017.

⑧ BANK OF INTERNATIONAL SETTLEMENT，COMMITTEE ON PAYMENTS AND MARKET INFRASTRUCTURES. Digital Currencies[EB/OL]. [2015-11-01]. https：//www.bis.org/cpmi/publ/d137.pdf.

⑨ DE FILIPPI P. The interplay between decentralization and privacy：the case of blockchain technologies[J]. Journal of Peer Production，Issue，2016（7）：1-19.

国内国外都尚无定论，存在"有价证券说""财产说""货币说"等不同学说，这影响到如何监管以及应当由何机构监管的问题。三是从监管管辖权来看，加密货币的跨国性与监管、法律的属地性之间存在一定的张力。长期以来，管辖权领域的主导范式是领土管辖权决定国家单方行使权力的范围以及监管管辖权的范围。根据这种管辖权模式，监管的实效很大程度上仍然局限于国家领土范围内。监管的属地性与加密货币的全球性之间存在紧张关系。简单来说，加密货币产生于国家内，却影响全球。总之，加密货币的繁荣产生了一系列监管问题，而这正是其走向成熟的标志，但对于如何监管，各国都处于探索阶段。

（二）各国监管制度不同，亟待协调和统一

世界上很多国家和地区都出台了加密货币的监管法律，加密货币监管是亟待解决的全球性共同问题。如果说加密货币在其萌芽阶段和发展的早期产生的影响不大，没有引起监管机构重视的话，那么在其经过十多年发展后，监管机构就应当及时行动起来了。事实上，世界各地尤其是大型经济体的政府机关和监管机构仍然对加密货币和相关资产（加密资产）持谨慎态度，认为有投资者和消费者风险。例如，金融稳定理事会（FSB）在 2018 年有关加密资产的报告中强调了对加密资产的"重大关切，包括消费者和投资者保护，市场诚信和洗钱/恐怖主义融资等问题"[①]。国际清算银行（BIS）在 2017 年的一份报告中确定了与加密货币底层技术——分布式账本技术相关的几项风险，包括运营和安全风险、与数据完整性有关的风险，不可窜改（immutability）性和私密性，以及缺乏有效的法律框架。[②]在欧盟，欧洲银行管理局（EBA）在 2014 年关于"虚拟货币"的意见中识别出与用户、市场参与者、金融诚信

[①] FINANCIAL STABILITY BOARD. Crypto-assets:Report to the G20 on work by the FSB and standard-setting bodies[EB/OL]. [2018-07-16]. http://www.fsb.org/wp-content/uploads/P160718-1.pdf.

[②] BANK OF INTERNATIONAL SETTLEMENTS, COMMITTEE ON PAYMENTS AND MARKET INFRASTRUCTURES. Distributed ledger technology in payment，clearing and settlement，An analytical framework [EB/OL]. [2017-02-27]. https://www.bis.org/cpmi/publ/d157.pdf.

度、支付系统和监管机构相关的约 70 种风险，[①]并向消费者发出警告。2018 年，欧盟将加密货币纳入其新修订的反洗钱指令（Anti-money Laundering Directive），而欧洲议会的研究建议采取进一步措施，包括发布禁令以及将加密货币的某些方面定为刑事犯罪。[②]欧洲中央银行（ECB）自 2012 年就开始发布有关加密货币风险的指南。[③]

在美国，监管机构和美国联邦储备委员会发布了一些警告，列出了一些与加密货币相关的风险因素。监管机构以违反美国法律为由针对加密货币发行者、交易所提起了几项诉讼，并加大了将加密生态系统纳入金融监管的力度。[④] 2017 年，北美证券管理人协会（NASAA）发布的一项调查显示，接受调查的州和省监管机构中有 94%认为加密货币带来了"较高的欺诈风险"[⑤]。在其他发达国家，也有相似的调查，加密货币（也称"代币"或"tokens"）被描述为："极具危险""不可靠""欺诈""威胁"和其他类似的词语。在科技巨头脸书（Facebook）宣布推出天秤币（Libra）之后，美国政府机构呼吁脸书停止发展加密货币，直到监管者有机会评估相关情况，安排公开听证会并确保最高监管标准适用于新货币。也有人担心天秤币会对全球金融体系产生影响以及对传统货币造成威胁，对天秤币的负面评论也影响到其他加密货币。

尽管监管机构在公开声明中作出了负面评价，但一些发展中国家已经认

---

① EUROPEAN BANKING AUTHORITY. Opinion onVirtual Currencies，EBA/Op/2014/08 [EB/OL]. [2014-07-04]. https：//www.eba.europa.eu/sites/default/documents/files/documents/10180/657547/81409b94-4222-45d7-ba3b-7deb5863ab57/EBA-Op-2014-08%20Opinion%20on%20Virtual%20Currencies.pdf?retry=1

② HOUBEN R，SNYERS A. Cryptocurrencies and blockchain：Legal context and implications for financial crime，money laundering and tax evasion[Z]. TAX3 Committee, European Parliament，2018.

③ ATHANASSIOU P. Impact of digital innovation on the processing of electronic payments and contracting：an overview of legal risks[EB/OL].[2017-11-16]. https：//papers.ssrn.com/sol3/papers.cfm?abstract_id=3067222.

④ BROWN-HRUSKA S，WAGENER T. The virtual currency regulatory framework in global context[J]. Capital Markets Law Journal，2018，13（4）：487−517.

⑤ NORTH AMERICAN SECURITIES ADMINISTRATORS ASSOCIATION. NASAA Reminds Investors to Approach Cryptocurrencies，Initial Coin Offerings and Other Cryptocurrency-Related Investment Products with Caution [EB/OL]. [2018-01-04]. https：//www.nasaa.org/44073/nasaa-reminds-investors-approach-cryptocur rencies-initial-coin-offerings-cryptocurrency-related-investment-products-caution/.

识到加密货币的多种用途。发达国家包括美国、瑞士和日本等国也已认识到了加密货币的使用以及底层技术的使用带来的潜在好处，该领域的许多专家和决策者都将分布式账本技术描述为具有变革性甚至革命性的特征，上述国家也开始采取措施将此类金融创新纳入监管。举例来说，2018 年 10 月，日本政府授予了日本虚拟货币交易协会（JVCEA）对加密货币进行监管和采取执行措施的权力。①在瑞士，政府已采取正式步骤以开放加密货币银行准入权限，瑞士证券交易所在 2018 年建立了全球首个交易所，以进行多种加密货币交易。②许多受监管的加密货币银行有望在未来几年正式开始运营。在美国，有关加密货币监管的讨论仍在继续，其主要关注点不是禁止它，而是应将其作为证券、商品还是货币来监管。③

从以上论述可以看出，各国对加密货币的监管态度并不相同，大致可以分为禁止发行流通、纳入现有的监管框架和设立新的监管三种。由于加密货币会对现有的货币市场造成冲击，中国、俄罗斯、韩国、泰国等国采取了非常严厉的监管措施，甚至明令禁止其的发行与交易。④美国、英国、瑞士等国家强调技术中立原则，并没有根据技术类型或具体形式而采用独立的监管方法，而是根据不同加密货币所具有的不同功能，将其分别纳入了不同的监管框架，认为现有的监管体系和方式也同样适用于加密货币，任何违反现有监管规定的行为，都必须接受监管机构的调查和惩处。⑤相较于美国、英国、瑞士等国，日本则更进一步，构建了新的监管框架。日本于 2016 年修订了《资金结算法》以及其他一些相关法律法规，将加密货币纳入日常监管，"从国家

① TAIGA URANAKA. Japan Grants Cryptocurrency Industry Self-regulatory Status[OL]. [2018-10-24]. https://www.reuters.com/article/us-Japan-Cryptocurrency-idUSKCN1MY10W.

② CHRIS FLOOD. Switzerland Gives Green Light to First Cryptocurrency ETP[N]. Financial Times，2018-11-17.

③ BROWN-HRUSKA S，Wagener T. The virtual currency regulatory framework in global context[J]. Capital Markets Law Journal，2018，13（4）：487-517.

④ 李文红，蒋则沈. 分布式账户、区块链和数字货币的发展与监管研究[J]. 金融监管研究，2018（6）：1-12.

⑤ 华秀萍，夏舟波，周杰. 如何破解对数字虚拟货币监管的难题[J]. 金融监管研究，2019（11）：1-18.

层面建立了专属于加密货币的监管框架"[①]。

（三）国家研究和发行加密货币的战略意义

我国现阶段对于比特币和首次代币发行采取了严格禁止的监管措施。2013 年 12 月，中国人民银行与工信部、银监会、证监会、保监会联合印发《关于防范比特币风险的通知》，明确比特币不具有法偿性和强制性的货币属性，是非货币当局发行的，只是特定的虚拟商品，不能也不应在市场上作为货币流通使用。2017 年 9 月，中国人民银行等七部委联合发布《关于防范代币发行融资风险的公告》，将首次代币发行界定为非法公开融资行为，禁止各类代币发行融资活动。

严格的监管固然有一定的合理性，能够防止加密货币投机活动，避免代币发行领域出现金融乱象，但严格的监管也存在一定的弊端。

首先，加密货币以及与其相关的资产有可能长期存在，因为它们有着强大的技术支持，并能够以自身的优势满足市场和社会的需求。加密货币具有独特的优势和便利性，有助于清算和结算成本的降低[②]，其价值受到一些重要国际组织和许多国家的认可，"加上其所依托的区块链技术以及其他一系列商业应用，对跨境小额汇款、小额国际贸易支付等普惠金融服务大有裨益，并有利于推动传统金融产业以及其服务的相关联产业实现转型升级"[③]。加密货币能够以较低的成本填补高成本、集中和严格监管的传统金融体系留下的空白，使金融更具普惠性。金融科技作为科技与金融的结合体，是一个不能放弃的领域，应当鼓励、引导加密货币和其他类型的金融科技创新合规地探索和发展。

其次，以分布式账本技术为基础的新的、替代性的金融生态系统能够为日益严重的系统性风险问题以及"太大而不能倒"的金融机构提供有吸引力的结构性解决方案。监管机构目前对金融市场的监管方法很难保证传统金融

---

① 杨东，陈哲立. 虚拟货币立法：日本经验与对中国的启示[J]. 证券市场导报，2018（2）：69-78.

② 何东，卡尔·哈伯梅尔，罗斯·莱科，等. 虚拟货币及其扩展：初步思考[J]. 金融监管研究，2016（4）：46-71.

③ 华秀萍，夏舟波，周杰. 如何破解对数字虚拟货币监管的难题[J]. 金融监管研究，2019（11）：1-18.

体系不会出现危机，因此，为了维持长期稳定可能需要采用其他解决方案。而创建与传统金融体系不同的加密货币金融生态系统就可能是一个可行的解决方案，该系统主要由非银行（加密货币公司、金融科技公司、大型科技公司和其他金融创新者）运营，这将增加运营自主性并限制与传统金融市场的直接联系，从而有助于限制危机蔓延，在危机时稳定主要的金融系统，也有助于防止重大危机扰乱经济发展。监管两个相对较小的系统的总成本比监管一个单一、巨大而复杂的系统的成本要低，尤其是在加密货币生态系统受到监管的情况下更是如此。如果我们保持当前的市场体系结构，那么规模不断扩大、关联性不断增强的金融体系犹如一颗定时炸弹，随时有可能摧毁全球经济，而监管也将失控，并不能起到预防危机的作用。

再次，纵观全球，世界许多国家的中央银行甚至已经开始计划发行法定数字货币，其方案多种多样，但都受到加密货币的影响，使用了区块链或分布式账本技术作为底层技术支撑，如加拿大的 Jasper 项目、新加坡金融管理局（MAS）的 Ubin 项目、欧洲中央银行和日本央行联合开展的 Stella 项目，我国央行也有类似计划的动向。由于在技术机理和使用体验上的相似性，加密货币的发展可能成为法定数字货币的先声。法律必须顺应进步所产生的正当要求，应当对社会经济生活的变化趋势有所回应，不能忽视未来的迫切要求。

最后，对加密货币交易加以规制，已经在国际上达成共识。关闭交易平台无法完全禁止加密货币的交易，反而将交易放任到完全没有监管的环境下，无法采取反洗钱、反恐融资（CTF）措施，使得通过加密货币交易开展违法犯罪活动的风险上升，也给加密货币持有者带来了更大的风险。

总之，建立在区块链这种突破式创新技术基础上的加密货币，其优势和价值已经得到公认。这项革命性技术的出现，已经带来诸多法律问题和监管挑战，而技术的复杂性和法律的滞后性等原因共同导致了监管的滞后。面对货币和支付等经济、金融的核心问题，我国需要从鼓励创新的角度出发，平衡监管和创新的关系；我国需要深入研究加密货币的具体应用、法律性质以及由此衍生出的诸多法律和监管问题，以便为我国决策部门、金融机构、法律界及相关企业提供参考意见；我国在借鉴其他国家监管经验的基础上，应适时完善监管制度，更好地参与加密货币全球监管制度构建。同时，面对风起云涌的科技革命和各国监管制度创新，我国无论从自身需要还是从参与人类命运共同体建设、提升人类福祉出发，都应当参与到加密货币监管这一全球共同关心的问题中来。加密货币等互联网货币的创新和发展，值得高度关注和认真研究。

二、国内外研究现状及文献综述

（一）国内研究现状

如上文所述，与一些发达国家和经济体相比，我国对加密货币的监管措施是相当严格的。严格的监管在一定程度上抑制了金融科技领域的创新步伐，相关企业或转移到监管比较宽松的国家或地区继续经营，或就此停止运营。但是，由于加密货币具有去中心化、不可逆的特点，禁止其交易并不意味着我们就处于避风港之中，完全不受国际社会金融创新产品的影响。国内对虚拟货币的研究并没有就此止步，研究成果不断涌现。国内关于加密货币的研究主要集中在加密货币的性质和金融风险、监管、法定数字货币发行等几个方面。

1. 国内关于加密货币和区块链的著作

姚前著有《数字货币初探》（中国金融出版社 2018 年版），该书侧重于加密货币的底层技术介绍，较少涉及加密货币的法律和监管问题；姚前、陈华著有《数字货币经济分析》（中国金融出版社 2018 版），该书与上述著作内容有部分重复，侧重从经济学的角度分析加密货币问题；谢平、石午光著有《数字货币新论》（中国人民大学出版社 2019 版），该书主要从货币经济学的视角分析了加密货币，基本未涉及加密货币的法律和监管问题；杨东著有《链金有法：区块链商业实践与法律指南》（北京航空航天大学出版社 2017 年版），该书主要介绍了区块链在商业实践中的应用场景，比较概括；钟伟、魏伟、陈骁著有《数字货币：金融科技与货币重构》（中信出版集团 2018 年版），该书从经济学、货币史的视角论述加密货币，较为宏观；杨延超著有《机器人法：构建人类未来新秩序》（法律出版社 2019 版），该书部分章节研究了区块链和加密货币的法律问题以及监管问题。

2. 国内关于加密货币问题的期刊论文

关于加密货币法律属性方面的研究。有学者从货币应当具有的价值尺度、流通手段、支付媒介等基本功能出发，认为虚拟货币本质上不是货币。[1]狄刚则进一步探讨了数字货币的有关概念。[2]姚前（2018）对数字货币的历史、基本原理、监管、法定数字货币发行提出了一些初步思考。[3]有学者从法律角度探讨了比特币的性质，但关于比特币在司法体系中的定位仍不明确，仍存在不少分歧。娄耀雄等认为，比特币理论上具备了货币的一切特点，只要法律认可，就能成为真正合法流通的货币。[4]学者蔡英欣在分析了日本 2016 年修订的《支付服务法》（Payment Service Act）的基础上，认为虚拟货币并不具有法律上的强制通用效力，难以符合货币要件。[5]学者陈荣传（2019）认为，加密货币不属于货币、电子钱、数字货币，而属于无体财产及洗钱防治法规定的虚拟通货，在加密货币权利变动方面，不宜直接适用关于动产物权变动的规定。[6]

日本学者道垣内弘人（2017）认为，比特币实为信息累积，将比特币权利界定为"当事人可将他人承认之持有单位数向其他参加者移转之权利，且该持有单位数仅在他人承认下才具有正当性，即此种权利并不具有对世效力"。[7]赵磊（2018）得出了与之相似的结论，认为私人货币只在具有"货币认同"的群体内或者当事人之间可以等同于法定货币，进而依照货币来处理当事人之间的权利义务关系。如果当事人之间对私人货币不存在"货币认同"，则可视为一种无形财产，按照财产法规则处理。[8]

---

① 盛松成，张璇. 虚拟货币本质上不是货币：以比特币为例[J]. 中国金融，2014（01）：35-37.

② 狄刚. 数字货币辨析[J]. 中国金融，2018（17）：52-54.

③ 姚前. 数字货币的前世与今生[J]. 中国法律评论，2018（06）：169-176.

④ 娄耀雄，武君. 比特币法律问题分析[J]. 北京邮电大学学报（社会科学版），2013（04）：25-31.

⑤ 蔡英欣. 试论虚拟货币之监理与法律定位：以日本法为中心[J]. 管理评论，2018（10）：53-67.

⑥ 陈荣传. 论比特币与比特币之债[J]. 军法专刊，2019，65（6）：1-41.

⑦ 道垣内弘人. 比特币的法律性质与交易所破产取回权的成立与否[M]//渠涛. 中日民商法研究：第十六卷. 北京：法律出版社，2017：149-159.

⑧ 赵磊. 论比特币的法律属性：从 HashFast 管理人诉 Marc Lowe 案谈起[J]. 法学，2018（04）：150-161.

杨延超（2020）提出了数字货币新货币说，一方面为建构数字货币的准货币属性提供了法理依据；另一方面也为渐进完善数字货币立法提供了理论基础。杨延超还主张先确定其为准货币的法律属性，在时机成熟时再确认其货币的法律地位，并在立法中确认数字货币作为准货币的法律地位，以此作为逻辑起点建构其作为准货币的系列法律制度。[①]

上述学者的研究一定程度上加深了我们对加密货币的理解，但还有一些问题有待解决。一是加密货币仅仅是记账单位，还是具备了货币的基本功能，从而具有"私人货币"的地位并有望成为法定货币？二是加密货币从形式上看，只是一串信息流，它是否具备物权法上对于物权客体的认定条件，从而成为一种新的财产类型？三是当前法学界讨论的虚拟货币大都为中心化的机构（比如腾讯公司）旗下的产物，相关理论不完全适用于比特币等虚拟货币。

加密货币监管是亟待解决的全球性共同问题，我国学者就如何平衡持有者利益保护、金融创新与金融稳定，并防止洗钱、恐怖融资行为做了一些研究。樊云慧（2016）[②]较早从国际比较的角度研究了比特币监管问题，重点论述了我国的监管策略。孙国峰和陈实（2017）[③]、贺立（2018）[④]、张继红和牛佩佩（2018）[⑤]都探讨了美国虚拟货币监管经验及对我国的启示。上述学者的文章存在的共性问题是：对美国的立法和监管规定点到为止，未做深入研究；没有研究美国法院的一些著名判例；没有触及美国虚拟货币的执法活动。杨东和陈哲立（2018）探讨了日本虚拟货币立法的经验。[⑥]中国人民银行郑州中心支行课题组（2017）、范薇等（2016）研究了虚拟货币反洗钱问题[⑦]，但未做深入论述，参考价值不大。中国人民银行的一些工作人员还尝试从国际比较的角度研究虚拟货币监管（崔冬和万晨，2016）。[⑧]总的来看，在加密货

① 杨延超. 论数字货币的法律属性[J]. 中国社会科学，2020（01）：84-106，206.

② 樊云慧. 比特币监管的国际比较及我国的策略[J]. 法学杂志，2016（10）：116-123.

③ 孙国峰，陈实. 美国虚拟货币监管借鉴[J]. 中国金融，2017（19）：82-84.

④ 贺立. 美国虚拟货币监管经验及对我国的启示[J]. 武汉金融，2018（07）：54-58.

⑤ 张继红，牛佩佩. 美国数字货币监管考量及对我国的启示[J]. 金融法苑，2018（01）：133-146.

⑥ 杨东，陈哲立. 虚拟货币立法：日本经验与对中国的启示[J]. 证券市场导报，2018（02）：69-78.

⑦ 范薇，王超，谢华. 美国数字货币反洗钱监管[J]. 中国金融，2017（10）：84-85.

⑧ 崔冬，万晨. 数字货币国际监管的发展动向及对我国的启示[J]. 征信，2016，34（10）：62-64.

币监管方面，国内研究尚处于起步阶段，十分欠缺介绍发达国家和地区监管经验方面的资料；我国该如何平衡加密货币监管与金融创新的关系、加密货币未来该如何规制和发展等问题，亟待进行突破性研究。

有关分布式账本技术监管方面的研究。徐忠、邹传伟（2018）^①从经济学角度研究了区块链的功能。李文红、蒋则沈（2018）认为分布式账本技术监管应遵循"技术中立"原则，按照金融业务本质实施监管，维护市场公平竞争；及时对金融科技/互联网金融业务进行"穿透定性"，防止冒用技术名义违法违规开展金融业务；加强对金融机构与科技企业合作的监管，强化对信息科技风险、外包风险和其他操作风险的管控。^②崔志伟（2019）认为，对于加密货币和区块链不宜采取与传统金融监管相同的监管政策，而需要在沙箱式监管下实现创新，由监管部门主导完成风险的跟踪测试。^③赵磊（2020）研究了区块链算法的规制问题，认为区块链算法既是决策自动化的体现，也是决策自动化的执行机制。区块链算法的规制要做到在传统法律框架下运行，依法治链与"以链治链"相结合。^④

有关首次代币发行方面的研究。孙国峰、陈实（2019）^⑤讨论了我国的首次代币发行监管现状，然后论证了首次代币发行的"投资合同"属性，建议适度扩大我国《证券法》中证券的范围，将"投资合同"纳入《证券法》的调整对象。同时，引入"投资合同"的实质判定标准，具体提出了用三步分析法来帮助监管机构和司法机构判断首次代币发行项目的证券属性，以帮助监管机构和司法机构判断新出现的金融工具是否属于"投资合同"的范畴。黄朝琮（2019）^⑥从美国证监会的意见、法院判决、学说见解等几个维度，探讨了首次代币发行代币是否属于有价证券，以及首次代币发行的准据法、管

---

① 徐忠，邹传伟. 区块链十二讲（之八）：区块链能做什么、不能做什么[J]. 数据，2018（11）：76-77.

② 李文红，蒋则沈. 分布式账户、区块链和数字货币的发展与监管研究[J]. 金融监管研究，2018（06）：1-12.

③ 崔志伟. 区块链金融：创新、风险及其法律规制[J]. 东方法学，2019（03）：87-98.

④ 赵磊. 区块链技术的算法规制[J]. 现代法学，2020（02）：108-120.

⑤ 孙国峰，陈实. 论 ICO 的证券属性与法律规制[J]. 管理世界，2019（12）：45-52.

⑥ 黄朝琮. 首次代币发行之架构及相关问题探讨[J]. 台北大学法学论丛，2019（111）.

辖法院、纠纷解决机制、信息披露与监管等问题，并探论了首次代币发行与众筹之间的关系。

有关加密货币反洗钱方面的研究。加密货币因具有匿名、去中心化等特征，易被不法分子当作洗钱工具，但是国内对于加密货币反洗钱方面的研究十分匮乏，高质量的研究成果更是屈指可数，且研究内容、得出的结论建议大同小异，急需进一步研究。封思贤、丁佳（2019）认为，面对加密货币交易活动中存在的洗钱风险，各国金融监管部门须明确加密货币法律属性，拓宽监管边界，创新监管技术，协同国际合作；加密货币交易所要严格落实一线反洗钱责任；央行应积极试点法定数字货币。[①] Leo Zeng（2019）[②]提出了加密货币反洗钱的具体监管路径，包括各国金融犯罪执法部门进一步加强合作、共享信息，制定专门的加密数字货币反洗钱规章制度，以有效遏制洗钱犯罪活动在互联网领域的蔓延。

有关中央银行数字货币研究方面，金融学研究成果已经较多，而法学研究成果却非常少。范一飞（2016）讨论了法定数字货币的形态和运行框架，指出我国在运行框架方面倾向于选择"中央银行—商业银行"二元模式。[③]姚前、汤莹玮（2017）从理论、技术和实践三个层面提出了我国发行法定数字货币的若干思考。[④]姚前（2018）从法定数字货币发行设计的角度研究了法定数字货币对现行货币体制的优化。[⑤]在另一篇论文中，姚前（2018）还描述了中央银行发行法定数字货币的模式和体系，包括关键要素、运行机制、原型系统总体架构、系统架构和技术架构等方面的内容。[⑥]李文红、蒋则沈（2018）研究了分布式账户、区块链和数字货币的发展与监管问题。[⑦]邹传伟（2019）

[①] 封思贤，丁佳. 数字加密货币交易活动中的洗钱风险：来源、证据与启示[J]. 国际金融研究，2019（07）：25-35.

[②] Leo Zeng. 加密数字货币的国际反洗钱机制研究[J]. 国际经济法学刊，2019（04）：38-47.

[③] 范一飞. 中国法定数字货币的理论依据和架构选择[J]. 中国金融，2016（17）：10-12.

[④] 姚前，汤莹玮. 关于央行法定数字货币的若干思考[J]. 金融研究，2017（7）：78-85.

[⑤] 姚前. 法定数字货币对现行货币体制的优化及其发行设计[J]. 国际金融研究，2018（4）：3-11.

[⑥] 姚前. 中央银行数字货币原型系统实验研究[J]. 软件学报，2018（9）：2716-2732.

[⑦] 李文红，蒋则沈. 分布式账户、区块链和数字货币的发展与监管研究[J]. 金融监管研究，2018（6）：1-12.

重点介绍了金融基础设施的账户模式和代币模式，并分析了天秤币项目的潜在风险与监管应对。①但是，目前国内关于中央银行数字货币法律问题的研究相对较少。刘向民（2016）从发行依据、法偿性、反洗钱、所有权转移、个人隐私保护等几个方面介绍了央行发行数字货币面临的法律问题，但缺乏深入论述。②刘少军（2018）在对法定数字货币的法律性质和流通性质分析的基础上，研究了中央银行、商业银行和社会公众的货币权力（利）义务的合理分配问题。穆杰（2020）认为，目前，数字货币电子支付（DCEP）面对来自虚拟货币"比特币"及首次代币发行、法律及金融监管、数字货币流通环节的改造、区块链底层技术不成熟以及天秤币超主权货币等多方面的挑战，可以考虑从数字货币金融监管体系的完善、数字货币技术的革新、数字货币基础及应用研究的深化、数字货币有限中心化构想四个方面着手来解决。③

（二）国外研究现状

欧美国家对加密货币和区块链的监管比较宽松，宽松的监管营造了技术研发和应用的环境，一大批加密货币企业如雨后春笋般出现，加密货币发行量和交易量也在不断增长。加密货币活动实践的丰富一定程度上推动了国外的研究进展，国外对加密货币的研究议题之广，讨论之深入，实非国内所能比。限于研究范围，本书主要关注的是关于加密货币的法律性质和监管方面的文献。

1. 关于加密货币研究的国外著作

尼尔斯·万德桑德（Neil Vandezande）的《虚拟货币：一个法律框架》（*Virtual Currency*: *A Legal Framework*，Intersentia Publishing Nv.，2018），主要着眼于欧盟法律框架下的加密货币法律问题。福布斯·阿萨娜西欧（Phoebus L. Athanassiou）的《金融服务中的数字创新：法律挑战和监管政策问题》（*Digital Innovation in Financial Services*: *Legal Challenges and Regulatory Policy Issues*，Wolter Kluwer，2018），从宏观上探讨了金融服务领域数字创新

---

① 邹传伟. 区块链与金融基础设施：兼论 Libra 项目的风险与监管[J]. 金融监管研究，2019（7）：18–33.

② 刘向民. 央行发行数字货币的法律问题[J]. 中国金融，2016（17）：17–19.

③ 穆杰. 央行推行法定数字货币 DCEP 的机遇、挑战及展望[J]. 经济学家，2020（03）：95–105.

的法律问题，有专门关于区块链、加密货币、智能合约（smart contract）的章节。普里马维拉·德·菲利普和亚伦·莱特（Primavera De Filippi & Aaron Wright）合著的《区块链与法律：代码之治》（*Blockchain and the Law: The Rule of Code*，Harvard University Press，2018），围绕"代码即法律"如何发展到"代码作为法律"（Code as Law）这一逻辑主线，创造性地提出了"加密法"（lex cryptographia）概念，并以此为基础，探讨了区块链对金融、合同、信息、组织的影响，以及区块链技术所面临的监管挑战和法律适用的困惑，但该书的探讨都不够深入。迈克·芬克（Michèle Finck）所著的《欧洲区块链监管和治理》（*Blockchain Regulation and Governance in Europe*，Cambridge University Press，2018）一书认为，区块链既是一种可监管的技术（regulatable technology），又是一种监管技术（regulatory technology），并探讨了区块链技术创新和社会秩序维护的平衡问题，该书的理念一定意义上可为加密货币的监管提供借鉴。

威廉·马格努森（William Magnuson）在《区块链民主》（*Blockchain Democracy*，Cambridge University Press，2020）一书中，描绘了区块链和比特币发展历程及其带来的影响。马格努森认为，区块链的流行既证明了当今人们对政府的极度不信任，也证明了技术和网络空间可以提供解决方案。他还认为，区块链的发展证明：技术的发展如果违背法律、市场和人性，必然遭遇失败。

西蒙·格里森（Simon Gleeson）的《货币的法律概念》（*The Legal Concept of Money*，Oxford University Press，2018）一书从法律的角度探讨了货币的性质，认为加密货币有可能成为法律意义上的货币。罗伯特·赫里安所著《批判区块链》（王延川、郭明龙译，上海人民出版社，2019 年）一书通过评估法律法规在影响技术发展和使用的过程中所扮演的角色，提供了一个批判性视角来评价分布式账本技术。罗萨里奥·吉拉萨（Rosario Girasa）所著《加密货币和区块链技术的监管：国内和国际视角》（*Regulation of Cryptocurrencies and Blockchain Technologies: National and International Perspectives*，Palgrave Macmillan，2018）着重探讨了美国的加密货币监管问题，但论述不够详细。克里斯–布鲁默（Chris–Brummer）所编写的《加密资产：法律、监管和货币的视角》（*Cryptoassets*: *Legal*，*Regulatory*，*and Monetary Perspectives*，Oxford University Press，2019）一书，具体研究了加密货币的性质、估值理论与实践、首次代币发行、风险管理、中央银行数字货币等问题，涉及议题广而复杂。

上述都是比较侧重于研究加密货币法律问题的著作，并没有专门关于加密货币监管方面的著作。

2. 关于加密货币研究的国外文献

加密货币法律属性问题研究综述。David Yermack（2015）认为，比特币未能满足货币应当具有的交易媒介、价值储藏和记账单位功能，因此不是货币，更像一种投机性投资工具。[①]Dirk G. Baur（2018）等人的研究结论与 David Yermack 一致，认为比特币只是一种投机性投资，而不能替代货币和交易媒介。Beat Webber（2014）认为，现行的货币体系存在合法化危机，但是比特币不具备货币的多种功能，并且价格波动极大，不适宜成为货币。Kelvin F. K. Low 和 Ernie G. S. Teo（2017）从财产法的角度考察了比特币和其他加密货币的法律性质，认为加密货币应当是一种财产。Aleksi Grym（2018）从金融学的角度观察，认为数字货币完全是个虚幻的概念，货币也不能数字化，因为这意味着要在账户基础上创建一种新的金融记录维护体系。加密货币不是货币，而仅仅是记录不存在资产（non-existent asset）的账户体系。客观而论，Aleksi Grym 的观点有失偏颇，比特币等加密货币现在还没有成为真正意义上的货币，但它们已经具备了货币的部分功能，比如作为一种支付手段。Sean Mcleod（2017）的文章从肯定和否定两个维度考察了比特币是否构成货币的问题，并分析了有关案例和监管问题。

如果说上述学者的讨论有点盲人摸象的意味的话，一些国际组织对加密货币的讨论则更具全面性和客观性。国际货币基金组织（IMF，2016）的一篇工作论文从历史和理论、法律、经济三个方面分析了虚拟货币的性质，结论是虚拟货币还不是真正的货币，并提出了一些监管建议。国际清算银行（2015）认为，数字货币和分布式分类账会带来多方面的影响，特别是对支付系统和支付

---

① YERMACK D. Is Bitcoin a real currency? An economic appraisal[M]//Handbook of digital currency. Academic Press，2015：31-43.

服务的影响。在2019年3月发布的一份文件中，国际清算银行（2019）认为，加密货币有可能给全球金融系统带来风险。总之，无论从哪个角度看，加密货币都不是真正的货币，这一点基本达成了共识。但是，加密货币在法律体系特别是司法体系中该如何定位，国外学者也依然着墨不多，鲜少见到比较成熟的研究成果。法律定位不明确也给加密货币的监管带来了不少难题。

加密货币监管一般问题研究综述。加密货币的蓬勃发展带来了洗钱、恐怖融资、消费者保护、逃税、冲击金融体系等一系列问题，例如，出现了"丝绸之路"（Silk Road）、"自由储备"（Liberty Reserve）等利用比特币开展违法犯罪活动的组织，日本最大的比特币交易所Mt. Gox也宣告破产。加密货币监管研究主要聚焦在三个方面，即为什么要监管、如何监管以及具体监管制度介绍与构建。Joshua J. Doguet（2013）较早思考了虚拟货币的监管和法律问题。[1]Isaac Pflaum（2014）以"丝绸之路"为例，讨论了虚拟货币监管中的域外管辖权问题。[2]Daniela Sonderegger（2015）指出，比特币发展中出现了一些乱象，并提出了一些监管建议。Anastasia 和 Dominique（2017）指出了加密货币监管面临的一些挑战，并提出了相应的应对措施。[3]针对加密货币去中心化、缺乏明确监管对象的特点，Hossein Nabilou（2019）指出，应当摒弃传统金融监管所采用的以命令控制为主的直接监管模式，转而采用对加密货币交易所、支付系统、银行等进行监管的模式。[4]在此基础上，Ilias Kapsis（2019）指出，为了解决传统的金融体系带来的效率低、包容性不足、系统性风险等问题，应当鼓励加密货币发展成为独立的

---

① DOGUET J J. The Nature of the Form：Legal and Regulatory issues surrounding the Bitcoin digital currency system[J]. Louisiana Law Review，2013，73（4）：119-1153.

② PFLAUM I，Hateley E. A bit of a problem：national and extraterritorial regulation of virtual currency in the age of financial disintermediation[J]. Georgetown Journal International Law，2014（45）：1169-1215.

③ SOTIROPOULOU A，GUÉGAN D. Bitcoin and the challenges for financial regulation[J]. Capital Markets Law Journal，2017，12（4）：466-479.

④ NABILOU H. How to regulate bitcoin? Decentralized regulation for a decentralized cryptocurrency[J]. International Journal of Law and Information Technology，2019，27（3）：266-291.

金融生态系统，补充传统金融生态体系的不足，促进创新。[①] Sharon 和 Trevor（2018）[②]介绍了全球加密货币监管框架，重点分析了美国的加密货币监管制度。

分布式账本技术监管研究综述。分布式账本技术，也称区块链技术，是加密货币最重要的底层支持技术，加密货币监管的一个重要方面是如何对该技术进行监管。Aaron Wright 和 Primavera De Filippi（2015）[③]认为，随着分布式账本技术的兴起，会产生一种新的法律——加密法，用来规范智能合约和分布式自治组织（DAO）。Primavera De Filippi（2016）[④]认为，区块链技术和智能技术兴起之后，代码在规制人们在互联网上的行为方面将发挥更大的作用，人们的监管理念也有必要从"代码即法律"转向"法律即代码"。Philipp Paech（2017）[⑤]较早讨论了区块链技术在金融领域应用产生的监管问题，认为为了保护参与者和社会的整体权益，金融监管和司法应为区块链设定一定的边界。Michèle Finck（2018）[⑥]认为，面对区块链这种尚未成熟的技术，需要发挥技术软件的监管功能，采用"多中心协同"（polycentric co-regulation）的监管方式。Kevin Werbach（2018）[⑦]表达了与 Michèle Finck 相同的观点，认为核心问题不是如何监管区块链而是区块链如何被用于监管，过于严苛或者过早监管区块链会抑制创新，失去利用新技术达成公共目标的机会。

首次代币发行监管研究综述。英国学者 Iris H-Y Chiu（2018）认为，首

[①] KAPSIS I. Blockchain and cryptocurrencies：essential tools in a two-tier financial system[J]. Capital Markets Law Journal，2020，15（1）：18−47.

[②] BROWN-HRUSKA S，WAGENER T. The virtual currency regulatory framework in global context[J]. Capital Markets Law Journal，2018，13（4）：487−517.

[③] WRIGHT A, DE FILIPPI P. Decentralized blockchain technology and the rise of lex cryptographia [EB/OL].[2015-3-25]. https://papers.ssrn.com/sol3/papers.cfm?abstract_id=2580664.

[④] DE FILIPPI P, HASSAN S. Blockchain technology as a regulatory technology: From code is law to law is code[EB/OL].[2018-1-8]. https://arxiv.org/abs/1801.02507.

[⑤] PAECH P. The governance of blockchain financial networks[J]. The Modern Law Review, 2017, 80(6): 1073−1110.

[⑥] FINCK M. Blockchains: regulating the unknown[J]. German Law Journal, 2018, 19(4): 665−692.

[⑦] WERBACH K. Trust, but verify: Why the blockchain needs the law[J]. Berkeley Technology Law Journal, 2018, 33(2): 487−550.

次代币发行监管应当跳出传统的证券或者集合投资监管框架，政策制定者应考虑建立金融创新资产的监管框架，同时保持投资者保护和融资需求之间的平衡。[1]Dirk A. Zetzsche 等（2019）[2]从实证的角度收集分析了 1 000 个首次代币发行案例，指出了首次代币发行面临的法律问题、监管挑战并提出了若干建议。Michael Mendelson（2019）[3]根据美国 1946 年的证券法判例确定的标准（"Howey"测试），分析了加密货币是否构成美国证券法上的"证券"，并建立了一个分析框架。Philipp 和 Mathias（2019）[4]分析了"投资代币"（investment tokens）在欧盟法律框架下的法律属性，认为它与美国法中的"投资合同"（investment contract）一样，属于证券，应当纳入证券监管。Cohney 等（2019）学者通过分析 2017 年排名前五十的首次代币发行白皮书，发现它们存在对消费者、投资者保护不力的问题，由此对首次代币发行提出了诸多疑问和批评。[5]鉴于美国法律尚未对首次代币发行代币等数字资产作出明确的分类，Henderson 和 Raskin（2019）两位学者提出了明确的数字资产分类标准，即在 Howey 测试基础上，增加两步检验标准，第一步为 Bahamas Test，确定数字资产是否足够去中心化，从而证明其不是证券；第二步为实质测试，确定投资是否具备获利的期待。[6]日本学者 Junko Ueda（2020）[7]描绘了日本加密货币交易和首次代币发行

---

① CHIU I H Y. Decoupling tokens from trading: reaching beyond investment regulation for regulatory policy in initial coin offerings[J]. International Business Law Journal, 2018: 265−298.

② ZETZSCHE D A, BUCKLEY R P, ARNER D W, et al. The ICO gold rush: It's a scam, it's a bubble, it's a super challenge for regulators[J]. Harvard International Law Journal, 2019, 60: 267−315.

③ MENDELSON M. From initial coin offerings to security tokens: A US Federal Securities law analysis[J]. Stanford Technology Law Review, 2019 (22): 52−94.

④ MAUME P, FROMBERGER M. Regulations of initial coin offerings: reconciling US and EU securities laws[J]. Chicago Journal of International Law, 2018 (119): 548−585.

⑤ COHNEY S, HOFFMAN D, SKLAROFF J, et al. Coin-operated capitalism[J]. Columbia Law Review, 2019, 119(3): 591−676.

⑥ HENDERSON M T, RASKIN M. A regulatory classification of digital assets: toward an operational Howey test for cryptocurrencies, ICOs, and other digital assets[J].Columbia Business Law Review, 2019 (2): 443−493.

⑦ UEDA J. Initial Coin Offerings and Regulation in Japan[J]. European Business Law Review, 2020, 31(1)：111−127.

市场的立法进展，认为需要密切跟踪首次代币发行市场的发展，将其纳入监管议程，并准备替代监管安排。

加密货币反洗钱研究综述。加密货币由于具有匿名性、去中心化和跨国性等特征，容易被犯罪分子用于洗钱活动。Danton Bryans（2014）[1]较早分析了比特币被用于洗钱犯罪引发的问题，以及美国现有反洗钱法律框架是否可以应用比特币反洗钱，并提出了比特币和其他加密货币的监管建议。Malcolm Campbell-Verduyn（2018）[2]认为，加密货币带来的机遇远远大于全球反洗钱挑战，反洗钱金融行动特别工作组以风险为基础的监管方法可以有效平衡加密货币的威胁与挑战。Robby Houben（2018）[3]分析了加密货币被用于金融犯罪、洗钱和逃税等法律问题，以及欧盟现有的监管框架、改进建议。George Forgang（2019）[4]分析了加密货币为何会用于洗钱活动、犯罪分子是怎样用加密货币洗钱的，并提出了相应的监管建议。

中央银行数字货币相关研究综述。2019 年以来，各国中央银行普遍加强了对法定数字货币的研究，部分国家开始探索法定数字货币发行、流通等技术研发和制度安排，政府支持的专有数字货币未来可期。欧洲中央银行在 2019 年研发了 EUROChain 项目。俄罗斯中央银行在 2019 年年底表示，其已开始在其监管沙箱中测试稳定币。韩国中央银行表示，将继续进行包括分布式账本技术、加密资产和中央银行数字货币等在内的研究与创新。日本中央银行也就央行数字货币尤其是相关法律问题进行了深入研究，并发布了相关研究成果。中国人民银行在 2019 年表示，数字货币是未来最重要的金融基础设施之一，目前已基本完成顶层设计，坚持双层投放、M0 替代、可控匿名原则。

---

① BRYANS D. Bitcoin and money laundering: mining for an effective solution[J]. Indiana Law Journal, 2014 (89): 441–474.

② CAMPBELL-VERDUYN M. Bitcoin, crypto-coins, and global anti-money laundering governance [J]. Crime, Law and Social Change, 2018, 69(2): 283–305.

③ HOUBEN R, SNYERS A. Cryptocurrencies and blockchain: Legal context and implications for financial crime, money laundering and tax evasion[Z]. European Parliament, 2018.

④ FORGANG G. Money laundering through cryptocurrencies[J]. Economic Crime Forensics Capstones，2019，1（15）：1–31.

当前，国内外已有一些文献专门研究了央行数字货币。国外文献主要围绕中央银行数字货币的概念、发行、运行框架和具体形态等方面展开了讨论。早在 2015 年，国际清算银行下设的支付和市场基础设施委员会（Committee on Payments and Market Infrastructures，CPMI）将中央银行数字货币定义为加密货币。[1]随后，Broadbent（2016）提出中央银行数字货币的概念。[2]英格兰银行 2016 年发布的报告中明确提出了评估中央银行发行数字货币的框架以及中央银行数字货币该如何提高小额支付系统的运行效率。[3]Bech 和 Garatt（2017）[4]则提出中央银行加密货币（Central Bank Crypto Currencies，CBCC）的概念，从发行者（中央银行或其他）、货币形态（电子或实物）、流通范围（全局或局部）、流通机制（中心化或去中心化）四个维度对中央银行加密货币的特性进行了阐述。经济学方面的研究侧重讨论中央银行数字货币的发行对货币体系、货币政策的影响，中央银行数字货币是否应附有利息等问题。[5]国际货币基金组织较为全面地讨论了中央银行数字货币的设计，中央银行数字货币潜在的优势与成本，中央银行数字货币对货币政策、金融稳定等的影响。[6] 还有学者探讨了中央银行数字货币发行的法律问题和法律挑战，认为中央银行发行中央银行数字货币之前首先应当解决这些法律问题。[7]

国际清算银行（2018）对中央银行数字货币进行了较为综合和深入的研

---

① BANK FOR INTERNATIONAL SETTLEMENTS. Digital currencies: Committee on Payments and Market Infrastructure. [EB/OL]. [2015-11-23].https：//www.bis.org/cpmi/publ/d137.htm.

② BROADBENT B. Central Bank Digital Currency [EB/OL]. [2016-3-3]. http：//www.bankofengland. co.uk/publications/pages/speeches/2016/886.aspx.

③ FUNG B S C，HALABURDA H. Central bank digital currencies：a framework for assessing why and how[EB/OL].[2017-6-29]. https://papers.ssrn.com/sol3/papers.cfm?abstract_id=2994052.

④ BECH, GARATT. Central bank cryptocurrencies：Are country-backed blockchain assets the future?[J]. BIS Quarterly Review，2017 (9).

⑤ BORDO M D，LEVIN A T. Central bank digital currency and the future of monetary policy[R]. National Bureau of Economic Research，2017.

⑥ MANCINI-GRIFFOLI T，PERIA M S M，AGUR I，et al. Casting light on central bank digital currency[J]. IMF staff discussion note，2018，8（18）：1-39.

⑦ NABILOU H. Central bank digital currencies：Preliminary legal observations[EB/OL].[2019-2-27]. https://papers.ssrn.com/sol3/papers.cfm?abstract_id=3329993.

究，具有重要的参考价值。①其将中央银行数字货币分为批发型和通用型，批发型中央银行数字货币将限制访问预定义的用户组，而通用型中央银行数字货币的用户则可以广泛访问预定义的用户组。其中，批发型中央银行数字货币结合使用了分布式账本技术，这一技术可以提高涉及证券和衍生品交易的结算效率。国际清算银行乐观地认为，中央银行引入中央银行数字货币将不会改变货币政策的实施，而且会丰富货币政策工具箱。但国际清算银行也意识到中央银行数字货币潜在的风险，提出引入中央银行数字货币的中央银行必须确保其满足反洗钱和反恐融资的要求，并满足其他监管和税收制度的政策要求。日本央行的学者 Yanagawa 和 Yamaoka（2019）就中央银行数字货币对支付效率、银行的资金融通、流动性危机以及货币政策的传导机制可能产生的影响进行了综合研究。②国际货币基金组织前总裁拉加德指出，发行中央银行数字货币可能带来的好处之一是促进普惠金融的发展，从某种意义上说，中央银行数字货币将为更多人提供使用无风险支付工具的机会③。欧央行学者 Bindseil（2020）认为，中央银行可以开放式地、充分讨论中央银行数字货币可能产生的风险和影响。他着重研究了双层架构的中央银行数字货币对金融体系的影响，认为中央银行数字货币可能会因为金融危机周期性从商业银行体系脱媒，即使央行完全控制了中央银行数字货币的数量，也并不一定能控制其对金融体系产生的影响；中央银行数字货币可能成为商业银行资产负债表缩水的媒介，可能利好一批非银行金融机构。④

　　总之，国内外已经有不少加密货币方面的研究成果，但在加密货币的法律性质、监管方面还存在很多争议，值得进一步研究。本书将充分借鉴现有的研究成果，结合加密货币的最新发展、监管实践、司法实践进行深入研究。

---

① BANK FOR INTERNATIONAL SETTLEMENTS. Committee on Payments and Market Infrastructures Markets Committee[EB/OL].[2018-3-27]. https://www.bis.org/cpmi/publ/d174.pdf.

② YANAGAWA N，YAMAOKA H. Digital innovation，data revolution and central bank digital currency[R]. Bank of Japan，2019.

③ LAGARDE C. Winds of Chang：The Case for New Digital Currency [EB/OL]. [2018-11-14]. https://www.imf.org/en/news/articles/2018/11/13/sp111418-winds-of-change-the-case-for-new-digital-currency.

④ BINDSEIL U. Tiered CBDC and the financial system[EB/OL].[2020-1-4]. https://papers.ssrn.com/sol3/papers.cfm?abstract_id=3513422.

三、本书的研究思路、结构安排与研究方法

（一）研究思路

本书从加密货币的法律属性、全球各国的监管策略、中国对加密货币的监管探索等视角，对加密货币监管法律问题进行了详细的研究探讨，目的在于为中国加密货币的监管改善、中国参与全球加密货币的监管提供参考。

加密货币的法律属性问题一方面决定着监管机构的选择、监管法律制度的适用等公法问题，另一方面也影响到加密货币持有者的权利、救济手段等私法问题。所以，本书首先探讨了加密货币的法律属性这一根本性问题，并指出了其带来的监管挑战。在此基础上，本书余下章节分别研究了加密货币底层技术的监管、加密货币发行监管（首次代币发行）以及使用的监管（反洗钱）等重要和热点问题。同时，加密货币的出现也给法定货币的发展带来了新的可能，不少国家的中央银行都正在研究或者实验发行中央银行数字货币，这是加密货币发展的高级阶段。最后从经济学和法学的视角，初步探讨了中央银行数字货币发行面临的若干问题。

（二）结构安排

本书除绪论、结论和建议外，正文部分共六章。

第一章是概述，主要论述加密货币的技术基础、风险、监管挑战和影响。第一节简要介绍了加密货币的技术基础、定义与分类，对"数字货币"、"虚拟货币"（virtual currency）、"加密货币"等有关概念进行了辨析，分析了加密货币生态系统的主要参与者及其法律关系。第二节分析了加密货币产生的动因及影响。第三节分析了去中心化的加密货币带来的风险，引起的监管挑战及影响，重点论述了监管挑战，包括对货币体系的挑战、法律属性认定的挑战以及监管的挑战。

第二章是本书的基础理论章节，论述加密货币的法律属性。对于加密货币这一新生事物，监管方面的难题是如何对其进行分类和定性，以及纳入什么样的监管体系。加密货币表现出多重法律属性，由此形成了"财产说""货币说""有价证券说"等学说，但都存在一定理论困局。第一节探讨了加密货币"财产说"及其理论困局；第二节探讨了加密货币"有价证券说"并对其

进行了评析；第三节探讨了"货币说"并对其进行了评析；第四节提出应根据加密货币的功能而非形式重新定位其法律属性，并指出相应的构建路径。

第三章研究加密货币的底层技术之一，即分布式账本技术（DLT）的监管问题，因为只有先理解分布式账本技术才能深入理解加密货币，分布式账本技术监管是加密货币监管的基础。第一节主要介绍了分布式账本技术的概念、重要特性和应用；第二节分析了分布式账本技术带来的风险和监管挑战；第三节提出了分布式账本技术监管模式构建的若干法律思考。

第四章研究加密货币的发行中的首次代币发行（ICO）及其监管问题。第一节主要介绍首次代币发行的运行机制和监管挑战，包括首次代币发行相关背景解析、风险与政策考量及面临的监管挑战；第二节着重探讨世界代表性的国家和地区首次代币发行的监管框架和制度设计，分析了首次代币发行监管的法律依据、监管模式的选择；第三节就我国首次代币发行的监管提出若干建议。

第五章研究加密货币反洗钱的法律问题。由于加密货币的匿名性和跨国性特征能阻碍对其流动轨迹的追溯，且容易混淆交易链条，因此，网络犯罪活动中通常选择使用加密货币作为支付手段。加密货币还可用于洗钱活动，带来了诸多风险，各主要国家都采取了一定的监管措施。国际反洗钱组织金融行动特别工作组（FATF）也专门发布了加密货币反洗钱的监管指南，协调全球的加密货币反洗钱工作。第一节分析了加密货币洗钱的监管困境，包括利用加密货币洗钱的手段、风险以及加密货币带来的反洗钱监管挑战；第二节介绍了世界主要国家和地区的加密货币反洗钱法律实践，包括美国、欧盟、亚太等国家和地区的实践，并对其进行了评价；第三节重点研究加密货币反洗钱国际监管制度，主要是金融行动特别工作组的建议与措施；第四节提出了构建中国加密货币反洗钱制度的若干思考。

第六章研究加密货币发展的高级阶段，即中央银行数字货币（CBDC）的法律问题。央行数字货币已成为各国争相研发，具有战略前沿意义的新领域。第一节是中央银行数字货币的经济分析，首先介绍了中央银行数字货币的定义与类型，然后分析了央行发行中央银行数字货币的原因以及发行对货币政策所产生的影响；第二节探讨了中央银行数字货币运行机制设计和技术选择问题；第三节是对中央银行数字货币难点问题的法律思考。

（三）研究方法

数字经济条件下货币的发展是一个崭新的研究方向，现在还只是开始，势必随着数字经济的发展进一步发展和演变。本书的研究难度在于问题新，可以直接借鉴的文献相对较少，需要开展更多文献的收集、整理和分析工作，同时，书中涉及的问题具有一定的前瞻性，这给论证带来一定的困难。本书采用的研究方法包括以下三种。

（1）注重文献研究。本书在收集国内外专著、期刊论文、法条、资料、案例等不同文献基础上，整理归纳出中外学者及各国监管机构对加密货币的态度，以期为我国监管制度的构建提供全方位的认知视角。

（2）经济分析和案例研究的方法。具有生命力的法律制度往往具备经济性和政治可行性，加密货币的监管也不例外。本书从经济和政治两个层面探讨了加密货币监管制度。经济层面，本书分析了加密货币对金融市场参与者的影响，以及对效率提升的影响；政治层面，本书分析了加密货币带来的风险和监管挑战，认为监管机构应当给加密货币保留一定的发展空间，以促进创新。与此同时，本书研究了与加密货币相关的诸多案例，归纳梳理出相关的法律问题和监管问题。

（3）比较研究的方法。本书对各国加密货币监管和法律属性认定的法律规则和司法实践的成效进行了比较，侧重于各国关于加密货币属性的认定、首次代币发行的监管、加密货币反洗钱监管的比较。由于加密货币具有去中心化、跨国性和技术上的一致性特点，各国制度体现了一定的一致性，但由于对加密货币的认识存在差异，各国制度又有一些差异，形成了加密货币监管套利的空间。对于加密货币这种具有跨国性和全球性的资产，其未来的良性发展需要各国尽可能统一监管尺度。本书分析和研究了多种具有代表性的国家监管制度，对比分析了各国监管制度的异同，总结利弊，以期从中找出可供我国借鉴的做法。

总之，加密货币还处于发展的初期阶段，对其的认识，有许多新颖的观点，也存在明显争议，值得深入研究。

第一章　加密货币及其
监管问题概述

金融科技在不到十年间席卷金融业，给金融生态系统与金融监管带来巨大挑战。中本聪（Satoshi Nakamoto）发表了一篇描述比特币的文章，首次提出了点对点电子现金系统。[①]区块链技术把点对点网络、加密算法、分布式数据储存和去中心化的共识机制结合起来，创造了与传统中心式账本系统有别的账本管理技术和解决信任问题的机制，根本上改变了现代记账与交易模式，因此被喻为"下一代互联网"。[②]

区块链技术能拥有如此重要的地位与加密货币有关。以比特币为代表，加密货币借助区块链技术的支持发展出去中心化支付体系，比特币持有人使用比特币进行远距支付，无须如传统汇兑体系仰赖银行或支付机构等中介机构办理交易与记账，而是以去中心化方式由分散各地的节点完成；此发展破除了跨境交易的中介限制，进而减少了中介机构介入产生的时间、成本与费用。以比特币与区块链技术为基础，不同类型的加密货币陆续问世，例如以太币（Ether）将区块链技术与智能合约技术相结合，为区块链技术带来了更多的应用可能；稳定币（Stablecoins）将加密货币与主权货币连结以克服加密货币价格波动的弊端，使加密货币更可能发展成为稳定的支付体系，美国科技巨头脸书于2019年6月宣布发行天秤币时，这引起了全球监管机构的广泛关注。

本章主要论述加密货币的概念、技术基础、产生的动因、风险及带来的

---

① SATOSHI NAKAMOTO. Bitcoin：A Peer-to-Peer Electronic Cash System[EB/OL].[2018-12-30]. https://1bitcoin.org/bitcoin.pdf.

② DON TAPSCOTT, ALEX TAPSCOTT. Blockchain Revolution：How the Technology behind Bitcoin is Changing Money Business and the World[M]. New York: Penguin Random House LLC，2016:308.

挑战。第一节首先介绍了加密货币的定义与有关概念辨析，然后简要介绍了其技术基础及加密货币的主要参与主体。加密货币的产生是金融科技发展到一定程度的必然产物。第二节分析了加密货币产生的动因及影响。加密货币是一种"破坏式创新"，有多种应用领域，很难把它纳入传统的监管体系，带来了一系列风险和相应的监管挑战，第三节对此进行了分析。

第一节　区块链与加密货币

加密货币作为小额支付交易的结算媒介引发了一系列法律和监管问题，本节主要介绍加密货币的有关概念、特征和分类、技术基础和发展现状及主要参与者。

一、加密货币的技术基础

加密货币的种类繁多，根据 CoinMarketCap 网站统计，截至 2019 年 7 月 16 日共有 2 321 种加密货币完成了资本化，各有其名称及标志，资本化的总金额已经超过 2 850 亿美元。[①]比特币是目前最为成功、最为著名的加密货币，现在在公开市场上交易的加密货币都采用了与其类似的原理，所以有必要深入了解和分析其特征和相关的支持技术。

（一）区块链技术

2008 年底，一位化名中本聪的作者发表了一篇名为《比特币：一种点对点电子现金系统》[②]（Bitcoin: A Peer-to-Peer Electronic Cash System）的文章，成为加密货币网络兴起的标志。该论文后来成为区块链技术的典范与基础，被区块链社群称为"比特币白皮书"。区块链与比特币两个名词经常一起出现，

---

① 2019 年 7 月 16 日，加密货币资本化的总金额为 285 103 530.951 美元，参见 https://coinmarketcap.com/。不过，依同日 CoinLore 的统计，加密货币的种类有 2524 种，参见 https://www.coinlore.com/all_coins（last visited 2019/7/16）。

② SATOSHI NAKAMOTO. Bitcoin：A Peer-to-Peer Electronic Cash System[EB/OL].[2018-12-30]. https://lbitcoin.org/bitcoin.pdf.

两者虽有关但性质截然不同：区块链系是比特币的底层技术，是一种去中心化、分散式、点对点的网络架构，兼具网络与数据库两项功能；比特币则是在区块链运作下产生的虚拟货币。由于比特币的价值受到复杂加密技术保护，也有人称之为加密货币①，它是当前最重要也是价值最高的虚拟货币，在区块链的运作下可直接进行点对点传输，无须经过任何中介金融组织。

前比特币区块链上有分布于全世界的数十万个使用者，每一使用者皆扮演一个可以相互连接的网络节点（node），并借由一个公钥（public key）的加密散列地址（以下简称"区块链地址"）进行标识。换言之，在区块链上表征使用者身份的并非其姓名，而是一串长达 32 位的十六进位数字。当一位新的使用者加入比特币区块链成为新的网络节点时，系统仅要求其输入自己设定的密码即可开设一个比特币账户，并不会要求其输入姓名或其他足以辨识个人身份的信息，区块链的匿名特性由此而生。在新的使用者输入自己设定的密码后，比特币区块链会自动生成一个公钥与一个私钥（private key），再将公钥加密，作为该位新使用者比特币账户的区块链地址。当比特币使用者（发送者）欲将其比特币传给另一使用者（接收者）时，仅需输入该位接收者的区块链地址，以接收者的公钥进行加密后，将该笔比特币传送至接收者的比特币账户即可。②

前述发送者将一笔比特币传送至接收者的比特币账户，即为比特币区块链上的一笔交易。区块链上每一笔交易皆会被传送（或称"广播"）至全球每一个区块链节点上。③截至 2023 年，各种区块链大多将工作证明（proof of work）或权益证明（proof of stake）作为区块链的共识机制（mechanism of consensus），其中，比特币系将工作证明作为共识机制④。其共识的形成，是

---

① CATHERINE MARTIN CHRISTOPHER. The Bridging Model：Exploring the Roles of Trust and Enforcement in Banking，Bitcoin，and the Blockchain[J]. NEV L J, 2016(17):139-180.

② SATOSHI NAKAMOTO. Bitcoin：A Peer-to-Peer Electronic Cash System[EB/OL].[2018-12-30]. https://1bitcoin.org/bitcoin.pdf.

③ ADAM J KOLBER. Not-So-Smart Blockchain Contracts and Artificial Responsibility[J]. STAN TECH L REV, 2018(21): 198-206.

④ WILLIAM MOUGAYAR. The Business Blockchain：Promise，Practice，and Application of the Next Internet Technology[M]. New Jersey: John Wiley and Sons, 2016:108.

当信息及交易被发送至区块链各节点后，每个节点［俗称"矿工"（miner）］的计算机相互竞争计算一道复杂的数学函数［俗称"挖矿"（mining）］。最先完成该道数学函数运算的"矿工"获得将该信息及交易记录至最新区块（block）的权限，并使该区块链接至前一个区块，俗称"记账权"。前述"矿工"所进行的数学函数计算是将上述信息或交易与一个变动的随机数（nonce）一起导入一个特定的哈希函数（Hash Function），计算其哈希值（hash value），并持续变换该随机数（通常是由 0，1，2，3……持续递增），直至所得出的哈希值小于比特币区块链设置的难度目标。首先完成计算的"矿工"将获得由区块链自动生成的一定数量的新比特币。①

　　区块链上每个区块皆包含若干信息及交易，区块链系统会将每个新生成的区块散布并储存于每个节点，任何人皆可看到但无法窜改（使用者仅能修改储存于自己计算机上的区块，由于修改后的区块与其他节点不同无法形成共识，因此此类修改无法成立）。区块链上每个区块皆有其编号（如区块 0、区块 1、区块 2 等），每个区块皆包含前一区块的哈希值，如此前后串接的区块形成了一个完整的交易链，使得区块链使用者可追踪区块链上全部交易。此外，任何置入区块链的信息皆可先使用哈希函数进行加密，在得到哈希值后导入并储存于区块链中，由于哈希函数加密是单向进行的，任何人都无法将储存到区块链上的哈希值还原成原始信息。因此，运用区块链来储存加密后的信息可确保信息的机密性，将来可运用相同的哈希函数对该信息运算得出哈希值并比较是否相同，来证明现有信息与当初导入区块链的信息的同一性。因此，导入区块链的信息具有去中心化、透明、无法窜改以及无法否认的特性。此外，当区块链生成一个新的区块时，会在该区块中填入时间戳（time stamp），将来可用于证明该区块中所含信息或交易导入区块链的时间。因此，区块链技术可为任何电子档提供无法否认且无法窜改的存在证明（proof of existence）。

---

① GEORGE WALKER. Financial Technology Law: A New Beginning and a New Future[J]. INT'L LAW, 2017(50): 137–171.

（二）比特币

比特币是最早出现的去中心化加密货币，最初是由中本聪以"挖矿"的方式"开采"出来的。2009 年 1 月 3 日，中本聪挖出第一个实现了比特币算法的客户端代码，并首次"挖矿"，获得了第一批 50 个比特币。由此，基于无国界的点对点网络，依托共识算法开源软件发明的比特币面世了，这标志着比特币金融体系的诞生。迄今为止，在全球范围内，比特币已经被广泛应用于支付、结算、汇款等金融领域，全球已有超过 75 000 家企业接受比特币作为支付方式。①

作为第一种也是使用最广泛的加密货币，比特币成为其他加密货币的模仿对象。

对于交易，确认过程最终将其添加到区块中，确认过程受密码术的保护（这也是被称作加密货币的原因），并通过计算机网络进行验证。密码技术的使用旨在确保区块链不被黑客修改，只有掌握了全网 51% 的算力才能更改交易结果，而这几乎是不可能实现的，从而保证了交易的安全。交易通常由不同的矿工多次确认。每个交易被共享并不意味着参与交易的个人的名字也是共享的。比特币钱包的所有者可以根据需要保持匿名。然后，区块的堆积形成区块链，其中包括按时间顺序排列的比特币交易，并由所有比特币用户共享。区块链起分类记账的作用，功能上类似于银行记录交易的账本。

上述整个过程是为了确保交易的持久性和透明度，有助于避免双重花费问题（double spending）。此外，此方法可确保识别和保护与加密资产相关的财产权，因为这些权利记录在单一分布式分类账上，该分类账会随着加密资产的出售或转让自动更新。而且，上述所有过程都可以点对点完成，而无须通过受信任的第三方中介，因此降低了成本。

比特币生成过程的设计采取了限制新比特币生成数量的方式。比特币的生成速度很慢，并且比特币创建的总量被限制在 2 100 万枚。据称，这是为了避免货币膨胀或被操纵。但是，有批评者指出这些说法存在争议，并指出存在三种类型的比特币：比特币现金、莱特币和比特币黄金以及新一代快速

---

① 赵天书. 比特币法律属性探析：从广义货币法的角度[J]. 中国政法大学学报，2017（5）：77-88.

生成的比特币。[①]

由于其技术上的特征，用户可以自由交易比特币，比起一般的货币更为智能和便捷，而其价格是随着供需而波动的。然而，就目前的发展趋势看，由于比特币的价格极不稳定，并不适用于交易。此外，作为区块链 1.0 时代的代表，比特币区块链的可扩展性不佳，这使得比特币成为一种更加纯粹的加密货币。比特币主要被用于简单的交易以及价值的储存，即提供金融交易方面的支援，而比特币区块链的设计目标主要也是实现这些功能。因此，虽然作为第一大区块链，但除了支付钱包、交易所等应用，比特币区块链鲜有其他去中心化的应用功能。

（三）其他主要加密货币

比特币系统采用的是开源代码，很容易被复制，在此基础上也衍生出成百上千种其他加密货币（也称"另类币"）。以太币是市场价值第二大的加密货币，于 2015 年推出。以太币在对比特币进行优化的基础上，依托以太坊区块链技术而发挥更具特色的功能。以太坊为区块链 2.0 时代的典型，其核心概念是在区块链的技术基础上，依赖存储在区块链节点中的智能合约来运行。与比特币相比，以太币更加去中心化、交易成本更低，并且没有新币发行总量的限制；以太坊是一种可以用来建立新项目的分类账技术，开发者可以在以太坊上任意开发新应用；以太坊还增加了以太坊专用虚拟机，它是一种全新的编程模式和数据结构。同时，以太坊采用不同的工作量证明。

作为区块链 2.0 时代的代表，以太币的主要用途不在于商品或者支付。以太坊一开始就被构想为一个去中心化的应用软件开发平台。本质上，以太坊是根据比特币区块链技术优化而生的，目标在于通过完备的技术发挥区块链的优势，为各种新的商业模式提供发展的可能。以首次代币发行（ICO）为例，用户可以通过以太币来购买以太坊上的首次代币发行项目所发行的代币（Token），这实际上便是利用区块链技术将使用权和加密货币合二为一，是开发、维护、交换相关产品或者服务项目进行融资的方式。

---

① GARY LILIENTHAL, NEHALUDDIN AHMAD. Bitcoin：is it Really Coinage?[J]. Computer and Telecommunications Law Review, 2018(24): 49–56.

瑞波币（Ripple）曾经是市场价值第三大的加密货币，它使用许可型区块链技术，只有特定的用户、银行和金融机构才能访问和控制。[①]比特币和许多其他加密货币没有资产支持，也没有内在价值，这会导致市场大幅波动。一种新型的加密货币——稳定币，试图通过将加密货币与实际资产相关联来使其更加稳定，这使加密货币更具吸引力，特别是在支付方面。

主要加密货币的产生方式总结为表 1-1。

表 1-1 主要加密货币的产生方式

加密货币产生方式	挖矿	部分自行发行，部分挖矿	自行发行	通过担保产生
代表性加密货币	比特币	以太币	瑞波币	泰达币
初次发行	2009 年由矿工制作新区块，由零开始产生	2014 年由以太坊基金会发行 7 200 万单位，并公开销售	2013 年由 Ripple 公司发行 1 000 亿单位，逐步出售	2013 年由 Tether 公司收取客户美元，准备发行，以 1 : 1 比例兑换给客户
后续产生方式	由矿工挖矿取得，逐步增加供给量	由矿工挖矿取得，每年不超过 2014 年公开销售量的 25%	不再增加发行	随客户存入美元增加而增加
发行量上限	2 100 万枚	总量无上限	1 000 亿枚	总量无上限

资料来源：bitcoin.org、blocktempo.com、zombit.info、newmoney-era.com。

二、加密货币的参与主体

加密货币本质为电子记录，但由于此记录做成后尚须各方参与者提供各种服务方能运行，不同类型的加密货币参与者因此在区块链内与链外陆续问世。欧洲银行管理局指出，加密货币的主要参与者包括用户、商家、加密货币交易所、计划管理机构（通常是非正式的）、交易平台、流程服务提供商、

---

① HUGHES S D. Cryptocurrency Regulations and Enforcement in the US[J]. Washington State University Law Review，2017（45）：1–24.

钱包提供商/保管人、开发者、技术服务提供商、信息提供商和矿工。[①]区块链技术去中心与去中介的目标在现实加密货币世界并未完全达成，加密货币的运行不仅相当依赖区块链外的若干加密货币服务提供者，甚至在区块链内也有再中心化的现象。例如，Mt. Gox 破产和 The DAO 被黑客攻击事件表明，参与者之间的关系在很大程度上是由人类的决策形成的。下面简述加密货币生态系统的主要参与者。

（一）区块链内的主要参与者

加密货币是用分布式账本技术管理其交易账本的，此又可分为三个环节，包括决定该账本技术如何运作的协议（protocol）、该账本技术所管理的数据（data）以及依照程序设定管理数据的网络（network）。由于协议、数据与网络均须一定人为介入方可运行，因此存在几个主要的区块链内参与者——开发者、程序管理人员及交易验证节点。

1. 开发者

开发者即开发加密货币协议的人，他们决定了原始码内容与协议内容变更的规则。最初创造分布式账本技术革命的主要人物是中本聪，他创建了以区块链技术为基础的比特币。然后从比特币中衍生出区块链的替代版本，它完全不受黑客攻击，可以保护隐私，这样几乎所有参与者都可以利用分布式账本技术的优势。开发者可选择自主开发加密货币的协议系统，或将加密货币的程序建立于既有的开放代码之上，如比特币或以太币代码之上；智能合约兴起后，开发者所开发的协议内容也包含支持加密货币运行的智能合约机制。

现实中，开发者的组成是多元化的，有的采用匿名；有的由一群志愿开发者合作开发，但他们彼此间关联薄弱；有的是联盟性质的，由多个机构合作共同开发；有的是非营利性质的，由非营利组织开发；亦有营利性质的，由独资或合资的公司开发。

2. 协议管理人员

协议变更的程序至少包含提案与决策两个步骤，协议管理人员即为有权

---

① EUROPEAN BANKING AUTHORITY. EBA Opinion on virtual currencies[EB/OL].[2014-7-4]. https://www.eba.europa.eu/sites/default/documents/files/documents/10180/657547/81409b94-4222-45d7-ba3b-7deb5863ab57/EBA-Op-2014-08%20Opinion%20on%20Virtual%20Currencies.pdf?retry=1.

决定是否变更协议内容的人。现实中，协议管理人员有以下几种类型。

无政府型——由于欠缺中心机构，协议变更基于集体决策与自愿性质程序；

独裁型——协议变更由单一个体决定；

阶层型——个人有权提案变更协议，但须经某机构或委员会同意；

联邦型——协议变更须经一群地位平等的程序管理员表决通过，但程序员间的表决权不必然相同，亦无须认识彼此；

财团型——协议管理员的提案权与表决权依其各自的重要性决定，但少数管理员可能因其持有大量资产而具有较高决策影响力；

民主型——同财团型，但无少数管理员有较高决策影响力的情形。

3. 交易验证节点

加密货币须通过交易验证节点间达成共识方可完成区块链账本上的交易。比特币的交易验证节点即"矿工"，其利用特殊的计算机硬件提供算力来验证个别交易，且将交易记录于区块链账本，借此换取报酬。对于采用私有链的加密货币，仅特定人可成为交易验证节点；反之，采用公有链的加密货币，例如，比特币与以太币以及将比特币或以太币程序作为其底层区块链程序的加密货币，任何人均可成为交易验证节点，但实际上，公有链节点亦有高度集中化现象。

（二）区块链外的主要加密货币参与者

加密货币的交易记录存在于区块链账本上，但加密货币持有人仍存在于日常生活中，因此需要建立加密货币持有人与区块链账本间的联结通道，相关加密货币服务的提供者就可提供此服务，当中较重要者为钱包服务提供者与加密货币交易平台。

1. 钱包服务提供者

加密货币需要通过公钥与私钥，尤其是通过类似密码功能的私钥启动。钱包（wallet）通常是电子设备上的软件，比如，智能手机应用程序（APP）

用于帮助人们管理其公钥和私钥、地址以及余额。[①]钱包可分为与网络连线的热钱包（hot wallet）和未与网络连线的冷钱包（cold wallet），前者由于与网路连线，较易遭黑客攻击；后者相对较安全，但须先与网络连线方可启动交易，因此较不便利。

加密货币协议通常可提供钱包供其持有人储存公钥与私钥，但除此以外亦有专业的钱包服务提供者，比如，在线钱包可以把钱包的信息储存在云端，可以通过网页或者手机应用来读取。这种情况下，网站不仅为客户提供钱包，也代替客户保管私钥，事实上享有客户所持加密货币的处分权。2015年初出现的在线钱包服务提供者是比特币基地公司（Coinbase）和区块链信息公司（blockchain.info）。

2. 加密货币交易所

加密货币交易所是指集中多个加密货币买卖方以完成加密货币交易的设施或系统。大多数用户通过交易所购买代币来参与加密货币交易。作为一种兑换渠道，这可能是金融风险进入主流金融体系的最重要的潜在媒介，所以应当进行适当的监管。现实中，加密货币交易所是一个集资金资产的登记、托管、清算、交易撮合能力以及券商、做市商等角色于一体的超级机构，其业务延伸至一级市场，兼具私募股权投资、投行等角色，一方面为加密货币的交易市场注入流动性，另一方面扮演加密货币持有人与区块链账本间的中介者，这存在很大的市场滥用和金融风险传染隐患。

加密货币交易所依其运行模式可分为中心化交易所与去中心化交易所。中心化（centralized）交易所代表客户持有加密货币，即该加密货币在区块链账本上系登录于平台名下，客户并未显名于区块链账本上，故客户交易时无须透过交易验证节点的验证程序，就可在平台自己的账本办理交易与清算结算，如此可节省区块链账本的交易验证负担；反之，去中心化（decentralized）交易所仅提供交易场所，而未代表客户持有加密货币，因此该客户系显名于区块链账本上，所进行的交易亦会在区块链账本进行交易验证。目前，中心

---

① PAK NIAN LAM, LEE KUO CHUEN DAVID. Introduction to Bitcoin[M]// Lee Kuo Chuen David. Handbook of Digital Currency：Bitcoin，Innovation，Financial Instruments，and Big Data. Amsterdam：Academic Press, 2015: 19–20.

化交易平台仍占绝大多数。

新型加密货币的大量涌现以及参与加密货币投资的用户数量激增带来了极其旺盛的需求。一边是市场需求的蓬勃发展，另一边是传统金融机构服务的缺位，在巨大的市场空白及潜在的盈利机会的刺激下，加密货币交易所不断涌现。根据 Coinmarketcap 网站的统计，截至 2019 年底，全世界有至少有 12 000 家加密货币交易所，日交易额约为 200 亿美元。[①]全球排名比较靠前的加密货币交易所有 BKEX、Fatbtc、IDCM、Coinbit、Hotbit 等。

三、加密货币相关概念辨析

（一）加密货币及相关概念界定

人们今天所说的货币在英语中有两个对应的单词："money"和"currency"，它们分别揭示了货币的两层含义："money"指具体、物理形式存在的"钱"；"currency"指在社会经济生活中发挥流通作用的"通货"。从学术角度看，当我们谈论货币的时候，其实是在说真实通货（real currency），这是各国发行的钱币或纸币，其作为法定清偿工具（legal tender）亦称为法定货币（fiat currency，法币）、真实金钱（real money）或国家通货（national currency）。真实通货依法律的规定流通，在其发行国境内通常也作为交易的媒介。法币由国家的中央银行发行，并由国家担保，因此具有"中心化"及"信用化"的特质。《中国人民银行法》第十六条规定的"中华人民共和国的法定货币是人民币。以人民币支付中华人民共和国境内的一切公共的和私人的债务，任何单位和个人不得拒收"，即充分说明了法币的此等特性。

当然，历史上关于主权国家是否有能力指定某种新形式的法定货币一直存有争议，从伊丽莎白女王对爱尔兰的统治权，到美国内战期间林肯总统引入纸质法定货币的权力，再到 2013 年英格兰和威尔士使用苏格兰纸币的争论，无不反映了这一问题。政府控制的不力以及人们对法定货币价值被操纵的不信任感，也是创建比特币的驱动因素之一。

数字货币（digital currency）是相对较为广义的概念，国际货币基金组织

---

① 参见 https://coinmarketcap.com/。

于 2019 年 7 月发布的题目为《数字货币的兴起》的研究报告中对数字货币进行了较为宽泛的界定。①它是指以电子形式存在的无形货币，交易主体可以使用现代技术（计算机、互联网和智能手机）完成支付和价值转移。数字货币可以用于点对点支付，也可以用于购买境内外的商品和服务，或者仅限于在游戏或社交网络平台使用。数字货币可能是法定货币（例如电子货币）或非法定货币（例如虚拟货币），它是跨越国界的，但可能受到政府的限制而无法访问。数字货币可以分为三类：一是中央银行发行的法定数字货币；二是私人部门发行的仍以某些法定货币或实物为发行基础的挂钩数字货币；三是私人部门发行的完全与法定货币脱钩的自主发行货币。②"数字货币"一词通常作为虚拟货币的同义词使用，但包含所有具有电子形式的货币类型。数字货币是现代数字技术革命性的产物，其产生和发展将对现有的货币金融体系产生革命性影响，并推动货币金融体系的变革，引起了人们的高度关注。

虚拟货币一般指以电子或数字形式存在的交易媒介，限定在特定空间使用，一般由游戏平台或者电商平台等中心企业作为发行方，用于在线或虚拟社区成员之间的交易支付。③例如，在线游戏《第二人生》中使用的"林登币"（Linden dollars）和《魔兽世界》中使用的"金币"（gold）等。更为广义的虚拟货币还包括信用卡刷卡所累积的红利点数、航空公司飞行里程数所兑换的里程积分与各种论坛为鼓励其论坛成员开展活动所换取的论坛积分点数等，不论其所使用的名称是"红利""点数""积分"，抑或是其他种类的称呼，只要符合一定的性质与要件，其似乎都可以视为虚拟货币的一种。显然，在虚拟货币的应用中，作为中心平台的发行企业拥有绝对的话语权，它甚至可以增加、减少或者删除持有者的虚拟货币。至于用户，他一方面享有对虚拟货币的支配权，另一方面又享有对虚拟货币中心平台的请求权。这使对虚拟货币的

---

① ADRIAN T，MANCINI-GRIFFOLI T. The rise of digital money [R]. IMF Fintech Notes，2019.

② 肖远企. 货币的本质与未来[J]. 金融监管研究，2020（1）：1–15.

③ EUROPEAN CENTRAL BANK. Virtual currency schemes [EB/OL].[2012-10-1]. https：//www.ecb.europa.eu/pub/pdf/other/virtualcurrencyschemes201210en.pdf.

研究容易陷入物权或者债权的争议中。①此外，虚拟货币这一概念主要强调货币在计算机游戏或社交网络等虚拟货币社区中使用的事实，但没能反映出像比特币等虚拟货币也可以在现实生活经济交易中使用的事实。虚拟货币的分类如表 1–2 所示。

表 1–2 虚拟货币的分类

	中心化	去中心化
可兑换	e-gold，自由储备（Liberty Reserve），林等币（Linden dollars）	比特币、以太币、莱特币
不可兑换	《魔兽世界》金币，腾讯的 Q 币，航空里程点数，积分	

欧洲中央银行在 2012 年虚拟货币架构报告②中将虚拟货币分为以下三种类型。（1）封闭性虚拟货币架构（closed virtual currency schemes）是指设计上与真实世界无联结，也被称作"游戏内"架构（in-game only schemes）。使用者于支付预定费用后，取得一个虚拟社会中的角色，可以依据在该虚拟社会中的表现赚取虚拟货币。该虚拟货币仅能够用于购买该虚拟社会中的虚拟商品与服务。理论上，其无法兑换为真实世界中的货币、商品或服务。（2）单向流通性虚拟货币架构（virtual currency schemes with unidirectional flow）是指直接以现实世界货币兑换，并且具有固定汇率，但经兑换后不得再转换回真实世界货币。兑换规则是由单向流通性虚拟货币架构的创造者所建立的。该架构除允许使用者以虚拟货币购买虚拟商品或服务外，有时还得购买现实社会中的商品或服务。此种架构为现今较为常见的架构，为大多数网络经营者所使用。（3）双向流通性虚拟货币架构（virtual currency schemes with bidirectional flow）是指使用者可以真实世界货币的汇率买卖虚拟货币。由于具有与真实世界的互通性，该虚拟货币与其他可转换货币相似。此架构允许使用者购买虚拟或真实世界的商品或服务。比特币、以太币等可以在众

---

① 林旭霞. 虚拟财产权性质论[J]. 中国法学，2009（1）：88–98.

② EUROPEAN CENTRAL BANK. Virtual currency schemes [EB/OL].[2012-10-1]. https://www.ecb.europa.eu/pub/pdf/other/virtualcurrencyschemes201210en.pdf.

多虚拟货币交易平台上兑换成法定货币或将之兑换回虚拟货币。

　　加密货币没有普遍接受的定义。[①]从词源上看，cryptocurrency 是"crypto"（加密）和"currency"（通货）的合成词，"crypto"一词的含义取决于其用作名词还是形容词。加密货币是指利用加密技术以验证交易并防止篡改的去中心化可兑换数字货币或交易媒介。[②]它以数学控制的速率产生，具有匿名性，依靠公钥和私钥进行点对点价值交换，其供应取决于自由市场需求。加密货币一词经常与可兑换、去中心化虚拟货币交替使用，但两者有一定区别。比特币和以太币是加密货币的主要例子。加密货币的分类如图 1-1 所示。

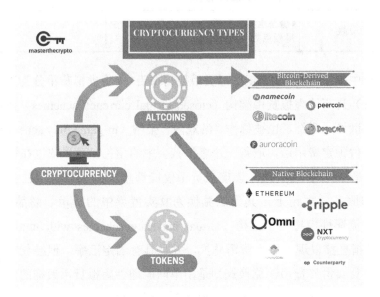

图 1-1　加密货币的分类

图片来源：https://blog.csdn.net/MyJoiT/article/details/79133580.

---

　　① 2019 年 7 月 3 日，我国台湾地区"金融监督管理委员会"发布公告，对具有证券性质的加密货币进行了定义，"所称具证券性质之虚拟通货，系指运用密码学及分散式账本技术或其他类似技术，表彰得以数位方式储存、交换或移转之价值，具有流通性及下列投资性质者：（一）出资人出资。（二）出资于一共同事业或计划。（三）出资人有获取利润之期待。（四）利润主要取决于发行人或第三人之努力"。关于加密货币的界定，还可参见 M Kalderon. Distributed Ledgers：A Future in Financial Services?[J]. Journal of International Banking Law and Regulation，2016，31（5）：244-246.

　　② MAXSON S，DAVIS S，MOULTON R. UK Cryptoassets Taskforce publishes its final report[J]. Journal of Investment Compliance，2019，20（2）：28-33.

加密货币包括以下三类。第一代加密货币：比特币类（比特币、莱特币、瑞波币、以太币等）；第二代数字货币：稳定代币（USDT、Libra/ TrueUSD、Dai、Center）；第三代数字货币：中央银行发行的数字货币。其中，第一代加密货币是本书研究的重点。2018 年 2 月，瑞士金融市场监督管理局（Swiss Financial Market Supervisory Authority，FINMA）针对首次代币发行建立了监管框架。瑞士金融市场监督管理局强调其监理原则聚焦在加密货币的经济功能及可移转性上，将加密货币分为以下三种类型：支付型加密货币（payment token），可在现在或将来使用的加密货币，作为获取商品或服务的付款方式或价值移转的手段；资产型加密货币（asset token），其背后有可实现的产权，持有者对发行者的债务或股权具有债权，类似股票、债券这类金融工具；功能型加密货币（utility token），所谓的功能型加密货币在本质上与交易或资产或价值移转无关，仅为用户提供对产品或服务的使用权。[①]

（二）加密货币及相关概念辨析

因加密货币以电子形式存在，因此，有时也被称作"虚拟货币"[②]或者"数字货币"，但三者之间存在一定的区别。加密货币具有去中心化和点对点交易的特点，这使之能够与电子货币（e-money）或者虚拟货币区别开来。加密货币不同于传统的虚拟货币。虚拟货币的使用通常仅限于其创设的虚拟环境，并且与真实世界没有任何联系。加密货币却可以和法定货币一样，在真实的世界中使用。加密货币也不同于电子货币或基于互联网的支付方案（例如支付宝），因为后者只是法定货币交易的促进者。[③]

加密货币和法定货币的数字化也有很大区别，后者只是用法定货币计价进行的交易。加密货币因数字技术而生，其技术基础和价值支撑都是区块链

---

① FINMA. Guidelines for Enquiries Regarding the Regulatory Framework for Initial Coin Offerings. [EB/OL]. [2018-2-16]. https：//www.finma.ch/en/~/media/finma/dokumente/dokumentencenter/myfinma/1bewilligung/fintech/wegleitung-ico.pdf?la=en.

② 有学者指出，所谓虚拟货币是指在某法定货币流通区域内或不同法定货币流通区域之间，非由政府发行、以数字货币形式存在的货币。刘少军著. 金融法学[M]. 北京：清华大学出版社，2014.

③ ATHANASSIOU P. Impact of digital innovation on the processing of electronic payments and contracting：an overview of legal risks[EB/OL].[2017-11-16]. https://papers.ssrn.com/sol3/papers.cfm?abstract_id=3067222.

技术。加密货币在真实的世界中并不存在，它只以电子的形式存在，使用者依靠去中心化的数据库来验证交易以及记录加密货币账户余额。加密货币通常没有中心化的发行人，它之所以被接受，不是因为有贵重金属和国家强制力支撑，而是因为受到人们的信任。人们使用加密货币进行交易，是因为相信其他人会接受将来的交易，因此此类货币可以用作价值贮藏。加密货币建立信任的过程以及加密货币交易转账的执行都依赖技术支持。法定货币的数字化奉行严格的中心主义模式，是由中央银行发行、国家信用背书并通过法律强制力保证接受的货币。

相比较而言，加密货币这一术语能够较好地体现其不依靠基准货币和第三方中介，仅通过加密技术的方式来确定货币的所有权、直接完成点对点的交易的特点，因此本书主要使用加密货币这一术语。但这并不意味着这一术语是完美的，相反，它也存在一定的问题：固然比特币等加密货币采用了加密技术，但银行账户也采用了这种技术，中央银行数字货币也可能采用这一技术，因此"加密"不是这种货币的固有特征。此外，需要说明的是，因为现在无论政策制定还是学术研究，都没有使用统一的概念，欧洲中央银行、国际货币基金组织、国际清算银行等机构使用的概念都不一样，本书在有关官方文件的翻译中，为了与原文保持一致，也同时使用"虚拟货币"或者"数字货币"等概念。

（三）加密货币的主要特征

比特币是最早出现，也是最为著名、最多被讨论的加密货币，下文以比特币为例说明加密货币的特征。

一是去中心化。比特币是在网络上形成的分布式账本或区块链，不是由某一机构统一发行及管理的，所以并无控制比特币的发行、交易或结算的中心机构，不像传统货币以发行国的中央银行为中心，而是采用去中心化（decentralized）的方式，即无中心机构的系统。比特币的移转或交易，不是通过中心机构，而是通过互联网，以点对点（peer-to-peer，P2P）的方式直接进行，所以当事人让与或移转比特币无须经由任何国家机关或金融机构的审查或许可，也无须向其登记或受其控制。

二是记录不可窜改。比特币系统的所有交易均自动记录在公开账本上，其网络由无数个节点（node）构成，各个节点各自平等而呈现水平、松散、蛛网状的分布，节点之间彼此联结，每一个用户都有其对应的一个节点。每一笔比特币交易的信息均会从某一节点传送到整个比特币系统，在讯息得到其他节点协助验证后，其交易讯息会写入账册（ledger）内，形成新的区块，所有的交易历史记录会储存并公开于比特币区块链。由加密信息与验证信息所构成的比特币，其系统中的每笔交易均经过公共验证，其记录几乎不会被窜改或复制。因此，对同一比特币的任何交易均有记录，其一直依序往下记录，无法回头修改，即是不可逆转的，只能向前。这一特点使比特币的交易无法回复，具有明确性，为受让人提供了保障，但对于一般法律行为所强调的健全性，则有适用上的困难。

三是交易匿名性。比特币作为财产，其权利人主要是通过私钥实施其支配力的，得私钥者即得比特币。虽然比特币的所有交易讯息均记录在区块链上，但此种记录与传统法律关于权利移转的登记不同，不是以一般文字为之，也不是依某国法律所作的登记，从其记录本身无法直接认定让与人及受让人是谁，如要研读其交易的相关网址及节点，在交易平台通过数个节点隐藏及"乔装"的情形下，也有一定的难度。再加上比特币是以控制私钥的方式持有，私钥由何人控制也难以通过公开账本予以认定，因此比特币的持有及交易从记录的外观而言，具有一定程度的匿名性。

比特币的上述特性，尤其是交易的匿名性与记录的不可窜改性，对于希望隐匿比特币或害怕其比特币被追索的持有者而言，乃是最佳的保障。合法的货物或服务交易的对价如以比特币或其他加密货币支付，对受让者而言，由于其没有收到假货币的风险，而且受让之后即可完全支配，几乎没有被请求回复的风险，因此有一定的吸引力。

第二节　加密货币产生的动因及潜在影响

一、加密货币产生的动因

加密货币的多年发展历史表明，纵有诸多质疑和批判，但加密货币的发展方兴未艾。有学者认为，追求货币功能效率提升是加密货币发展的内在推动力，数字技术革命是加密货币发展的生产力基础，而美元本位的国际货币体系危机则是数字货币发展的外在推动力。[①]

（一）加密货币动因之一：寻求更加稳定的货币机制

现代货币体系和由此形成的政治、经济结构是从近代诞生的中央银行演化发展而来的，[②]加密货币的兴起很大程度上源于人们对现有货币体系的不满。2008 年的金融海啸不只对全球经济造成了冲击，更改变了政府使用货币来稳定经济的政策思维。大型经济体为刺激国内经济，纷纷采取量化宽松政策，造成大量货币流通于金融市场，尽管这些资金在经济低迷期间并未如预期般地大量流通于一般市场，造成通货膨胀，但经济复苏后金融市场所持有的大量资金可能引发下一波金融危机。另外，央行的独立性逐渐丧失[③]，不能解决潜在的通货膨胀问题。央行的原始职能是发行货币并且维护币值稳定，但它还有促进经济增长、就业和其他社会目标的职能，这些职能存在内在的不可调和的冲突。尤其是在当今时代，经济学家对于利率调升的时机持有不同看法，因此，中央银行能否从量化宽松政策中全身而退还有待考验。基于各种不稳定因素，人民逐渐失去对政府的信任感，间接促使人们寻求更加稳定的货币机制。

比特币在 2008 年全球金融危机之后推出并不完全是巧合，彼时，政府和中央银行采取了非常规的货币政策来应对危机，比特币开始用点对点支付系统是取代法定货币的明确尝试。该加密货币采用不可窜改的算法，确保免受政治干扰。比特币不受任何机构监管；比特币的供应是基于去中心化的点对点交易系统的算法。比特币（及其他许多类似的"另类币"）的这一特征经常被自由主义者在对奥地利经济学派的解释中大加赞扬，即这种供应机制可以

---

① 戴金平. 数字货币为什么没有成为货币：概念、缘由与过渡状态[J]. 探索与争鸣，2019（11）：9–13.

② CHRISTINE DESAN. Making Money：Coin，Currency，and the Coming of Capitalism[J]. International Financial and Monetary Law，2014（13）：774–776.

③ RASKIN M，YERMACK D. Digital currencies，decentralized ledgers and the future of central banking[M]//Research handbook on central banking. Northampton: Edward Elgar Publishing，2018：474–486.

最大限度地减少政治决策在货币供应中的作用，他们假定货币是自发产生且政治是中立的，强调商品稀缺性以对抗通货膨胀，并鼓吹货币之间的竞争。[①]

具体来说，加密货币支持者一般怀有自由主义理念，认为人类机构（例如政府和中央银行）将被确定性的技术程序所取代，即用中立和自我维持的框架来促进社会的繁荣。[②]他们对比特币倾注了巨大热情，因为它的创造完全脱离了中央银行的控制。中央银行被认为是一种麻烦的制造者，其发行的法定货币有可能带来通货膨胀和其他问题。经济学家弗里德曼（Milton Friedman）在 20 世纪 90 年代末曾主张废除美国联邦储备银行（Federal Reserve Bank），他认为该银行自创立以来并没有确实执行政府所赋予的任务。另外，他也曾预言网络的发展在未来有助于降低政府在市场上的地位。尽管弗里德曼未能亲眼见证 2008 年金融海啸的一切，但部分投资者深信这位货币主义教父早已发现了加密货币取代政府货币机制的趋势。人工智能（AI）的发展更进一步增强了这一主张的可信度。

在加密货币支持者看来，比特币是自由市场世界的代表，不受政府控制，能够创造出更多的财富。他们还认为，自律监管能够防止金融危机的发生，比特币将提供稳定性的锚点；货币将变得完全匿名，远离政府和监管机构。但这是不切实际的，我们需要技术来为个人赋能，但也需要法院和监管机构等公共机构来保护人民的利益和货币的安全性，这个有着 70 多亿人的星球是不可能仅凭信念运行的。

尽管比特币和其他加密货币不能完全发挥现代货币的所有功能，但它可以提供经济高效的汇款服务，不是没有任何内在价值的虚幻存在。通过对现有的支付系统的创造性破坏，加密货币能够体现出独特的价值。例如，在肯尼亚等发展中国家出现的 BitPesa，已经成功地将比特币整合到现有金融系统中，成本的降低将进一步促进比特币系统的推广。这可能使数十亿人受益，降低他们的汇款成本，创建高效的汇款服务体系。

---

① GOODHART C A E. The two concepts of money: implications for the analysis of optimal currency areas[J]. European Journal of Political Economy，1998，14（3）：407–432.

② DE FILIPPI P，LOVELUCK B. The invisible politics of bitcoin: governance crisis of a decentralized infrastructure[J]. Internet policy review，2016，5（4）：1–33.

（二）加密货币动因之二：降低金融服务成本与提高服务的安全性

加密货币的产生既有政治经济学背景，也有更多现实和具体的原因，并且一些中央银行开启了发行法定数字货币的探索。

在货币金融领域，各国长期奉行中心化的运行模式，监管机构、银行、保险公司、信托公司、结算公司等作为金融体系的中心角色而存在。在中心化的运作模式下，金融政策制定、货币发行、利率调控、货币监管、支付审批等均由中心机构完成。但是，中心化运作模式存在一些问题，长期得不到解决。一是金融服务的成本依然较高。由于科技的进步，用于支付、清算、结算和其他服务的货币发生革命性变化是必然的。数字技术进步促进了普惠金融的发展，满足了部分金融服务不足地区的人员的需要。但是，金融服务的成本依然较高，美国 2015 年金融服务的费用约为 1 410 亿美元，其中大部分为贷款、信用卡和其他服务费用。二是金融服务的安全性有待加强。当前使用现金、信用卡、自动柜员机（ATM）以及其他付款方式支付商品和服务费用存在很多问题。黑客入侵信用卡甚至 ATM 都是屡见不鲜的现象，现有的网络安全系统遭到重大窜改，网络犯罪分子可以获取大量的个人信息，包括姓名、身份证号、出生日期、家庭住址、职业、收入情况等。针对中心化服务器的黑客攻击日益频繁，就连摩根大通和美国政府也未能幸免，金融安全面临前所未有的挑战。三是部分用户对匿名性和不受政府干预的追求。一些不信任政府的用户，认为政府涉嫌侵犯隐私，但也包括那些企图犯罪、从事恐怖主义或想避税的用户。像比特币这样的加密货币可以在任何地方兑换，而无须货币兑换商或其他第三方干预。四是支付服务水平和技术有待进一步提高。随着电子支付的广泛普及，纸质货币的使用日渐萎缩，货币作为记账工具的本质属性也日益强化。[①]而且，随智能手机和计算机成长起来的一代人，会因为法定货币的不便捷、成本高和其他因素而排斥使用。

加密货币及其支持技术可以大幅降低金融服务成本。加密货币能够促成远距离交易，通过可携带设备能够方便和安全地持有，具有可分割性，持有者能够匿名使用。由此来看，加密货币的支持技术——无论区块链还是其他

---

① 杨延超. 论数字货币的法律属性[J]. 中国社会科学，2020（1）：84–106，206.

交易验证技术，可以提供不可窜改的支付记录并且自动进行交易，有可能产生交易处理方面的重要创新。由于不再需要中介，加密货币及其支持技术可以大幅降低交易成本，同时可以降低银行、第三方支付服务公司高额的手续费构成的支付门槛。支付交易的当事人，特别是缺乏或者只能获得有限银行服务的当事人，会因支付和资金转账成本降低而受益。

加密货币还具有较高的安全性。货币形成的关键因素是所有者信任货币的价值。如果很大一部分人不再信任，那么货币的价值将下降。尽管比特币和其他加密货币没有类似的支持，但赖以建立的技术确实保证了其免受黑客攻击、交易透明、可靠、便捷的特性。

数字技术已经扩展到使用智能手机和计算机进行存款、证券交易和其他交易，再加上 ATM 的使用，减少了对柜员和其他银行业务人员的需求。数字技术的发展还将带来几乎无法想象的变革。加密货币及其背后的支持技术可以应用在支付领域。如果支付交易的当事人约定把加密货币当作"货币"来使用，加密货币便可以作为补充性货币，[①]甚至在不久的将来会与法定货币竞争。

二、加密货币的潜在影响

尽管市场份额相对较小，但作为一种技术创新成果，加密货币已经获得了越来越多的认可。而且，加密货币的底层技术正在创造一种新的业务模式、新的产品和服务以及新的支付方式，将对全球经济产生革命性影响。一些学者将加密货币和分布式账本技术称为"破坏性创新者"，而其他人甚至认为革命已经开始了。[②]破坏性创新可以使小公司用有限的资源和创新进入新的市场并成功挑战更大的现有参与者。在金融市场中，加密货币和分布式账本技术的出现正在挑战大型金融机构。破坏性创新是技术和互联网市场的共同特征，这些领域的公司已在加密货币市场中占有一席之地。

---

① 柯达. 论补充性货币的法律规制：兼论数字货币的补充性监管[J]. 中南大学学报（社会科学版），2019，25（05）：30-37.

② MCCALLUM B T. The bitcoin revolution[J]. Cato Journal，2015（35）：347-356.

（一）对金融稳定的影响

银行和金融机构主要提供四类服务：（1）提供支付系统；（2）资产期限转换；（3）风险管理；（4）信息处理并监控借款人。[①]加密货币对金融稳定的影响如下。

其一，加密货币对支付系统的影响。加密货币主要着眼于替代银行的支付系统功能，使交易双方能够直接进行点对点交易。加密货币的引入明显增加了提供付款服务的金融机构的竞争压力。然而，分布式分类账显然比维护单个分类账要付出更多的成本，保留整个历史交易而不是简单的当前余额增加了分布式分类账的存储需求。现在尚不清楚加密货币的所谓成本优势是否足以胜过传统支付系统。

其二，加密货币对银行信贷的影响。银行信贷涉及债权人与债务人之间的持久关系。信用关系与银行的第（2）、第（3）和第（4）项服务密切相关，但信用关系在很大程度上与匿名性不相容。区块链匿名性与借款交易基本不兼容，因为这会引发逆向选择和道德风险问题。如果不鼓励高质量的借款人进行借款就会产生逆向选择问题，因为需要提高利率来弥补有风险的借款人，这进一步恶化了借款人的平均风险。真正匿名的借款人有动力实施贷款违约行为，这会引发道德风险问题。

目前，大多数加密货币框架的设计都不适合处理信贷业务。像比特币这样的加密货币设计，使得只有付款人有足够的加密货币，交易才能验证和完成，也就是说，账户余额必须为非负数。业界正在努力修改这些特征，使去中心化的信贷成为可能。以太坊等平台，开发了一种名为"对手方"（counter party）的比特币附加组件来执行"智能合约"。智能合约使用计算机协议来确保合同的某些功能自动执行。例如，贷款人可以向借款人发送 400 个比特币，借款人则在未来的四年中每月偿还 10 个比特币。但是，此类合同的执行仍然很复杂，如果借款人在完全履行其义务之前将其比特币余额耗尽，那么智能合约下的义务该如何履行。以太坊设想使用仲裁员或法院来解决此类争端，但这样不可避免地需要识别交易者的身份。有研究者还表示了对智能合约其

---

① FREIXAS X, ROCHET J C. Microeconomics of Banking[M]. Cambridge，MA：The MIT Press，1997.

他问题的担忧，包括此类合约的法律地位问题、消费者保护问题，以及智能合约有可能像自动高频交易那样，会对资产定价产生不利影响，并可能对金融稳定产生影响。[①] 国际掉期与衍生工具协会的报告指出，某些合同义务可以自动履行，某些部分已经有客观的解释，但其他部分是主观的或需要法律解释的，因此智能合约执行面临一定的挑战。[②]

（二）对货币政策的影响

短时间内，加密货币的发展不会对中央银行以自己的法定货币执行货币政策的能力产生实质性影响。在大多数经济体中，合同主要是以法定货币单位计价的，并且作为法定货币的唯一供应者，中央银行可以影响本国的利率，影响私人机构的流动性，影响短期债务义务，以及提供跨期替代激励。但是，中央银行不一定能够影响加密货币利率的升降。

如果加密货币作为一种支付机制变得越来越流行，那么中央银行对经济活动的影响力可能下降，从而对经济的宏观稳定造成不利影响。澳大利亚储备银行在给澳大利亚参议院提交的对数字货币的调查报告中也得出了相同的结论，并指出加密货币的广泛应用可能降低澳大利亚储备银行保持低通胀和稳定通胀的能力，因为加密货币计划通常预先确定供应数量，无法更改以适应经济周期的变化。[③]欧洲中央银行也对加密货币持续增长表示担忧，并对加密货币和经济活动之间的有关衡量指标进行了分析。[④]

加密货币的使用现在仍然受到限制，尽管欧洲中央银行承认加密货币相对于传统支付系统可能具有潜在优势，尤其是在跨境交易方面，但它认为加

[①] He M D，HABERMEIER M K F，LECKOW M R B，et al. Virtual currencies and beyond：initial considerations[J]. IMF Staff Discussion Notes, 2016(3): 42.

[②] INTERNATIONAL SWAPS AND DERIVATIVES ASSOCIATION. Smart Contracts and Distributed Ledger – A Legal Perspective[EB/OL]. [2017-8-3]. https://www.isda.org/2017/08/03/smart-contracts-and-distributed-ledger-a-legal-perspective/.

[③] RESERVE BANK OF AUSTRALIA. Submission to the inquiry into digital currency：Senate Economics References Committee [EB/OL].[2015-12-17]. https://www.rba.gov.au/publications/submissions/financial-sector/pdf/inquiry-digital-currency-2014-11.pdf.

[④] EUROPEAN CENTRAL BANK. Virtual Currency Schemes [EB/OL].[2012-10-1]. https：//www.ecb.europa.eu/pub/pdf/other/virtualcurrencyschemes201210en.pdf.

密货币不会立即威胁到传统支付系统的运行、货币政策的执行、价格稳定和金融稳定。欧洲中央银行应对加密货币的策略是继续监视事态发展并修订法规和监管框架。与支付系统、货币政策或金融稳定问题相比，大多数司法部门更加关注的是反洗钱、税收以及恐怖主义问题。

第三节　加密货币的风险及监管

尽管加密货币不是分布式账本技术的全部内容，但其监管却非常重要。经济学人杂志报道，预估欧洲每年犯罪收入有 3%～4%系通过加密货币管道洗钱；部分交易所遭黑客入侵，且部分首次代币发行也被证实为欺诈事件。这些事件促使各国政府开始思考监管加密货币，以期能在避免加密货币被用于洗钱及恐怖主义融资，且能在保护消费者权益的前提下，发展加密货币市场。

一、投资加密货币的风险

（一）价格波动过于巨大

其一，加密货币市场相对不透明，价格更容易被操控，使其成为具有高报酬及高风险的投资标的，欧洲银行管理局把这一风险列为高风险等级。以比特币为例，2012 年，每一枚比特币价格还不到 10 美元，2014 年时短暂突破 1 000 美元后又下滑，然而 2017 年 3 月以后，价格开始巨幅上涨，同年 12 月甚至高达 16 900 美元。到了 2018 年，比特币的价格又开始下滑，最低曾降到每一枚比特币 3 500 美元左右。①加密货币价格剧烈波动使其可能成为投机性攻击的对象，这类似于新兴经济体的货币曾经遭受过的攻击。本质上，投机者在市场上做空加密货币，希望通过出售借入的加密货币来获利。投机性攻击可以使货币贬值，但是当投机性攻击的对象是主权货币时，相关中央

---

① 比特币的价格走势参考 MaiCoin 网站，https://www.maicoin.com/zh-TW/charts?currency= usd，最后浏览日是 2020 年 2 月 4 日。

银行可以通过提高利率来支撑该主权货币的价格。但是，加密货币没有中央银行的支持，投机者更有可能从压低其价格中获利，反过来，这又进一步激励做空者进行投机性攻击。

其二，加密货币有可能因为人们的信心下降而贬值。加密货币相当于法定货币下的外汇金融资产，其最大的风险在于估值波动，如果某特定的加密货币作为资产类别出现泡沫，那么，一旦泡沫破灭，该加密货币的价格就会急剧下降。从金融市场发展历史来看，汇率波动的冲击效果是不对等的。一般而言，汇率波动对外围货币的冲击远大于对主要货币金融市场的冲击。在当前数字货币信用扩张能力有限的情况下，其在短期内不会对主要货币计价的金融市场带来系统性风险；但对于货币容量较小并实施货币自由兑换的开放经济体，数字货币估值剧烈波动就可能导致这些经济体的金融市场动荡，并演变为系统性风险。[①]

正因加密货币涨跌幅如此巨大，加密货币产业开始发行稳定币。[②]此种加密货币宜与法定货币或贵金属等实体资产（tangible assets）联动，以降低涨跌幅度，持有人虽无法一夜暴富，但也不至于遭致巨额亏损。其中较为知名的稳定币系由 Tether 公司发行的泰达币，其把价值超过 20 亿美元的法定货币转换为加密货币，声称所发行的泰达币皆有兑偿保证。此类稳定币的出现，将有助于提升投资者与使用者对加密货币市场的投资信心。

（二）交易所被盗或者遭黑客攻击

加密货币持有者通常通过交易所买卖、存放加密货币或交换其他种类的加密货币。多数首次代币发行从业者也会将自己发行的加密货币上架至交易所进行发行与交易。交易所由于通常持有大量加密货币，往往成为不法分子觊觎的目标。虽然交易所运用信息安全技术试图保障交易安全，但自 2011 年起，全球仍出现多起加密货币交易所、平台或首次代币发行融资平台遭黑客攻击事件，估计损失总金额超过 16 亿美元。

2010 年 7 月 17 日，当时世界上最大的比特币交易所 Mt. Gox 在日本成立

---

① 肖远企. 货币的本质与未来[J]. 金融监管研究，2020（1）：1−15.

② BILAL MEMON. Guide to Stablecoin：Types of Stablecoins & Its Importance[EB/OL].[2020-2-4]. https：//masterthecrypto.com/guide-to-stablecoin-types-of-stablecoins/.

时，日本与中国一样将虚拟货币视同商品，但比特币价格波动剧烈，带来了庞大的套利空间，吸引日本及各地投资人纷纷投入。2014 年 2 月，Mt. Gox 突然宣告因遭黑客攻击，大量比特币消失须停止交易，并向东京地方法院申请破产保护，当时全球约 13 万债权人受害，经日本掌管东京警务的警视厅与美国调查当局合作调查后，研判该公司执行长涉嫌非法操控，并于2015 年 8 月 1 日将其逮捕。

日本于 2018 年发生两起重大的虚拟货币交易所失窃案，分别是 Coincheck 交易所失窃案和 Zaif 交易所失窃案。首先 Coincheck 交易所于 2018 年 1 月遭到黑客入侵，短短 20 分钟内损失超过价值 580 亿日元的新经币（XEM），但该交易所直到事发 11 小时后才发现遭黑客攻击。[①]事后 Coincheck 向大众承诺，将以价值 463 亿日元的公司资产补偿 26 万名使用者，以每个新经币代币0.81 美元的价格对受害者进行赔偿，赔偿金额约为 4 亿美元。[②]日本金融服务厅（Financial Services Agency，FSA）在听取 Coincheck 的报告后，认为其资产安全措施不足，且公司体制不完全，因此对其作出行政处罚，Coincheck 也因为本案面临多起民事赔偿诉讼。同年 9 月，设立于大阪的 Tech Bureau 旗下交易所 Zaif 也遭到黑客入侵，损失了价值高达 67 亿日元的加密货币，包含比特币及萌奈币（Monacoin）等。事后，Zaif 公司将其大部分股份出售给日本另一家合法交易所 Fisco 的母公司 Fisco 数字资产集团（Fisco Digital Asset Group），以筹措资金赔偿客户的损失。

无独有偶，韩国也在同一个月发生了两起交易所遭黑客入侵盗走加密货币的事件。2018 年 6 月 11 日，韩国 Coinrail 交易所遭黑客入侵，盗走该平台约 30% 的加密货币。两周之后，韩国最大的加密货币交易所 Bithumb 亦遭黑客攻击，造成 350 亿韩元的损失。因亚洲地区是加密货币交易的主要市场，

---

① KAZUAKI NAGATA. Cryptocurrency Exchange Coincheck Loses ￥58 Billion in Hacking Attack [EB/OL]. [2020-2-4]. https：//www.japantimes.co.jp/news/2018/01/27/national/cryptocurrency-exchange coincheckloses-58-billion-hacking-attack.

② JI JI KYODO. Japanese Cryptocurrency Exchange Coincheck to Reimburse Customers Who Lost Money in Massive Theft[EB/OL].[2020-2-4]. https：//www.japantimes.co.jp/news/2018/01/28/national/ japanese-cryptocurrency-exchange-coincheck-reimburse-customers-lost-money-massive-theft/.

加密货币交易所的黑客入侵事件多数发生在亚洲。

黑客入侵事件频发，显示了政府监管措施与投资平台的资金保护防护能力皆有不足。如果某加密货币出现大规模盗窃事件，可能促使其他持有人相信加密货币过于脆弱，从而导致他们迅速抛售其持有的加密货币。加密货币的代码被攻击，也能降低人们对加密货币的信心。[①]庞氏骗局和欺诈者的出现也降低了人们的信心。在媒体对比特币过度乐观的风潮之下，一大批投资者迅速涌入，抬高了比特币的价格，也出现了一些居心叵测的人，利用比特币开展庞氏骗局。目前，还没有针对加密货币的存款保险，以确保用户的资金安全，因此加密货币的持有人完全有理由作出"囚徒困境"式计算，一旦出现某些敏感的触发事件，他们会竞相把加密货币转换为主权货币，即使这样做会使所有人都遭受损失。

二、加密货币使用衍生的非法行为

（一）洗钱

由于匿名性且无中心化的监管机制，加密货币常被当作洗钱的工具，从而威胁到金融诚信。具体的风险包括：使用加密货币进行恐怖主义融资，犯罪分子控制加密货币市场，利用加密货币进行非法交易，使用加密货币实施阻碍司法、敲诈勒索等犯罪行为。[②]目前，已有多起通过比特币等数字加密货币交易进行洗钱的真实案例。在我国，黑龙江省高级人民法院（2016）黑民终第 274 号民事判决书显示，2014 年 8 月，犯罪嫌疑人许某通过在乐酷达公司注册的账号，利用"OKcoin"交易平台，分 34 笔购买比特币 553.0346 个，并同时进行提币业务，先后分 4 笔将购买的 553.0346 个比特币全部提出平台，转移到比特币钱包，后在澳门地下钱庄将比特币卖出完成洗钱。2014 年 9 月，美国比特币基金会（Bitcoin Foundation）前副主席、BitInstant 网执行官 Charlie Shrem 被指控参与洗钱，并在美国著名网络黑市"丝绸之路"上不法交易了价值 100 多万美元的比特币，最终获刑 2 年。

---

① 于品显. 系统性金融风险的界定及传播机制研究 [J]. 南方金融，2019（6）：48–56.

② European Banking Authority. EBA a opinion on virtual currencies[EB/OL]. [2020-2-4]. https://www.eba.europa.eu/documents/10180/657547/EBA-Op-2014-08+ Opinion+ on+ Virtual+ Currencies. pdf.

　　欧洲银行管理局在一份咨询意见中，把欺诈和盗窃列为高风险等级。[①]这说明，这两种风险有很可能变成现实，并且有着较大的影响。比特币基金会（Bitcoin Foundation）和金融行动特别工作组[②]的评估也得出了相似的结论。尽管在传统的金融体系中也存在这类风险，但是因为加密货币服务提供者没有获得传统金融服务提供者的许可，其风险更高。加密货币甚至正好契合了欺诈服务提供者的需求，为恐怖分子、毒贩、洗钱者和其他犯罪分子打开了方便之门。

　　为了防范虚拟货币成为洗钱工具，美国、日本、韩国、中国等国家皆将加密货币纳入洗钱防治政策的一环。我国金融监管机构亦要求所有银行践行严格识别客户身份（Know Your Customer，KYC），绑定同名存款账户，针对可疑交易进行监控，关闭不配合实名制客户账户等洗钱防治措施，以此防范加密货币沦为洗钱工具。

（二）逃税

　　加密货币对传统监管措施的另一挑战是征税问题。由于匿名与移转快速的特性，加密货币的价格在市场上呈现剧烈波动，在巨大涨幅中造就了许多富豪，各国主管机关也因此针对加密货币掀起大规模的查税运动。例如，美国国税局（Internal Revenue Service）于 2016 年 11 月要求全球规模最大的加密货币交易所 Coinbase 提供客户资料以供调查是否有纳税人逃漏税。澳大利亚的税务也通过反洗钱法提升比特币交易的透明度，再调查各笔交易中是否涉及逃漏税。日本政府因比特币价格在短时间内巨幅上涨，也对高获利的投资者展开调查，检视其是否涉嫌逃漏税。韩国也加大力度，重点打击利用数字货币偷税漏税的行为。2021 年 7 月，韩国负责监管大首尔地区的京畿道政府官员透露，经过长达数月的调查，从被控逃税的 1.2 万人手中没收了逾 530

---

　　① EUROPEAN BANKING AUTHORITY. EBA Opinion on virtual currencies[EB/OL].[2014-7-4]. https://www.eba.europa.eu/sites/default/documents/files/documents/10180/657547/81409b94-4222-45d7-ba3b-7deb5863ab57/EBA-Op-2014-08%20Opinion%20on%20Virtual%20Currencies.pdf?retry=1.

　　② FINANCIAL ACTION TASK FORCE. Virtual Currencies：Key Definitions and Potential AML/CFT Risks [EB/OL]. [2014-7-4]. https://www.fatf-gafi.org/en/publications/Methodsandtrends/Virtual-currency-definitions-aml-cft-risk.html.

亿韩元（合 4 700 万美元）的比特币、以太币和其他加密货币资产。据介绍，这是韩国历史上因拖欠税款而查获的最大规模加密货币，由于当地交易所没有收集账户持有人的居民登记号码，因此，这些数字资产被广泛用来隐藏资产。被查获的人员中有一位"著名家庭购物频道节目主持人"，这位主持人拖欠了 2 000 万韩元的税，却持有价值 5 亿韩元的以太币和其他加密货币；另一位拥有约 30 处房产的业主拖欠了 3 000 万韩元所得税，但持有价值 11 亿韩元的加密货币资产；还有一名医生拖欠了 1 700 万韩元的逾期税款，但拥有价值 28 亿韩元的比特币。[①]

（三）买卖非法物品

由于去中心化和匿名化特性，加密货币也常被用作黑市交易的媒介，例如，有人透过暗网中诸如"丝绸之路"等网站以比特币购买违禁物品。

三、加密货币的市场风险

（一）价格稳定风险

加密货币有可能影响价格稳定和货币政策的实施。无论被视为货币还是证券，加密货币都有可能把流动性问题带入"现实世界"的金融体系中，使之产生流动性风险。正如欧洲中央银行副行长在一次采访中所说，虚拟世界与现实世界之间的"桥梁"可能成为传染的媒介。虚拟世界的崩溃可能会耗尽现实世界金融机构的流动性，这可能会引起作为最后贷款人——中央银行的担忧。[②]尽管货币发行量和流通速度尚未受到影响，但还是需要严格监督加密货币与现实世界经济的互动关系。

（二）支付系统稳定性风险

目前，市场上运行的支付机制大概有三类：（1）货币，是代表中央银行负债的钞票，具有法偿货币的地位；（2）存款账户转账系统，例如商业支票和商业银行负债转账系统；（3）票据转账系统，例如商业银行发行的不具有

---

① 新浪财经. 数字货币遭遇全球监管潮：韩国也干了！重拳打击利用数字币逃税[EB/OL].
[2021-6-24]. https://finance.sina.com.cn/blockchain/roll/2021-06-24/doc-ikqciyzk1525940.shtml.

② MERSCH Y. Virtual or virtueless? The evolution of money in the digital age[C]. Official Monetary and Financial Institutions Forum，2018.

法偿货币地位的债务工具。现在，加密货币尚未对传统货币的地位构成直接威胁，但如果监管机构不愿意或无法将加密货币从支付系统中排除，它们将继续作为支付系统运行，会造成犯罪、逃税行为更难以调查和起诉。因此，加密货币有可能成为一个更复杂的支付系统，与传统货币支付系统相竞争。如果去中心化的加密货币开始广泛应用，以至于成为替代货币，也可以认为这是一种新型的影子支付系统。风险最有可能通过以下方式传播：（1）以加密货币为基础的支付系统迅速增长，达到一定比例；（2）加密货币资产风险暴露，把流动性问题扩散至受监管的金融部门。

（三）中央银行声誉风险

如果一种已经在日常消费中被广泛使用的加密货币出现问题，由此导致的支付系统故障可能影响正常的资金流向，也可能阻碍更广泛的经济发展。这种被广泛使用的加密货币的失败将导致经济中货币供应收缩，也会阻碍经济增长。面对货币供应量收缩，中央银行通常采取的应对措施是降低利率，但是如果私人发行的加密货币大规模替代中央银行的货币，将可能大大缩小中央银行的资产负债规模，从而影响其调节短期利息的能力。因此，如果去中心化的加密货币被广泛使用，中央银行应对危机的能力将受到限制。

四、加密货币引发的监管挑战

区块链技术和其他数字技术进步引起一系列法律与监管挑战，这与 20 年前互联网兴起时引发的问题有一定类似之处。

（一）货币体系挑战

许多加密货币将自己定位为传统货币体系的直接竞争对手。例如，比特币旨在通过提供替代形式的货币来代替中央银行负债（以货币流通）或将中央银行的部分准备金作为抵押的商业银行负债（在非现金支付系统中以商业银行货币的形式流通），从而在货币供应和货币政策方面直接挑战传统货币体系。问题是，这一挑战在多大程度上能够取得成功？

从表面上看，加密货币确实构成了一定威胁：数字支付工具在众多的交易中比物理货币更方便；在很多国家，现金使用量不断下降。如果以加密货币为基础的支付系统不断取代现金和商业银行货币，那么，加密货币可能会使整个经济体脱离传统的货币体系，这反过来会削弱商业银行在货币体系中的作用以及中央银行对货币供应和货币政策的控制权。[①]这将影响中央银行完成维持系统稳定性、效率和支付安全等核心监管任务，并影响货币政策的执行。

现在看来，加密货币的交换媒介（或支付手段）作用尚不足以对传统支付体系构成直接威胁。比特币和加密货币的惊人增长表明，人们对加密货币支付存在一定的需求。但是，这种需求更多地源于投机，而不是渴望在传统货币体系之外创造新的货币。这种需求还可能是目前非常规的货币政策工具（例如量化宽松）导致的资本市场上巨大的流动性所致。确实，尽管加密货币的数量和名义市值增长惊人，但大多加密货币根本没有被用作货币替代品。

交换媒介功能是决定一件事物构成货币的重要因素。这正是比特币表现最差的功能，并且没有哪一种加密货币表现得非常出色。原因主要有以下三点。一是加密货币支付比传统的电子支付系统慢。比特币比传统的支付系统慢几个数量级，其他加密货币的速度明显快于比特币，但仍慢于电子货币支付等，甚至比使用现代转账系统的商业银行转账还慢。这是去信任化的成本，不存在银行等授信中介机构验证交易，加密货币支付验证过程相对复杂。二是比特币和其他加密货币的供应有限，通常没有类似中央银行的机构可以协调加密货币的供应，以满足经济交易需求。这反而促使人们将持有加密货币作为一种投机性资产，而不是当作一种交易媒介。三是公有链（permissionless blockchains）的每笔交易通常会消耗大量的计算能力和能源。在当前条件下，赋予比特币货币资格将导致全球面临经济灾难。

当前市场的发展正在弥补加密货币的上述不足。一种选择是在比特币技术堆栈中增加"层"。例如，处理链下交易的钱包和交易所可以提高像比特币这类采用公有链的加密货币的效率和交易速度。但是，这样做等于向去中心化和去中介化的支付系统添加中心化和中介功能，违背了加密货币的核心精

---

① BANK FOR INTERNATIONAL SETTLEMENTS. Committee on Payments and Markets Infrastructures Markets Committee [EB/OL]. [2018-3-1]. https://www.bis.org/cpmi/publ/d174.htm.

神，并创建了类似影子支付系统中平行的金融机构，增加了对监管控制的需求。具有讽刺意味的是，在比特币堆栈上添加的"层"甚至可能是物理代币。例如，一家公司现在正在发行"智能"钞票作为数字资产；比特币"钞票"已经在新加坡出现，这些都说明比特币"电子现金"系统的低效率。

但是，重要的是，其他加密货币有可能继续改进，以避免出现这些问题。交易速度和效率是加密货币开发人员在社区中创新的热点，如果某特定的加密货币开始像法定货币一样使用，则必须重新评估其地位。换句话说，尽管我们可以暂时忽略这些直接挑战，但必须认真对待加密货币，密切监控加密货币市场，并建立突发事件应急机制，以便在情况发生变化时及时、有效地进行干预。

（二）法律属性认定挑战

规范任何新的、技术驱动的金融实践面临的主要挑战是：如何将其纳入现有法律体系。加密货币的技术和经济特征一定程度上成熟之后，就有必要将代币归类为一种合法的客体。但是，问题在于对加密货币法律属性的认定。目前，全球各国和地区的监管机构尚未对加密货币的法律属性达成共识，由此出现了"财产（商品）说""货币说""有价证券说"等学说（见表1-3）。法律属性的认定不同，所采取的监管措施和适用的监管规定也自然就不同。[1]通常，解决这类问题的方法是通过类比应用尽可能将新的事物和实践纳入当前的法律规范。[2]一般来说，采用这种法律发展模式是能够解决问题的。但是，在建立令人满意的监管框架之前，这种方法可能存在一些问题。加密货币法律属性的认定对于监管措施的影响尤其明显。

表1-3　世界部分国家、地区和组织关于加密货币的立法及观点

属性	国家/地区/组织	立法或官方重要表态
货币	日本	2016年5月，日本通过《支付服务法》，认定加密货币与法定货币类似，具有支付功能

---

[1] SOTIROPOULOU A, GUÉGAN D. Bitcoin and the Challenges for Financial Regulation[J]. Capital Markets Law Journal,2017(12): 466–79.

[2] EASTERBROOK F H. The Law of the Horse[J]. University of Chicago Legal Forum 207，1997.

续表

属性	国家/地区/组织	立法或官方重要表态
货币	德国	2013 年 8 月，德国财政部认可比特币为合法货币
	澳大利亚	2017 年 7 月，澳大利亚的比特币立法将比特币视为货币
	欧盟	2015 年 10 月 22 日，欧盟法院裁定，比特币应受到与传统货币同等的对待
商品/财产	中国	2013 年 12 月，中国人民银行等五部委联合发布《关于防范比特币风险的通知》，明确比特币不是货币，但可作为普通商品买卖； 2018 年 1 月，中国人民银行营业管理部发布《关于开展为非法虚拟货币交易提供支付服务自查整改工作的通知》，均严禁为虚拟货币交易提供服务，并采取有效措施防止利用支付渠道进行虚拟货币交易
	俄罗斯	2018 年 1 月，俄罗斯发布《数字金融资产法》草案，定义数字货币为"数字金融资产"
	以色列	2018 年 2 月，以色列税务局报告：比特币是财产，不是货币； 2018 年 2 月，以色列最高法院判决：禁止以色列国民银行（Leumi Bank）限制比特币等与加密产业有关的账户
	泰国	2018 年 3 月，泰国通过法案，认为加密货币为一种加密资产
证券	瑞士	2018 年 1 月，瑞士金融监管机构已经发布《加密货币指南》，把加密货币发行项目中资产型加密货币视为证券
	新加坡	2017 年，新加坡金融管理局发布了《数字代币发行指南》，将符合条件的数字货币纳入证券监管

与加密货币迅猛发展相比较，迄今为止，关于加密货币的根本性质的探讨依然存在不足。一方面，说明人们对货币这一概念的理解是互不相同的；另一方面，也反映出互联网和社交媒体已经混淆了事实和虚幻的边界。有的国家将加密货币视为货币，瑞士认为，加密货币是增值税目上的货币，而不是财产；[①]澳大利亚认为，至少出于特定的税收目的，应将加密货币持有视为外币持有；有的国家则将其视为违法货币，如玻利维亚、厄瓜多尔等国家立法禁止买卖比特币；还有的国家则将加密货币视为一种商品（财产），如俄罗斯于 2018 年 5 月发布的《数字金融资产法》就将数字货币界定为"数字金融

---

① BITCOIN ASSOCIATION SWITZERLAND. good news：no vat on bitcoin in switzerland [EB/OL]. [2016-4-15]. https：//payment21.com/blog/good-news-no-vat-bitcoin-switzerland .

资产"。关于加密货币，美国尽管积累了丰富的经验，然而，其监管机构在对加密货币属性的认定方面却存在很大差异：美国金融犯罪执法网络（FinCEN）认为，加密货币的管理者或兑换者从事的是货币服务业务，属于货币传送者（transmitter）；美国证券交易委员会（SEC）指出，某些类型的加密货币，特别是用于首次代币发行以筹集商业资本的加密货币，具有"证券的主要特征，比如，证券发行和涉及证券的发行和买卖"；[①]美国最高法院（在异议意见中）建议货币应当包括加密货币：我们认为货币随着时间的变化而不断在变化。贝壳曾经是交易媒介，但现在不再是……我们的货币最初包括金币和金条，但在 1934 年之后，黄金不能用作交易媒介……也许有一天，将以比特币或其他某种类型的加密货币向员工发放薪水……法规中没有任何内容表明该规定的含义应陷入货币时间扭曲中，永远限于 20 世纪 30 年代常用的那些形式的货币。[②]

中国人民银行等五部委在 2013 年联合发布的《关于防范比特币风险的通知》（以下简称《通知》），仅从预防金融风险的角度作出原则性规定，即比特币不属于法定货币，但允许公众将其作为商品进行投资。然而，该《通知》的规范对象仅限于比特币。其他加密货币是否能够同等适用？比特币属于何种商品？为何属于商品？对于这些深层次的问题，《通知》并未进行任何论证。法律属性不明即意味着加密货币是否受法律保护以及受到何种法律保护等问题均处于模糊状态。由于缺乏法律规定和理论研究上的不足，法院在相关判决中对加密货币属性的认定也存在较大差异。江苏省南京市江宁区人民法院曾于 2017 年在其判决中将比特币视为"非法"的"虚拟商品"，并认定当事人投资和交易蒂克币的行为不受法律保护，最终驳回当事人诉请保护数字货币投资的诉求。[③]2017 年，北京市海淀区人民法院在类似的判决中则确认投资比特币的协议有效，但是该判决并未深入论述比特币的法律属性，而是以

---

① US SECURITIES AND EXCHANGE COMMISSION. Statement on Cryptocurrencies and Initial Coin Offerings [EB/OL]. [2017-12-11]. https：//www.sec.gov/news/public-statement/statement-clayton-2017-12-11.

② Wisconsin Central Ltd. v. United States, No. 17−530.

③ 2017 年 10 月 27 日江苏省南京市江宁区人民法院民事判决书（2017）苏 0115 民初 11933 号。

当事人未能举证证明比特币交易违法为由作出认定。[①] 在立法和司法实践中，我们需要思考加密货币最根本的法律性质及特征等基础的法律问题：它是货币还是证券，抑或是商品？它是否符合物权的构成要件，抑或仅仅是一种债权？探究加密货币法律性质和特征具有理论意义，加密货币的实体性权利可以为持有者所享有，权利的实现方式又依赖于对其的分类，不管把它归类为物权还是债权，抑或是其他新型权利。

（三）监管挑战

金融监管发生效力主要取决于两个方面的因素：一是金融机构和业务属于监管法律法规作用的对象；二是监管机构拥有管辖权。然而，2008年全球金融危机后，正如古德哈特（Goodhart）等指出的那样，金融监管的两个主要因素都面临一定的挑战：（1）受监管和不受监管的机构之间的界限以及受监管和不受监管的业务之间的界限已经被突破；（2）金融业务全球化的发展，突破了国家管辖权的界限。[②] 此外，加密货币还突破了网络世界与现实世界的界限，提出了一系列新的监管挑战。

1. 监管界限的突破

如果受监管的业务和不受监管的业务之间的界限被打破，不受监管的业务有可能把风险传递到受监管的业务领域。监管界限问题源于以下两个方面。一是不受监管的机构开始开展受监管的业务活动。例如，首次代币发行与股票首次公开募股（IPO）同为融资手段，但前者目前并不受监管，存在较大的投资风险。二是受监管机构开始开展不受监管的业务活动。例如，金融机构利用加密货币进行交易或者把加密货币作为集合投资计划的基础资产等。这种突破监管边界的行为可能导致风险传递，也可能影响金融机构的头寸。

加密货币交易是一种新型的金融业务，给金融监管带来了不小的挑战。在性质上加密货币究竟是货币、证券，还是仅仅是一种支付手段，现在尚无定论，但它已经像传统的金融机构一样，开始提供部分金融服务。部分国家的监管部门也开始介入加密货币业务。例如，美国证券交易委员会的态度就

---

① 2017年7月28日北京市海淀区人民法院民事判决书（2017）京0108民初12967号。

② GOODHART C A E, LASTRA R M. Border Problems[J]. Journal of International Economic Law, 2010, 13（3）：705-718.

颇为积极，它将首次代币发行视为证券发行，尽管发行人试图完全规避现行的监管规定。[①]美国金融犯罪执法网络也将某些银行法规照搬、适用于加密货币支付提供商。[②]然而，受监管的业务通常在法律文件中有规定，而分布式账本技术和加密货币这种新生事物是否应当受到监管以及如何监管现在还没有定论，把它纳入原来的法律框架中进行监管可能产生一些法律问题和监管实效问题。反过来，如果任由不受监管的机构开展不受监管的业务活动，可能给监管机构带来更大的挑战。无论从投资者保护、金融犯罪预防，还是从维护国家货币主权的角度，都应当对加密货币进行监管，但是将现有的监管框架简单适用于加密货币显然是有问题的。

2. 主权界限的突破

决定监管对象的一个重要因素是对监管套利的担忧。广义上，监管套利是指将业务从受严格监管的金融部门转移到不受监管或受轻度监管的金融部门，以便于利用监管的差异达到利益最大化的效果。有学者指出，这样做"实质上是利用交易的经济实质与其法律或监管待遇之间的差距"[③]。古德哈特等指出，由于金融业务的跨国性，以国家为基础的监管必然产生监管套利问题。[④]

加密货币去中心化的性质以及整个生态系统发展相对不成熟的特点，必然引发监管的边界问题和跨境监管套利问题。如果仅有一个司法管辖区允许使用加密货币，则它可以在虚拟环境中跨越边界，使单个司法管辖区的监管变得无效。在非法下载网站等利用点对点文件共享的分散协议中，已经出现了监管者和被监管者之间的猫鼠游戏。由于该行业的数字化性质以及全球影响力，监管套

---

① SECURITIES AND EXCHANGE COMMISSION. Report of Investigation Pursuant to Section 21(a) of the Securities Exchange Act of 1934: The DAO[EB/OL].(2017-7-25)[2020-2-4]. https://www.sec.gov/litigation/investreport/34-81207.pdf.

② US DEPARTMENT OF TREASURY FINANCIAL CRIMES ENFORCEMENT NETWORK. Guidance: Application of FinCEN's Regulations to Persons Administering, Exchanging, or Using Virtual Currencies[EB/OL]. [2020-2-4]. https://www.fincen.gov/sites/default/files/shared/FIN-2013-G001.pdf.

③ VICTOR FLEISCHER. Regulatory Arbitrage[J]. Texas Law Review 2010(89): 227-229.

④ GOODHART C A E, LASTRA R M. Border Problems[J]. Journal of International Economic Law, 2010, 13 (3):705-718.

利的可能性和潜在的监管竞争都将引发监管竞次现象（race to the bottom），加密货币监管也不例外。例如，美国纽约州颁布"加密货币许可"（bitlicence）之后，包括交易所在内的许多组织快速改变了其注册地，实际申请业务许可的公司寥寥无几。2017 年 9 月，中国人民银行等七部委发布了《关于防范代币发行融资风险的公告》，把首次代币发行定性为未经批准的非法融资行为，任何组织和个人不得开展代币发行融资活动。此后，加密货币生态系统见证了加密货币全球交易从人民币（CNY）转变为日元（JPY）和美元（USD）的历程。

20 世纪 90 年代中期，约翰逊（Johnson）和波斯特（Post）在一篇论文中表示，由于建立在现代通信技术基础上的计算机技术突破了领土边界的限制，破坏了具有法律意义的在线行为与物理位置之间的联系，我们需要制定适应网络空间的法律，而不是受制于地理边界。[①]加密货币的出现再次促使我们思考管辖权和地域性等问题的现实意义，并重新审视"所有权"和"占有权"等法律概念在诸如加密货币等非物质资产背景下的含义。[②]

3. 网络世界与现实世界界限的突破

加密货币还突破了网络空间和现实世界的界限。一些加密货币计划旨在创建一种不属于任何司法管辖区域的新形式的商业组织。开发人员正致力于开发自动化、去中心化的应用程序，以打破传统的监督模式，取代传统的公司治理结构，这可能引发公司治理风险和市场滥用风险。例如，DAO 是以"分布式自治组织"形式存在的集合投资机制，据说，是一种没有人员运营的组织。

监管界限、主权界限、网络世界与现实世界界限这三个界限非常重要，因为这是监管机构制定加密货币监管政策首先需要考虑的问题。为了不抑制创新，在加密货币发展的早期阶段，许多国家采取了"观察和等待"的策略，并开始类比适用现有的监管法律。但是，许多金融监管规定是针对金融中介机构的。虽然类比推理和目的解释可以在某种程度上将新的市场实践和技术

① JOHNSON D R, POST D G. Law and Borders: The Rise of Law in Cyberspace[J]. Stanford Law Review, 1996, 48(5): 1367−1402.

② JASON G ALLEN. What's Offered in an ICO? Digital Coins as Things[EB/OL]. [2018−3−19]. https://papers.ssrn.com/sol3/papers.cfm?abstract_id=3140499.

纳入现有规范，也更适用于加密货币的监管，但加密货币是一种突破式创新，有必要制定新的监管规定。

4. 其他监管挑战

加密货币还带来了其他一些监管挑战。第一，加密货币的匿名性和大量不同的加密货币的流通，导致很难确定监管的对象和监控其行为。监管机构应如何规范数千种具有独特功能的加密货币？应该监管矿工、加密货币用户，还是交易平台，还是全部？应如何识别它们？此外，由于加密货币在传统金融系统之外运行，因此不属于传统金融监管的对象，所以需要扩张监管权力。加密货币市场的从业人员也不符合银行工作人员或当前的注册认证规则。因此，必须建立新的监管体系和新型监管机构。第二，区块链技术的去中心化性质会导致出现管辖权问题，并且缺乏可识别的中介机构可能会不利于监管机构解决管辖权问题。第三，监管类型的选择。应当由公共机构进行公开监管，还是由市场参与者进行自律监管，或者混合监管？第四，监管的强度。应该采取轻触式监管，还是采取干预主义式监管？第五，监管的目标。未来的监管要达成什么样的目标？是完全禁止使用加密货币，还是部分或完全合法化？加密资产应该与传统金融产品一样遵循相同的标准，还是作为独立的产品另行制定监管标准？

第二章　加密货币的法律属性

　　监管加密货币这种"破坏式创新"金融实践，面临的主要挑战是：如何将其纳入现有法律体系。这涉及对其法律属性的认定，法律属性认定对于监管措施的影响尤其明显：若将其定位为商品，则应由其对应的商品监管机构监管；若将其定位为证券，则应由证券监管机构监管；若将其定位为货币，则应由中央银行和商业银行按照货币体系建立监管制度。发达国家对其法律属性的认知尚处于探索阶段，由此形成了"财产说""有价证券说""数据说"和"货币说"等不同的学说。但每一种学说都存在一定的理论困局，因为如将其作为货币，其确实在一定程度上有取代传统货币的优势，但其去中心化及去信用化的特性，不符合货币的国家化理论；将其作为物或财产，则因加密货币本身无法作为实体物使用和获得收益，即使其确实存在，也不是一般的动产可比的；将其作为表征一定数量货币的证券，也因为其去中心化及去信用化的特性，不一定可以被纳入电子货币或数字货币体系；将其作为证券，则因为其性质与功能未必与证券相同，不一定适用证券法规。

　　法律属性不明就意味着加密货币是否受法律保护以及受到何种法律保护等问题均处于模糊状态。中国人民银行等五部委在 2013 年联合发布的《关于防范比特币风险的通知》（以下简称《通知》），仅从预防金融风险的角度作出了原则性规定。但对于其法律属性等一些深层次的问题，《通知》并未进行任何论证。比如，比特币属于何种商品？为何属于商品？如果该《通知》的规范对象仅限于比特币，对于其他加密货币是否能够同等适用？我国也未制定专门的加密货币监管规范，甚至连监管主体及监管路径也不明确。由此，多个监管机构共同监管造成了监管重叠和监管真空共存的现象，从而导致近两年加密货币的野蛮生长，甚至出现了大量以加密货币为名的非法集资和诈骗案件。[①]

本章首先论述了厘清加密货币属性的必要性，然后分别分析了加密货币"财产说""有价证券说""货币说"及理论困局，在此基础上提出加密货币法律属性应重新定位的主张，并提出相应的监管建议。

第一节　加密货币"财产说"及其理论困局

一、加密货币"财产说"及其实践

（一）加密货币"财产说"

此说基于加密货币无发行准备及偿付保证的性质，认为加密货币不属于货币，故认为称为"货币"并不恰当。此说将加密货币定义为一种财产，认为通过加密货币交易所持有比特币或者其他加密货币与通过存款于金融中介持有常规的货币形式在性质上并无不同。[②]此说认为，比特币是"虚拟商品"而非金融工具，认为倘有商家愿意接受客户以比特币购物，性质上类似"以物易物"。基于传统民法上对有体物和无体物（incorporeal res）的分类，有学者将加密货币称为"数字物"（res digitales）。[③]还有学者认为加密货币是"一种无形的私人财产，一种有价值的数字物（atrefact），一种资产，是所有者拥有的有价值的财产，可以根据自己的意愿自由转让"。[④]

关于什么是财产、什么不是财产，并没有明确的法律规定。潘德克顿学派仅将"物"界定为有形物体。这引发了一些问题，例如，财产法对公司股

① 2018 年 8 月 24 日，银保监会、中央网信办、公安部、人民银行、市场监管总局联合下发《关于防范以"虚拟货币""区块链"名义进行非法集资的风险提示》。

② ATHANASSIOU P. Are Bank Deposits Investments? A Legal and Economic Analysis[J]. Journal of International Banking Law and Regulation，2014，29（12）：1-15.

③ PALKA P. Virtual Property：Towards a General Theory[D]. Florence: European University Institute, 2017.

④ BOLLEN R. The legal status of online currencies：are bitcoins the future?[J]. Journal of Banking and Finance Law and Practice，2013，29（12）：1-38.

份或电力如何定性的问题。随着科技的发展，财产（物权）的客体不断变化，美国第五巡回上诉法院在第一维多利亚国家银行诉美国（First Victoria National Bank v. United States）案[1]中说："财产这一概念在不断演变。它可以被描述为依法或习俗赋予事物的一种权利，或者被描述为个人拥有的、可能成为交换对象的所有有价值的东西。上述定义考虑了法律或习俗创造财产权的可能性，这在以前是没有考虑的。"我国学者指出了财产权的客体呈现出从有体物到无体物扩张的趋势，无体物包括了"有体物之外的具有经济功用的所有财产资源，不仅指向为法律明确承认的知识产权、债权等权利，还包括处于法律边缘的新型财产资源，不仅指向现实世界中的光、电灯无形体能源、自然力，还包括虚拟世界中的虚拟财产"。[2]

尽管物的外延不断扩大，然而财产认定的标准却表现出某种"恒常性"。20 世纪 60 年代，英国出现一个经典案例，即国民地方银行诉艾什沃斯（National Provincial Bank v. Ainsworth）[3]一案中，韦伯豪斯（Wilberforce）勋爵总结了将某物认定为财产的基本法律规则："在将一种权利或权益纳入财产类别或影响财产的权利之前，它必须是可界定的，可被第三方识别，具有可被第三方获得的性质，并具有一定程度的永久性或稳定性。"即可以被界定为"财产"的事物必须是实际存在且可以被占有的（owned）事物。[4]有些事物存在但不能被占有，便不是财产；但是，如果不是被法律禁止转让而可以转让的东西，则是财产。人所固有但不能转让的东西不是财产。我国学者认为，作为法律财产的本质始终被定格于它的"经济价值"。民法学者甚至用"使用价值+稀缺性=价值"的公式来诠释物权客体的本质。[5]

将加密货币表征为其他任何事物之前，必须将其表征为财产权的对象。法国学者已将比特币定性为"无法识别的法律客体"（objets juridiques non

---

① First Victoria National Bank v. United States, 620 F.2d 1096.

② 常鹏翱. 民法中的物[J]. 法学研究，2008（2）：27-39.

③ National Provincial Bank v. Ainsworth [1965] AC 1175, House of Lords.

④ GLEESON. Personal Property[M]. London: Sweet & Maxwell，1997.

⑤ 孙玉荣. 民法学[M]. 北京：北京工业大学出版社，2014.

identifiés）。①现在来看，这是一个准确的定性，但对于任何法律体系而言，财产权客体的法律属性都不可能长期处于未知状态。如果加密货币在法律上不能成为财产权的对象，那么，法律制度与经济现实之间的裂痕将是无法弥补的。②世界上也有一些法律体系把表征价值的代币当作财产。③因此，有观点认为，可以把加密货币认定为财产。④从抽象层面讨论加密货币是否为财产是行不通的，因此，需要考察国内法庭或者其他公共机构的相关实践。

（二）加密货币"财产说"相关实践

自 2018 年起，国际货币基金组织将虚拟货币称为"加密资产"（crypto asset）。⑤欧洲中央银行副行长 Yves Mersch 于 2018 年 2 月在演讲中指出，将"虚拟货币"称为"货币"是错误的。⑥美国商品期货交易委员会（Commodity Futures Trading Commission，CFTC）在 2017 年发布的通知中，将虚拟货币认定为商品。⑦此外，挪威、西班牙与芬兰等国也视比特币为一种资本财产（capital property），对比特币交易征收最高 25% 的增值税。⑧

我国于 2013 年 12 月发布的《关于防范比特币风险的通知》将比特币界定为一种虚拟商品。俄罗斯《数字金融资产法》也将数字货币定义为一种资产，同时明确表示其与法定货币（卢布）不同。

---

① MYRIAM ROUSSILLE. Le Bitcoin: Objet Juridique Non Identifié[J]. Banque & Droit, 2015(159): 27-31.

② BAYERN S. Dynamic common law and technological change: the classification of Bitcoin[J]. Washington & Lee Law Review Online，2014（71）：22-34.

③ FOX D. Property rights in money[J]. OUP Catalogue，2008，（1）：140.

④ RASKIN M I. Realm of the coin: Bitcoin and civil procedure[J]. Fordham Journal of Corporate and Financial Law，2014（20）：969-1011.

⑤ INTERNATIONAL MONETARY FUND. Treatment of Crypto Assets in Macroeconomic Statistics. [EB/OL]. [2018-10-24]. https: //www.imf.org/external/pubs/ft/bop/2018/pdf/18-11.pdf.

⑥ MERSCH Y. Virtual or virtueless? The evolution of money in the digital age[C]. London: the Official Monetary and Financial Institutions Forum，2018.

⑦ CHERNIN A，MORAN N，MOLA S. The CFTC's Approach to Virtual Currencies[J]. National Law Review，2022，12（159）.

⑧ TU K V，MEREDITH M W. Rethinking virtual currency regulation in the Bitcoin age[J]. Washington Law Review，2015（90）：271-347.

二、"财产说"的理论困局

(一)加密货币独特的原始取得方式

原始取得与继受取得是民法上物权取得的两种重要方式。加密货币实际上是网络上的分布式账本，不是由特定国家或机构发行，而是由网络上的"矿工"，以"挖矿"的方式原始取得其工作所生成的电子矿或代币。以比特币为例，所谓挖矿，乃指参与者自比特币官网下载用户端程序及专用运算工具，通过"采矿机"（即高性能计算机）运算复杂的数学问题，完成任务者即获得比特币。在每一个区块形成的过程中，它采用工作量证明（proof of work，POW）的机制决定记账权分配，工作量是通过计算区块的哈希值来完成的，最终证明自己工作量最大的节点获得记账权，并获得比特币。交易验证是比特币产生的核心环节。在其他加密货币挖矿机制中还诞生了权益证明（proof of stake，POS）机制，该机制分配记账权时还会重点考查节点所贮存的加密货币数量，存储量越大，其权益越大。与此同时，"挖矿"的难度与权益大小成反比，权益越大，"挖矿"难度越小。由于待解决的问题越来越难，比特币的"挖矿"成本也越来越高。

"挖矿"必须运用具有相当算力的计算机，投入时间，消耗一定的电力能源，始能获得比特币，而且根据比特币及其他加密货币挖矿技术的程序设计，越往后，获得比特币或其他加密货币的难度越大，消耗的能源也越多（除非计算机的运算能力升级到一定程度），即成本越高。根据比特币预先确定的编程规则，比特币总数约为 2 100 万枚，每增加 21 万个新区块，比特币奖励降低一半（大约每 4 年一次）。如果套用传统法律的规则及概念，比特币的"矿工""挖矿"乃是事实行为，似可认为其是按照先占的原则而原始取得新形成的比特币。不过，在通过"挖矿"获得比特币以前，该比特币实际上并不存在，故"矿工"原始获得比特币的依据，应该认为乃是类似原始建筑房屋者获得房屋所有权的法理。

加密货币独特的获得方式，使之缺乏相应的责任承担者。与法定货币持有者不同，在不受限制的（unpermissioned）、去中心化的网络中，加密货币的持有者不能向特定的法律主体（比如发行人）主张债权；相反，持有者只能向加密货币产生与交易的分布式、点对点网络主张债权。但是，这种形式的求偿权可能被证明是虚幻的，如果不受限制的加密货币网络运行出现问题，可能找不到特定的法律主体承担相应的责任。

（二）加密货币独特的物权支配方式

与加密货币是否为物有关的问题是它是否能够被占有。以比特币为例，比特币账户和可识别的账户所有者之间并不存在紧密的联系。如果财产法规定的是人和物之间的法律关系，财产权的持有人能够对物行使财产权，那么，对于比特币是否为有意义的财产权客体就有疑问了。

可能有人认为，无体物的占有是一个"不合时宜"的概念。大多数民法（和普通法）法系似乎都持这种观点，认为无体物无法满足占有的物质要素或主体要素。如果真是如此的话，在民法法系，有关占有的法律似乎不太可能直接适用于加密货币。占有很重要，因为物权法（以及不当得利）的规则都是建立在占有的行为或占有的状态基础上的。如果占有不适用无形的加密货币，那么，有关善意占有人取得、占有救济或责任的规则同样不适用。而且，在加密货币"钱包"的占有的问题上也有同样的障碍，至少用户通过在线钱包服务提供商进行操作时是如此。也就是说，在某种程度上，钱包可能会受到物权法的间接影响，因为它可以在任何物理基础结构或计算机硬件上存在。如果不适当拓展占有的概念，那么物权法有关占有的规定不可能直接适用于加密货币。

英国上诉法院在 Your Response Ltd.诉 Datateam Business Media Ltd.[①]一案的判决中说明了这一问题。英国上诉法院认为，不能对数据库中储存的电子化信息主张财产权，因此，它不能成为担保待履行债务质权（possessory lien）的客体。这一案例中，被告主张对电子数据库行使质权的最重要问题是后者具有无形财产的性质。如果无形的电子数据库不能被占有，从逻辑上说，数据库上记录的加密货币同样也不能成为财产权的对象。

（三）加密货币独特的物权客体

以比特币为例，其在满足物权客体要件方面存在一些困难。日本的民法

---

① Your Response Ltd. v. Datateam Business Media Ltd. [2014] EWCA Civ 281.

学者认为，所有权的对象为有体物，并能排除他人对所有权客体物的利用权利，即所谓排他支配可能性，且从维护个人尊严这个法的基本原理出发，非人格性亦为所有权要件之一。换言之，要成为所有权客体须具备三要件：有体物、排他支配可能性及非人格性。①首先，比特币是电子货币或加密货币，其创建和使用严格依赖技术，因此，比特币不属于占有一定空间的有体物。其次，由于比特币地址上并不存在与余额相当且表征比特币本身的电子记录，故不符合排他支配可能性要件。②加密货币所有权的转让只不过涉及共享账本的变更，只要加密货币账户的秘钥持有者发起即可进行。这就意味着用经典的财产法分析加密货币并不总是奏效，因为财产权最基本的特点——特定性和可执行性，是保护不受干涉的、和平占有的先决条件。但是反对的呼声同样十分有力：比特币由数字化信息组成，这些信息可以通过私钥访问，并通过"挖矿"过程的证明。这种对加密货币的控制，在同一时间，原则上只能由同一用户完成。在用户转移支付加密货币的情况下，老用户会失去对特定加密货币的控制权，而新用户则会获得相应的控制权。因此通过私钥的控制可使其具有支配可能性。本书认为，大多数加密货币（包括比特币），既不具有物理形式，也不是严格意义上的数字化财产权客体。

（四）加密货币独特的权利变动规则

传统物权法对于物权变动遵循两大原则，即公示原则及公信原则。公示原则是指物权的变动必须依据法定的公示方法予以公开，使第三人能够及时了解物权的变动情况；公信原则是指对于信赖依法定的公示方法显示的权利状态的相对人，当其与权利的实际状态不一致时，应保护该善意的相对人。而物权行为是以意思表示为基础的，当意思表示与公示方法的内容不一致时，如遵循公信原则，将以公示的内容为准，以保护善意第三人。我国《民法典》规定"占有"或者"登记"是重要的"公示公信原则"，即除非有相反证明，否

---

① 蔡英欣. 试论虚拟货币之监理与法律定位：以日本法为中心[J]. 管理评论，2018，37（4）：53-67.
② 日本东京地方法院 2015 年 8 月 5 在 Mt. Gox 一案的判决中持此观点. 蔡英欣. 试论虚拟货币之监理与法律定位：以日本法为中心[J]. 管理评论，2018，37（4）：53-67.

则，"占有者"或者"登记者"即被视为合法权利人。①类似的公示公信原则还适用于知识产权领域，根据我国《著作权法》的规定，如无相反证明，在作品上署名的人推定为作者。②这一原则在加密货币上如何适用，颇值得我们注意。

一方面，加密货币缺乏物理客体（传统的有形动产公示的手段）以及其"去中心化"特征，不可能有"债务人"承担责任或者为用户出具确权归属的证明文件。然而，加密货币并非完全无法公开。公钥在加密货币的"转移"方面具有重要作用，它也起到了第三方可见的公示作用。从理论上讲，区块链技术意味着加密货币的交易历史是公开可见的，这是公示的一个重要维度。这是一种特别强有力的公开形式，因为加密货币交易历史记录是自动生成的；传统的有体物或无体物不会生成这种公开可用的信息，而是依赖于记录和更容易犯错的人类行为主体来创建等效的信息链。尽管这种不寻常且固有的公钥交易历史验证创建了一种公示维度，但它仅仅公示一个维度，而不是交易法律效力的完整公开记录。它充其量是财产转移发生的证据，人们可以推测，如果区块链上没有交易证据，即可排除任何转移。另外，其他形式的公示，例如交付或登记（不是所有权登记），则不能完全证明公示行为背后的任何交易的法律效力。

另一方面，比特币权利变动的规则，与有体物的法律规定并非完全一致，故传统法律关于物权变动的公信原则，在比特币上不一定可以适用。在英美普通判例法上，善意取得的规则（bona fide acquisition rule）并非当然最优先保护善意受让者的权利，而是在其与原权利者的权利之间，做最适当的折

---

① 我国《民法典》第二百一十六条规定：不动产登记簿是物权归属和内容的根据。不动产登记簿由登记机构管理。《民法典》第二百一十七条规定：不动产权属证书是权利人享有该不动产物权的证明。不动产权属证书记载的事项，应当与不动产登记簿一致；记载不一致的，除有证据证明不动产登记簿确有错误外，以不动产登记簿为准。《民法典》第四百六十二条规定：占有的不动产或者动产被侵占的，占有人有权请求返还原物；对妨害占有的行为，占有人有权请求排除妨害或者消除危险；因侵占或者妨害造成损害的，占有人有权依法请求损害赔偿。占有人返还原物的请求权，自侵占发生之日起一年内未行使的，该请求权消灭。

② 我国《著作权法》第十二条规定：在作品上署名的自然人、法人或者非法人组织者为作者，且该作品上存在相应权利，但有相反证明的除外。

中。①美国法院目前尚无关于加密货币善意受让的相关案例，但一般认为，区块链依其内容的差异，可能属于金钱、证券、商品或无体财产，将来法院可能适用各标的对应的公信原则，故结果可能是：金钱应由其现在实际支配者取得权利，可追查的证券及商品应由其前支配者保有权利，依 UCC 第九章规定，对该无体财产有担保利益者，仍对其财产有优先于现支配者的权利。②

比特币及其他加密货币被黑或失窃的情形，仍时有耳闻，而且每次都损失惨重，几乎无法弥补。区块链上的登记或记录，乃是一种计算机程序设计下的电子反映，其目的是确保记录的不可恢复，无法与物权法上的公示方法同视，也不是依据法律规定所为的公示方法，故不宜认为其权利变动具备我国法律就有体物所规定的公示方法，也不宜据此就认为其应适用我国法律所规定的公信原则。

一般物权的变动是依法律行为或法律规定，而物权行为乃是以意思表示为要素的行为，在意思表示有错误、受欺诈或胁迫，尤其是表意人无行为能力或仅有限制行为能力时，均有补救措施。但比特币的所谓权利变动，乃是基于区块链上的记录，而其仅以私钥为准，具有不可回复（irreversibility）及不可窜改的特性，一旦记录，即使当事人的意思表示有错误、受欺诈或胁迫，甚至无行为能力，均无法再予以注销或改变。严格而言，区块链上的记录乃是资料传输的电子记录，而非依据传统法律规定所作的登记，我们一厢情愿地赋予其在法律规定上的意义，并不完全合理，对于其所导致的矛盾结果，我们也应该合理预见。

---

① BALTHAZOR A. The Bona Fide Acquisition Rule Applied to Cryptocurrency[J]. Georgetown Law Technology Review，2018（3）：402-425.

② 在美国法上，有认为比特币依其性质，并不属于美国统一商法典第九章（UCC Article 9）的金钱（money）及一般无体财产（general intangibles），但却符合其第八章的"无证之证券"（uncertificated securities）的定义，故可适用其规定者。Schroeder J L. Bitcoin and the uniform commercial code[J]. University of Miami Business Law Review，2015（24）：1-80. 也有认为比特币及其他虚拟通货确实有其经济价值，故应将其纳入 UCC 第九章，使其成为担保交易的一种标的。Tu K V. Perfecting Bitcoin[J]. Georgia Law Review，2017（52）：505-576.

三、"财产说"的评析

本书认为，将加密货币作为一种财产存在一些理论困局，即使在分类问题上不能把它作为财产，但持有者仍然期望加密货币可作为（无形）财产得到保护。这种期望的法律价值是值得重视的，因为它为持有者持有比特币提供法律保护、免受盗窃或者其他不法侵犯奠定了基础。英国高等法院在 Armstrong DLW Gmbh 诉 Winnington Network Ltd.[①]一案的判决中很好地体现了这一点。该案案情为：在被告不知情的情况下，原告的在线碳信用（carbon credits）账户密码被盗，导致未经授权把相关内容转移到被告账户，最终被售出。由于被错误划转的碳信用具有无形性质，原告不能提起侵权诉讼；同时由于原告与被告之间没有合同，原告也不能提起债权诉讼以取回这些碳信用或者其价值。然而，英国高等法院判决原告具有普通法上的所有权复原请求权，尽管碳信用具有无形性，但它依然具备财产的特质，相应地，原告有权享有金钱赔偿。英国高等法院的判决表明，即便在严格区分有形财产和无形财产的法域里，依然有可以采取的救济措施，以保护无形财产包括加密货币的持有者的利益，使之免遭不法侵犯。也就是说，在考虑加密货币特殊性、对于其权利进行区别对待的同时，还要注重规范性调整，特别是在加密货币的使用愈加广泛的今天，更应如此。加密货币具有表征价值、自由转让、可兑换成法定货币的特点，我们应当像保护其他财产一样保护加密货币，至少从公共政策的角度看应当如此，无论将其作为财产、合同权利，还是其他新型权利形式。

随着将加密货币作为支付方式的人群越来越多，明确这种新的财产形式的法律地位变得日益紧迫。把加密货币当作财产，而不是没有财产权利存在的价值表征或者仅仅是私法上的权利（合同权利），有多重法律意义：如果加密货币成为国内法认可的财产，国内法对财产权的保护措施（包括适用于知识产权的措施），比如侵权财产的复原或者非法侵入、转让、抵押的相关要求，刑事责任，税收责任等都可以适用于加密货币。加密货币的所有权性质同样

---

① Armsrong DLW Gmbh v. Winnington Network Ltd.[2012]EWHC 10（CH）.

也决定了它能成为担保的对象，以及在涉及虚拟货币的商业交易中适用"善意第三人取得所有权不完整的物品，该善意第三人不得对抗原所有权人（nemo dat quod non habet）"的法律原则。

第二节　加密货币"有价证券说"及评析

一、"有价证券说"

"有价证券说"认为，若加密货币具有证券性质，则应为有价证券。[①]有价证券被认为"设定并证明持券人有取得一定财产权利并且能够流通的一种书面凭证"[②]，如股票、债券等。证券的定义没有看起来那么简单，尤其是在欧洲，不同国家有着不同的语言和法律制度。证券的概念本身很复杂，有投资、可转让性和价值等方面的含义。不同的法律体系使用不同的术语（valuers mobilièrs/titres financiers，wertpapiere，securities）来表示这个复杂的概念。每个国家术语的定义不仅因所选词源而异，而且因所涉法律制度的独特历史和系统结构而异。

支持"有价证券说"的代表国家为美国。美国证券交易委员会曾于"The DAO"事件调查报告中揭示，应以美国最高法院对于有价证券的标准来判断加密货币是否为美国证券交易法所监管的有价证券。[③]依据美国证券交易法的规范，证券应包含一个投资契约。[④]在著名的 SEC 诉 W. J. Howey Co. 一案中，美国法院认为，投资契约是对企业进行金钱投资，且对企业获利分配具有合理期待的契约（下称"Howey 测试"）。所以，依据加密货币个案的性质，只

---

① HOWDEN E. The crypto-currency conundrum: Regulating an uncertain future[J]. Emory International Law Review，2015（29）：741－798.

② 马俊驹，余延满. 民法原论[M]. 北京：法律出版社，2010.

③ SEC. Report of Investigation Pursuant to Section 21（a）of the Securities Exchange Act of 1934: The DAO. [EB/OL].[2017-7-25]https：//www.sec.gov/litigation/investreport/34-81207.pdf.

④ 同上。

要通过 Howey 测试，即可被认定为具有证券性质而须受到监管。

二、"有价证券说"的实践

尽管有些加密货币可用作投资目的，但在评估它是否为证券时，从抽象层面上却难以回答，毫无疑问，有必要考察各国监管机构的规定和法院判例。

（一）美国

我国证券法制受美国影响甚深，也有学者主张借鉴美国的做法，扩大《证券法》里证券的概念。[①]因此，本书先来回顾美国对加密货币是否构成有价证券的处理方式。美国自 2017 年起对加密货币展开一系列证券监管，监管的重要依据之一是《1933 年证券法》中对有价证券的定义，特别是"投资合同"（investment contract）这一概念。

美国颁布的《1933 年证券法》（Securities Act of 1933）及《1934 年证券交易法》（Securities Exchange Act of 1934）以有价证券为规范对象，其范围是于法规中列明的若干项目，其中包含投资合同（investment contract）。[②]投资合同在美国证券法规中未被进一步定义，而被认作为一概括名词，以涵盖法规文义未包括的新兴投资商品，并由美国联邦最高法院于 Howey 案中提出判断投资合同是否构成有价证券的四个要件：（1）金钱投资；（2）投资于共同事业（common enterprise）；（3）投资人有获利期待（expectation of profit）；（4）该获利来自他人的努力。[③]另外，因美国《1933 年证券法》及《1934 年证券交易法》对有价证券的定义中皆设有"除依具体语境另有需求"（unless the context otherwise requires）的排除条款，因此个案所涉商品的内涵若不适合，亦不适用

---

① 邢会强. 我国《证券法》上证券概念的扩大及其边界[J]. 中国法学，2019（1）：244–263.

② 15 U. S. C. § 77（b）；15 U. S. C. § 78（c）.

③ S E C v. W. J. Howey Co.，328 U. S. 293，298（1946）. Howey 案虽是在 1933 年证券法的语境下作成，但美国联邦最高法院后续将此一判断标准，延伸适用至 1934 年证券交易法中。参见 United Housing Foundation，Inc. v. Forman，421 U. S. 837，847 n. 12（1975）.

证券法规。[①]美国证券交易委员会就是主要以 Howey 测试为依据，判断加密货币是否属于有价证券。

2019 年 4 月 3 日，美国证券交易委员会的创新与金融科技策略中心（Strategy Hub for Innovation and Financial Technology，FinHub）发布指导原则，针对投资契约的要件具体分析加密货币是否属于有价证券，判断步骤如下。[②]（1）出资人出资。美国证券交易委员会认为，加密货币销售者不论以法偿货币还是以其他加密货币为对价，均符合此要件，甚至利用悬赏广告销售加密货币换取投资人劳务的情形，或所谓"空投"（airdrop）这种发行人发行加密货币但未索取任何对价的情形，均满足此要件。（2）出资于共同事业。美国证券交易委员会认为，多数加密货币销售均符合这一要件，因加密货币出资人的出资通常均彼此相互联结，或与发行人的努力相互联结。（3）合理期待基于他人的努力而获取的利润。

具体来说，判断加密货币是否属于有价证券，关键在于其销售方式以及购买者的合理期待为何。若该加密货币作为投资的一种而被发起人（promoter）销售给不使用该商品的人，则该加密货币是作为有价证券而被发行的。然而，若该加密货币被广泛散布，使购买者不再合理预期一人或一群体付出管理或创业的努力，其就不再是投资合同。当第三人的努力不再是判断该事业是否成功的关键要素，界定谁为发行人或发起人而令其进行信息揭露，即显得困难而无意义。美国证券交易委员会的财务部门总监（Director of the Division of Corporation Finance）William Hinman 于 2018 年 6 月 14 日的演说中指出，比特币及以太币已足够分散而不再是投资合同。[③]一项原先可以构成有价证券的

---

① Marine Bank v. Weaver，455 U. S. 551，588−589（1982）.

MARC I STEINBERG, WILLIAM E KAULBACH. The Supreme Court and the Definition of "Security"：The "Context" Clause，"Investment Contract" Analysis，and Their Ramifications[J]. Vanderbilt Law Review, 1987(40):489−539.

② SECURITIES EXCHANGE COMMISSION. Framework for Investment Contract Analysis of Digital Assets[EB/OL].[2019-4-3]. https：//www.sec.gov/files/dlt-framework.pdf.

③ WILLIAM HINMAN. Digital Asset Transactions：When Howey Met Gary（Plastic），US Securities and Exchange Commission[EB/OL]. [2018-6-14]. https：//www.sec.gov/news/speech/speech-hinman-061418.

发行，若后续已不存在可作为被投资对象的中心事业（central enterprise），抑或所发行的加密货币仅用于数字平台提供的商品或服务，则该加密货币将不再是有价证券，不适用证券法令的相关规定。

具体判断时，美国证券交易委员会归纳了加密货币不构成投资契约的考量因素，包括：（1）加密货币已完全开发、完全进入营运状态；（2）加密货币持有人可立即使用加密货币表征的系统功能，特别是当加密货币设计了相关诱因机制以鼓励持有人使用加密货币时；（3）加密货币是用以满足其使用者的需求，而非用以达到投机目的；（4）加密货币的增值空间有限，例如，其价值设计为固定或减值；（5）加密货币有广泛的支付用途或可作为法偿货币的替代物，例如，其可直接用以支付产品或服务而无须兑换为其他加密货币或法偿货币，且具有储存价值；（6）在加密货币系表征特定商品或服务的权利时，其于当下已可用以兑换或使用该商品或服务；（7）该加密货币增值的经济利益附属于其使用权能；（8）该加密货币销售着重于其功能而非其市场价值潜力；（9）潜在认购者可能使用相关系统或使用加密货币达成预期目标；（10）对该加密货币转让所设的限制符合其用途且未促成市场投机行为；（11）倘若加密货币发行人促成该加密货币的市场交易，该加密货币的转让仅限于平台使用者相互间进行。

但美国证券交易委员会也强调，即使某加密货币是用以换取系统上的商品或服务，且该系统或加密货币的功能已构建完成，在下列情形下仍可能属于有价证券，包括其以低于该商品或服务价值的价格折价销售、其销售数量超过该商品或服务的合理使用用途、其转让仅有有限的限制甚至没有限制，特别是当加密货币发行人持续致力于增加加密货币的价值或构建交易市场时。

（二）英国

除美国外，英国的金融法制对国际资本市场亦具有较大影响力，且英国近年在金融科技监管方面的发展相当快，对加密货币与证券监管法制的关联亦持续发布极具完整性与参考价值的指引文件，因此，本书在分析美国法制后将紧接着分析英国法制的内容。

英国对有价证券的规范主要体现在《金融服务与市场法》（Financial

Services and Markets Act）中的特定投资（specified investment）概念。[①]所谓特定投资包括存款、保险合同、股份、债权凭证、政府公债、投资凭证、有价证券凭证、集体投资计划单位等。[②]英国资本市场主管机关英国金融行为监管局（Financial Conduct Authority，FCA）就是依上述规定来认定加密货币是否属于有价证券。

英国金融行为监管局于 2019 年 1 月发布的《加密资产指南》（Guidance on Crypto-assets）指出，在判断有关加密货币是否属于有价证券的关键在于该加密货币是否具有与传统有价证券，例如股份、债券或集体投资计划（collective investment scheme）相同或相似的特征，[③]特别是当该加密货币表征对特定企业的所有权关系、与特定企业间的债权关系、其他所有权或利润分配权关系时，均符合有价证券的定义。

具体而言，英国金融行为监管局在判断加密货币是否属于有价证券时将考虑以下因素：（1）加密货币持有人所享有的合同上的权利与义务；（2）持有人是否享有利润分享（如股息）、收入或其他任何给付或利益；（3）持有人是否享有对加密货币发行人或其他相关人等的所有权或控制权，例如表决权；（4）相关文件所使用的文字表述表示该加密货币是用作投资目的的；（5）该加密货币是否可于加密货币交易所或其他市场转让或交易；（6）发行人或其他相关人员是否直接给付加密货币持有人。

具体操作上，英国金融行为监管局较之美国证券交易委员会限制和缩小了有价证券的范围，特别是在其判断加密货币是否属于集体投资计划单位这一概括类型时，除考量是否有集资效果外，判断重点着眼于加密货币是否存在利润分配机制，当加密货币用作为集资支持某投资计划，并赋予加密货币持有人分享投资计划获利时，英国金融行为监管局即指出其可能属于集体投资计划。反之，针对不具有利润分享机制的支付型加密货币与功能型加密货币，英国金融行为监管局指出，其原则上不属于有价证券。特别是功能型加

---

① Financial Services and Markets Act 2000，art. 22（1）（a）（U. K.）.

② The Financial Services and Markets Act 2000（Regulated Activities）Order 2001，Part III（U. K.）.

③ FINANCE CONDUCT AUTHORITY. Guidance on Cryptoassets（Consultation Paper CP19/3＊）[EB/OL]. [2019-7-12]. https：//www.fca.org.uk/publication/policy/ps19-22.pdf.

密货币，英国金融行为监管局明确表示，纵使功能型加密货币在其所表征的商品或服务尚未开发完成前发行、附有无拘束力的表决机制、存在次级交易市场且其交易价格浮动等，亦不属于有价证券。[①]

（三）瑞士

瑞士的金融科技法制发展影响甚广，加密货币法制的发展更为瑞士楚格（Zug）赢得"加密谷"（crypto valley）的美称，在大陆法系国家当中处于领先地位且极具代表性。瑞士更是首位将加密货币分为支付型、资产型及功能型的监管者，其对加密货币是否属于有价证券的态度受到全球重点关注。考虑到我国法制亦具有大陆法系特性，因此，本书在比较普通法系的美国、英国的法制后，将介绍瑞士对此问题的处理方式。

瑞士金融市场监督管理局根据其金融市场基础设施法中对有价证券的定义来判断加密货币是否属于有价证券。瑞士法里的有价证券指标准化且适于大量标准化交易的实体或无实体证券、衍生性金融商品与中介证券，即可以以相同架构与计价公开销售并对超过 20 人进行募集，且非为特定相对人所创设的证券。[②]这一定义虽显抽象广泛，但瑞士联邦议会认为目前尚无必要调整。[③]

根据此定义，瑞士金融市场监督管理局进一步分类讨论了加密货币的性质。其首先表示支付型加密货币不属于有价证券，而资产型加密货币如已标准化且适于进行大宗标准化交易的，则构成有价证券。至于功能型加密货币，瑞士金融市场监督管理局认为倘若其唯一目的是表征使用某应用程序或服务的权利，且于加密货币发行时就具有此功能，则不属于有价证券；但若加密货币于发行时尚有其他投资目的，则仍属于有价证券，由此可见，瑞士采取了类似于美国的严格态度。但瑞士联邦议会指出，瑞士基本上不认为功能型代币属于有价证券，其态度似有松动。

---

① Financial Services and Markets Act 2000，art. 235（U. K.）.

② Federal Act on Financial Market Infrastructures and Market Conduct in Securities and Derivatives Trading (Financial Market Infrastructure Act, FinMIA) of 19 June 2015. SR 958.1，RS 958.1，art. 2.1（Switz.）.

③ SWISS FEDERAL COUNCIL. Legal Framework for Distributed Ledger Technology and Blockchain in Switzerland：An Overview With a Focus on the Financial Sector[EB/OL]. [2018-12-14]. https：//www. newsd. admin.ch/newsd/message/attachments/55153.pdf.

（四）新加坡

新加坡原本就是国际金融中心之一，近年亦积极发展金融科技，因此，在国际上被认为是对加密货币监管相对友善的国家，再加上新加坡地处东南亚地区，地缘上与我国加密货币市场存在一定竞争关系，故亦有必要关注其在加密货币监管方面的发展状况。

新加坡金融管理局依据新加坡现行法规里对有价证券的定义与类型，包括股份、债券、商业信托单位、以证券为基础的衍生性金融商品及集体投资计划单位，来判断加密货币是否属于有价证券。[①]以此为基础，对于不同内容的加密货币，新加坡金融管理局根据具体情况讨论了其是否属于有价证券，认为如果加密货币所表征的权利倘仅限于对某种商品或服务的使用权或兑换权，即功能型加密货币，则不属于有价证券，即便其存在次级交易市场也是如此；但新加坡金融管理局发布的《数字代币发行指南》（A Guide to Digital Token Offerings）指出，若该加密货币符合《证券和期货法案》（Securities and Futures Act，SFA）有关"证券"的定义，则被认定为证券，而受该法规范。

整体而言，各国对支付型与资产型加密货币是否纳入监管的意见大体一致，相对存在分歧的地方为功能型加密货币。对支付型加密货币，各国均达成共识，暂不认定其为有价证券。反之，资产型加密货币因建立了利润分享机制，各国均将其认定为有价证券。至于功能型加密货币，美国并不因功能型代币欠缺利润分享机制就放弃监管，而将参考多个因素综合认定其是否属于投资合同；瑞士的态度模棱两可，但有放宽趋势；英国和新加坡则可能因集体投资计划以分享利润为要件，原则上认为功能型代币不属于集体投资计划。

三、"有价证券说"的评析

如上所述，有些国家把加密货币纳入证券法进行监管。考虑到目前许多加密货币具有证券的功能与特征，这样做也是有道理的。但是，加密货币"有

---

① MONETARY AUTHORITY OF SINGAPORE. A Guide to Digital Token Offerings[EB/OL]. [2019-4-5]. https://www.mas.gov.sg/regulation/explainers/a-guide-to-digital-token-offerings.

价证券说"曲解了代币发行中的"投资合同"。在美国证券交易委员会诉 Shavers 一案中,美国得克萨斯地区法院认为,被告在线比特币投资基金的股份是"投资合同",具体来说,就是证券。尽管法院的判决可以解释为比特币可以成为美国法上的"证券",但更为恰当的解释是,美国证券交易委员会诉 Shavers 一案仅仅触及了一个更为限定的命题:被告的股份是"投资合同",而不论比特币本身是否为投资合同。[①]原则上,认为加密货币都符合证券的定义是不合适的,原因有如下几点。

首先,不同于证券,加密货币并不代表对特定的发行者、资产或者管理者的求偿权。有学者指出,"数字货币去中心化特质并不要求发行人作为法律义务人的角色,在发行人缺失的语境下亦不存在与发行人或者任何第三人之间的债之相对关系,这使得数字货币之证券说在适用债权说、综合权利说等学说时存在根本的理论障碍"。[②]

其次,购买加密货币也不属于投资于"共同事业",不属于美国联邦最高法院在 Howey 测试[③]中提出的构成要件,也不必然创造一种获利的期待。以以太坊之类的平台为例,创造和使用代币不是为了获利,而是为了执行智能合约。

再次,不同于证券,点对点的加密货币网络通常缺乏事业促进者(promoter)。加密货币的销售人员勉强可以成为经营者,在去中心化的加密货币网络中,没有谁是"共同销售者"(common seller),没有谁利用其专业知识增加加密货币售出之后的价值。例如,以太币已广泛散布而不再有统一的管理团队,使以太坊已成为一个去中心化系统,该项目所发行的代币即非有价证券。

最后,也有学者对将是否去中心化作为判断是否构成有价证券的标准的见解有所怀疑。主要有以下两种观点。一是比特币和以太币等皆有引导其发展走向的关键技术团队,这在发生硬分叉或黑客入侵等事件时有所体现,因此,很难说比特币及以太币已去中心化。二是认为"去中心化"是一个模糊且

---

① SEC v. Trendon T. Shavers and Bitcoin Savings and Trust, 4:13-cv-00416, (E.D. Tex.).

② 杨延超. 论数字货币的法律属性[J]. 中国社会科学, 2020 (1): 84-106.

③ SEC v. W. J. Howey Co., 328 U.S. 293 (1946).

难以判定的标准，若将其作为法律标准进行操作，可能创造出被认定为已去中心化，但背后仍存有引领发展走向，却无须为此负责的一群人。[1]因此，尽管证券法与加密货币投资有一定相关性，但加密货币不是真正意义上的证券。

本书认为，"有价证券说"最根本的缺陷在于，并非所有加密货币皆具有有价证券的流通性、投资性特征。如果因此一概认为加密货币是有价证券而须与原有的金融监督管理规范接轨，恐反将过多地限制加密货币的发展。

第三节　加密货币"货币说"及评析

"货币说"主张加密货币的法律属性为货币，德国和日本系该学说的主要践行者。德国联邦金融监管局（BaFin）认为加密货币具有现金的特征，能够成为《德国银行法》所规定的"金融工具"。日本于 2017 年修订了《支付服务法》，对加密货币持适度监管、鼓励创新的态度，明确了加密货币及其交易平台的合法地位。本节从法律和经济学的视角，在厘清加密货币的含义的基础上，讨论"货币说"及其理论困局。

一、"货币说"

"货币说"认为，加密货币可用于购买商品或服务、可用于支付日常生活开销，甚至可用于交换美元或欧元等传统货币，系一种有效货币（valid currency）或一种特别形式的金钱。[2]此说曾于 2013 年与 2015 年分别为美国东得克萨斯州地方法院与欧盟法院所采用，两个法院在判决中皆认为比特币具有货币的性质，分述如下。

2013 年,美国得克萨斯州地方法院审理的美国证券交易委员会诉 Shavers

---

① WALCH A. Deconstructing "Decentralization": Exploring the Core Claim of Crypto SystemsExploring the Core Claim of Crypto Systems[EB/OL]. [2020-2-4] .https://academic.oup.com/book/35207/chapter-abstract/299660206?redirectedFrom=fulltext.

② TU K V，MEREDITH M W. Rethinking virtual currency regulation in the Bitcoin age[J]. Washington Law Review，2015（90）：271−347.

一案①，是一件关于比特币投资与交易是否合法的诉讼，法院作出裁定（下称"本案裁定"），认定比特币是一种货币或一种形式的金钱（a currency or a form of money），因此对比特币投资是一种金钱的投资。②本案裁定起因于被告 Trendon T. Shavers & Bitcoin Savings and Trust（以下合称"本案被告"）抗辩法院无管辖权。其中，Shavers 是比特币储蓄与信托公司（Bitcoin Savings and Trust）的创始人和经营者。被告因劝诱投资人投资比特币，被美国证券交易委员会提起诉讼③，美国证券交易委员会指控其运营的是非法的庞氏骗局。Shavers 对法院的管辖权提出异议，认为根据《1933 年证券法》的规定，比特币不是货币，因此不属于美国证券交易委员会的管辖范围，也不是美国证券法的规范对象。本案裁定的争议点在于，得克萨斯州地方法院诉讼事件是否具有管辖权，具体判断准则是"比特币储蓄与信托公司"所提供给投资人的投资项目是否属于金钱投资。④得克萨斯州地方法院审理作出裁定，认定比特币系一种货币或一种形式的金钱，理由是比特币可用于购买商品或服务、可用于支付日常生活开销，甚至可用以交换美元或欧元等传统货币。因此，法院认为比特币投资是一种金钱投资，根据《1933 年证券法》与《1934 年证券交易法》，法院对本案诉讼有管辖权。

2016 年 7 月，在 Florida 诉 Espinoza 一案中，佛罗里达州巡回法院判决认为，比特币是财产但不是货币，原因在于其有限的接受度、价值的大幅波动、网络的去中心化性质而不受中央储备、其他中央机关或者有价值的事物的支持。⑤因此，法院驳回了对被告非法传输和洗售比特币的指控。有意思的是，在对一起黑客攻击摩根大通和其他公司的刑事指控中，美国纽约地区法院的法官得出了与上述案例完全相反的结论。⑥被告因运营 Coin. mx——一家未获得许可、参与经营的比特币交易所——遭到刑事指控。被告辩驳认为，

① SEC v. Trendon T. Shavers and Bitcoin Savings and Trust, 4:13-cv-00416, (E.D. Tex.).

② SEC v. Shavers, 2013 WL 4028182 (E.D. Tex. 2013).

③ 同上。

④ 同上。

⑤ Florida v. Espinoza，F-14-2923（11th Cir. 2016）.

⑥ United States v. Murgio，15-CR-769（AJN）.

比特币不属于联邦法律禁止未经许可运营货币传递业务（money transmitting business）中所规定的"资金"（funds）。与佛罗里达州巡回法院在 Florida 诉 Espinoza 一案中的判决相反，本案法官认为，比特币符合货币的定义，否决了被告的辩解。

与此相似，在 United States 诉 Faiella 一案中①，美国地区法院的法官 Jed S. Rakoff 拒绝了被告提出的动议。被告是未经许可的比特币传输者，请求法院驳回对其提出的洗钱指控，原因是其主张比特币不是联邦法律意义上的"货币"。而在法院看来，比特币明显属于"货币"或者"资金"，因为比特币可以轻易地兑换成普通货币，可以作为价值的表征，能够进行金融交易。

依据欧洲联盟条约（Treaty of European Union）第 13 条所设立的欧盟法院（The Court of Justice of the European Union）曾于 2015 年针对比特币性质作出裁决，认定比特币在性质上属于货币而非商品，故提供比特币与法币兑换服务的交易所是提供服务而非提供商品，依据增值税指令（Directive 2006/112/EC）规范应免征增值税（value added tax）。②本案裁定起因于一位经营比特币交易所的瑞典人与瑞典国税局针对交易所提供比特币与法币兑换服务是否须缴纳增值税这一法律争议的行政诉讼，瑞典最高行政法院请求欧盟法院针对增值税指令相关条文，裁定比特币交易所是否须缴纳增值税。欧盟法院首先引用增值税指令第 2 条的规定，指出原则上无论提供商品或提供服务都须缴纳增值税。③增值税指令第 14 条把"提供商品"定义为销售有体财产（tangible property），④欧盟法院认定比特币并非有体财产而是一种未受规

---

① United States v. Faiella，39F. Supp. 3d 544（S. D. N. Y. 2014）.

② Skatteverket v. David Hedqvist，C-264/14（2015）.

③ Article 2 of Directive 2006/112/EC（the EU's common system of value added tax）："1. The following transactions shall be subject to VAT：（a）the supply of goods for consideration within the territory of a Member State by a taxable person acting as such；…（c）the supply of services for consideration within the territory of a Member State by a taxable person acting as such；…"

④ Article 14（1）of Directive 2006/112/EC（the EU's common system of value added tax）："'Supply of goods' shall mean the transfer of the right to dispose of tangible property as owner."

制的数字货币（unregulated digital money），[1]不属于增值税指令规范下的商品，故比特币交易所并不构成"提供商品"，从而无须缴纳增值税。此外，增值税指令第 24 条定义"提供服务"是指"提供商品"以外的其他交易，[2]第 135 条第 1 项则规定针对若干交易豁免增值税，包含存款、付款、转账、支票等银行相关交易，以及股票等证券业务交易。[3]因此，欧盟法院认定提供比特币与法币兑换服务的比特币交易所是"提供服务"，且符合第 135 条第 1 项的豁免条款，故无须缴纳增值税[4]。

此外，德国、日本等国家的监管机构认为，某些加密货币更类似于货币，而且对加密货币的支付功能给予背书，使它们至少可以像货币一样使用。德国联邦金融监管局认为加密货币具有现金的特征，能够成为《德国银行法》所规定的"金融工具"。日本于 2017 年修订了《支付服务法》，对加密货币持适度监管、鼓励创新的态度，明确了加密货币及其交易平台的合法地位。[5]日本国税厅把加密货币收入列为杂项收入，征收 15%～55%的所得税。日本金融厅于 2019 年 5 月 31 日修订了《支付服务法》和《交易所法案》，规定加密资产交易需要在交易所登记注册，并把加密资产衍生品交易纳入了监管。

当然，在我国，反对加密货币是货币的理由同样十分充足：一是它缺乏

---

① Skatteverket v. David Hedqvis，C-264/14（2015）.

② Article 24（1）of Directive 2006/112/EC（the EU's common system of value added tax）is worded as follows："'Supply of services' shall mean any transaction which does not constitute a supply of goods."

③ Article 135 of Directive 2006/112/EC（the EU's common system of value added tax）:"（1）Member States shall exempt the following transactions：…（d）transactions，including negotiation，concerning deposit and current accounts，payments，transfers，debts，cheques and other negotiable instruments，but excluding debt collection；（e）transactions，including negotiation，concerning currency，bank notes and coins used as legal tender，with the exception of collectors' items，that is to say，gold，silver or other metal coins or bank notes which are not normally used as legal tender or coins of numismatic interest；（f）transactions，including negotiation but not management or safekeeping，in shares，interests in companies or associations，debentures and other securities，but excluding documents establishing title to goods，and the rights or securities referred to in Article 15（2）；…"

④ Skatteverket v. David Hedqvis，C-264/14（2015）.

⑤ 杨东，陈哲立. 虚拟货币立法：日本经验与对中国的启示[J]. 证券市场导报，2018（2）：69-78.

中央机关制定和执行的保持其价值稳定的政策；二是国内立法机构不愿意授予其觊觎已久的法偿货币（legal tender）地位；三是没有物理存在形式，加密货币不能成为"通货"（currency）。①由于其新颖性和在货币概念上的模糊性，对于加密货币的特征有不同的认识是很正常的。考虑到在货币理论研究方面，流派纷呈，观点各异，想要在加密货币是否为货币问题上达成共识，存在一定的困难，特别是从抽象层面出发，往往难以达成共识。因此，下文将从实践中对加密货币的认识入手，审视关于加密货币的不同观点。

根据我国《中国人民银行法》（修订草案征求意见稿）第十六条（人民币的法偿性）的规定，中华人民共和国的法定货币是人民币。以人民币支付中华人民共和国境内的一切公共的和私人的债务，任何单位和个人不得拒收。第二十条（代币）规定，任何单位和个人不得印制、发售代币票券，以代替人民币在市场上流通。基于此，2013 年年底，中国人民银行等五部委发布的通知（银发〔2013〕289 号），明确指出比特币不是代币，而是虚拟商品，不仅不能在市场上流通，金融机构也不可以开展相关业务。2017 年 9 月，中国人民银行、中国证监会等七部门联合发布《关于防范代币发行融资风险的公告》（保监公告〔2017〕21 号），相关内容如下：（1）代币发行融资是一种未经批准的非法公开融资的行为；（2）任何组织和个人不得非法从事代币发行融资活动；（3）相关 App 和网站要求下架；（4）各金融机构和非银行支付机构不得开展相关业务；（5）社会公众应当高度警惕代币发行融资与交易的风险隐患。中国互联网金融协会（NIFA）于 2018 年 1 月 12 日发布《关于防范变相 ICO 活动的风险提示》，采取一系列监管措施，取缔相关商业行业，处置境内虚拟货币交易平台网站等。中国人民银行营业管理部于 2018 年 1 月 17 日发布《关于开展为非法虚拟货币交易提供支付服务自查整改工作的通知》（银管支付〔2018〕11 号），严禁为虚拟货币交易提供服务，并采取有效措施防止利用支付通道进行虚拟货币交易。

---

① GEVA B. Disintermediating electronic payments：Digital cash and virtual currencies[J]. Journal of International Banking Law and Regulation，2016，31（12）：661-674.

二、"货币说"的相关理论

（一）货币的国家化理论

"货币说"面临的首要困境是"货币的国家化理论"（state theory of money）。德国经济学家弗里德里希·克纳普（Georg Friedrich Knapp）认为货币是国家的授权行为。克纳普提出三个基本原则："（1）支付手段的选择属国家权力的自由行为；（2）根据新的价值单位选择支付手段的面值是国家权力的自由行为；（3）对新的单位定义同样属于国家权力的自由行为"。[①]1929 年，国际常设法院在"Serbian and Brazilian Loans 案"的判决中指出，国家有权对其货币进行规制，这是普遍认可的法则。该判决还被普遍认为是对国家货币主权原则内涵的界定。国家控制货币发行权，其本质系由国家作为货币发行的信用担保，并由此赋予了货币合法性。[②]

从主要国家和地区的立法和司法实践来看，多数国家认为加密货币不是"法律意义上"的货币。欧洲中央银行明确表示，像比特币这样的加密货币"从法律的视角看不是货币或者通货"。[③]一些欧盟国家也公开宣布，根据它们国家的法律，比特币及类似的加密货币不是通货。例如，瑞典把货币定义为"央行发行或者地理区域机构发行"的货币。比特币和其他去中心化加密货币旨在绕开中央银行的批准或者认可，所以它们不是瑞典的货币。同样是在 2015 年，克罗地亚、丹麦、芬兰、斯洛文尼亚及西班牙也认为比特币不是货币。其他一些欧盟国家尚未就加密货币是否为"货币"这一问题作出正式声明，尽管许多国家都已经表示加密货币不是它们的法偿货币。[④]

在受到国家货币理论责难的背景下，哈耶克提出了货币非国家化和私人货币发行人之间自由竞争的理论，"货币非国家化"理论也成为"货币说"的

[①] PROCTOR C. Mann on the Legal Aspect of Money[M]. 7th ed. Oxford: Oxford University Press，2012：16.

[②] 杨延超. 论数字货币的法律属性[J]. 中国社会科学，2020（1）：84-106.

[③] EUROPEAN CENTRAL BANK. Virtual currency schemes: a further analysis[EB/OL]. [2015-2-12]. https：//www.ecb.europa.eu/pub/pdf/other/virtualcurrencyschemesen.pdf.

[④] 同上。

重要理论基础。哈耶克认为"政府对货币的垄断是不必要的"① "政府的货币权力通常是一种有害的权力，将其用于财政目的，则纯属滥用权力。政府既没有兴趣也没有能力按照确保经济活动平稳运行的方向来行使那种权力"② "政府长期以来垄断货币发行容易导致周期性萧条和失业"③。哈耶克主张货币自由选择，开放货币供给给私营部门和外国货币发行人，因为"只受自己追求利润之动机驱使的发钞银行，将会因此而比以前任何机构更好地服务于公共利益，甚至比那些号称追求公共利益的机构更好地服务于公共利益"④。哈耶克理论的基本逻辑在于，市场竞争将驱使私人银行打造良币以获取发钞利润，⑤ "公众会从若干彼此竞争的私人发行的通货中挑选出某种会比政府提供的货币更好的货币"⑥。

尽管哈耶克的学说为"货币非国家化"理论提供了支持，甚至被视为数字货币的理论圭臬，但该理论与加密货币"去中心化"的思想之间并不完全兼容。哈耶克"货币非国家化"理论大量使用"发钞银行"的概念，实际上还是中心化的货币发行机制，只不过由原来的中央银行单一机构发行转变为多家私人银行竞争发行，"废除政府发行货币的垄断权，有些私人银行会承担起中央银行的职能"⑦。为实现货币市场竞争的目的，私人银行作为货币体系中心的法律地位仍然是十分重要的：一是私人银行需要基于其在金融体系的中特殊地位构建货币发行的初始信用；⑧二是私人银行需要承担起"最后贷款人"或者充当"准备金的最后持有者"等中央银行的传统职能；三是私人银行需要在激励的竞争中，保持货币的稳定。也就是说，哈耶克的货币发行理论并非彻底"去中心化"的，而是从传统的以国家为中心转变为以私人银行为中心。

---

① 弗里德里希·冯·哈耶克. 货币的非国家化[M]. 姚中秋，译，北京：新星出版社，2007：126.
② 弗里德里希·冯·哈耶克. 货币的非国家化[M]. 姚中秋，译，北京：新星出版社，2007：33.
③ 弗里德里希·冯·哈耶克. 货币的非国家化[M]. 姚中秋，译，北京：新星出版社，2007：17.
④ 弗里德里希·冯·哈耶克. 货币的非国家化[M]. 姚中秋，译，北京：新星出版社，2007：115.
⑤ 弗里德里希·冯·哈耶克. 货币的非国家化[M]. 姚中秋，译，北京：新星出版社，2007：55-56.
⑥ 弗里德里希·冯·哈耶克. 货币的非国家化[M]. 姚中秋，译，北京：新星出版社，2007：74.
⑦ 弗里德里希·冯·哈耶克. 货币的非国家化[M]. 姚中秋，译. 北京：新星出版社，2007：120.
⑧ 谭中明主编. 货币金融学[M]. 北京：中国科学技术大学出版社，2016.

相比较而言，以区块链为底层技术支持的加密货币的发行是完全"去中心化"的，以比特币为列，其发行人究竟是谁仍然是个谜。因此，加密货币的持有者不能向特定的发行机构主张债权，有学者将加密货币称为竞争性不可赎回的私人货币。不可赎回的加密货币与私人银行发行的货币有着显著区别，后者仍然要以自由资产担保对持有者承担责任。哈耶克理论中的所有"私人银行"在货币发行过程中的一切积极市场行为均无法适用于加密货币，他所提出的银行业"自由竞争"的场景在加密货币语境下也根本不存在。显然，哈耶克"货币非国家化"理论体系中，私人银行的地位和作用系货币市场竞争的逻辑前提和重要论据，这与加密货币在完全"去中心化"的语境下构建货币信用的逻辑完全不同。由此，私人银行"自由竞争驱动良币"的理念难以为加密货币信用构建提供理论支撑。

事实上，"货币的国家化理论"和"货币非国家化"理论都受到其所处的年代的局限。在上述理论产生的年代，计算机算力和密码学发展都远不如今天，更不存在"去中心化"的区块链技术，由此注定了上述理论所设定的假设前提均难以有效应用于数字货币的应用场景，这也使它们在支持或是反对数字货币为货币的争辩中缺乏应有的说服力。

（二）货币的功能理论

从经济的角度看，加密货币的属性相对简单明了。加密货币是否可以视为货币取决于它在多大程度上可以发挥价值贮藏、交易媒介和记账单位的功能[①]。换句话说，货币必须经久耐用、便于携带、可分割并具有内在价值。黄金之所以成为首选的交易媒介，因为它能够满足这四个条件。随着经济的飞速发展和交易关系的复杂化，政府需要创建一种可以控制和监管的、更容易使用的交易媒介，这导致法定货币在全球的诞生，随之而来，也产生了一系列问题。比特币和以太币等加密货币的出现在一定程度上就是为了解决这些问题。

国际货币基金组织认为不存在公认的货币的法律定义，但提出了两个重

---

① ALI R, BARRDEAR J, CLEWS R, SOUTHGATE J. The Economics of Digital Currencies（2014）[EB/OL]. [2019-6-25]. Bank of England Quarterly Bulletin Q3,https://www.bankofengland.co.uk/-/media/boe/files/digital-currencies/the-economics-of-digital-currencies.

要的观点。其一，货币的法律概念与主权国家的权力紧密相连，共同为中央发行货币提供法律框架。法律规定，通货是指记账单位和参考该记账单位计价的交易媒介。因此，通货是指由中央机构发行的纸币和硬币，通常是中央银行或其对等机构行使排他性发行权力，并根据一个国家的法律框架赋予其法定货币地位。债务人在相关司法管辖区履行货币义务，债权人必须接受该法定货币。这意味着主权货币的价值和信誉与主权国家支持货币的能力有着内在的联系。其二，货币的法律内涵也与国家调节货币体系的权力密切相关。①从法律的角度看，货币的内涵比通货丰富，除了纸币和硬币，还包括易于转化为钞票和硬币的特定种类的资产或工具，比如活期存款。尽管货币可以由私人团体创造，但它必须以主权机构发行的货币计价并同时充当该货币的司法管辖区普遍接受的交易媒介。

从有关货币的经济观点来看，国际货币基金组织认为，目前加密货币并不能完全满足货币的三个主要经济功能。②首先，其价格波动较大，限制了其成为可靠的价值贮藏手段。与电子货币不同，大多数加密货币不是私人机构或主权国家的负债。它们较高的价格和波动性似乎与经济或财务因素无关，使其难以预测或套期保值，即使比特币期货的推出也难以缓解这一问题。其次，货币作为交易媒介，在缺乏法定货币地位的情况下，只有当交易双方同意时才可作为货币使用。因此，加密货币目前规模小、接受度有限，严重阻碍了其发挥交易媒介的功能。从加密货币的交易数量来看，尽管加密货币支付不断增长，但交易量仍然很小。2014 年，流通的比特币数量约为 93 亿美元，与 1.2 万亿的美元发行量相比是微不足道的。比特币，包括其他加密货币，仅占美元货币价值的很小一部，占世界总支付量的比例更小。③最后，几乎没有证据表明加密货币可作为独立的记账单位使用。因为，商品和服务的

---

① PROCTOR C. Mann on the Legal Aspect of Money[M]. 7th ed. Oxford: Oxford University Press，2012:15-30.

② HE M D，HABERMEIER M K F，LECKOW M R B，et al. Virtual currencies and beyond: initial considerations[EB/OL]. [2016-1-20]. https://www.imf.org/en/Publications/Staff-Discussion-Notes/Issues/2016/12/31/Virtual-Currencies-and-Beyond-Initial-Considerations-43618.

③ HAUBRICH J G，ORR A. Bitcoin versus the Dollar[EB/OL].[2020-2-4]. https://www.semanticscholar.org/paper/Bitcoin-versus-the-Dollar-Haubrich-Orr/3e7e5c50d8155731657da682624d97ffdc47456a.

价值不能直接用加密货币衡量，而是要用加密货币与法定货币的汇率来衡量。实际上，交易者接受加密货币付款需要参考法定货币与加密货币在特定时间的汇率。

支付手段和记账单位是现代货币的两个基本功能，比特币和其他加密货币很难承担此重任。首先，比特币的供应量逐步减少，总量固定，如果把它作为支付手段将导致永久性通缩或负通胀。这是因为世界经济不断增长并需要增加货币供应，以满足不断增长的交易需要。比特币经济只能通过降低商品和服务的价格或负通胀来实现。根据货币的定量理论，也可以通过提高比特币的流通速度来实现。但是，这种可能性很小。这意味着比特币经济将面临永久性通缩，因此不是一个理想的选择。如果价格逐年下降，将会对企业发展造成负面影响。消费者会推迟消费，而投资者也会延迟投资。这将导致世界陷入悲观循环，经济增长率下降。

在经济活动中，银行会贷款给需要信贷的企业和家庭。但是，由于比特币的供应是固定的，在银行危机的情况下，将没有最后的贷款人。这是在过去金本位时代可以观察到的现象，如果出现频繁的银行危机，就会导致经济衰退和出现许多社会问题。比特币经济不具有现代货币体系的灵活性，在现代货币体系中，中央银行可以提供所需的流动性，如果没有这种流动性，人们将争相出售其他资产来获得流动性，从而导致资产通缩和支付不能。

目前，比特币投机泡沫被加密货币具有内在价值的信念支撑着，即认为加密货币是未来的货币，由于数量固定，将不断增值。如果有相当多的人开始认识到比特币和其他加密货币不可能作为支付手段，那么它们将没有内在价值，泡沫将会破灭，那些仍然持有比特币的人将损失惨重。但是，比特币不可能成为货币并不能否认区块链技术的巨大应用潜力。区块链技术正应用在越来越多的领域。

三、"货币说"的评析

本书认为"货币说"不无讨论空间，因为货币除了作为交易媒介，尚须具有价值贮藏功能。"货币说"以比特币可用于购物、支付开销及兑换传统货币为由，认定比特币为货币，这充其量仅触及其作为交易媒介的功能，并未考量其是否具有价值贮藏功能。

从经济发展的历史角度来看，自交易当事人共同接受与追求价值替代物或媒介物开始，人类原始的"以物易物"交易模式就发生了变化，由国家发行的货币作为价值替代物或媒介物后，"价金"一词成为交易上的对价，通货或货币的本质也较少受到重视。通货或货币的功能一般认为至少包含下列三种：价值贮藏（store of value）、交易媒介（medium of exchange）、记账单位（unit of account）。[①]关于通货或货币起源的理论，一般认为有商品理论（commodity theory）、法币理论（chartal theory，fiat theory）及债权理论（credit theory）三种，无论以何种理论为依据，加密货币本身不是黄金，也不是特定国家依其法律发行的，但确实可以并且已经在作为表征债权（给付标的）的计账单位的情形下，被视为货币。[②]换言之，加密货币在经济学上已具有货币的功能，但发行货币的各国中央银行均不认为去中心化的加密货币是通货或货币，即使交易实务上以其为支付工具，发挥类似的金钱功能，仍只是当事人双方约定的支付方法，最多只能称为"意定的金钱"（contractual money）。[③]

一般认为，通货或货币是由国家发行并予以担保的纸钞或硬币，加密货币自始迄今都不是由国家发行或铸造，其价值也不是由国家以黄金或美元予以担保，而完全是市场交易的结果。即使加密货币在某些国家已经成为价值替代物或媒介物，具有货币的某些功能，但此等功能是交易当事人共同接受的结果，而不是国家将其视为货币所致。因此，如果要将加密货币称为"货币"，只能称为"私人货币"（private currency），而不是真正的货币。

学者蔡英欣认为，虚拟货币欠缺法律上的强制通用效力，不符合货币要件，[④]这颇有道理。著名经济学教授 Paul Krugman 于 2013 年发表了一篇名为《比特币着实邪恶》（Bitcoin is Evil）的短文，指出金钱必须具有两项特质，

---

① 对于何为货币，一个基本共识是，它应当具备价值贮藏、交易媒介与记账单位三个基本特征。 参见 Bamford C. Principles of international financial law[M]. Oxford: Oxford University Press，2011：7–40.

② BJERG O. How is bitcoin money?[J]. Theory，culture & society，2016，33（1）：53–72.

③ 欧盟中央银行 2015 年 2 月出版的《虚拟货币架构：进一步分析》报告，即持此立场。参见 EUROPEAN CENTRAL BANK. Virtual Currency Schemes — A Further Analysis[EB/OL]. [2019-7-23]. https：//www.ecb.europa.eu/pub/pdf/other/virtualcurrencyschemesen.pdf.

④ 蔡英欣. 试论虚拟货币之监理与法律定位：以日本法为中心[J]. 管理评论，2018，37（4）：53–67.

除了作为交易媒介，尚须有合理稳定的价值贮藏（reasonably stable store of value）功能①。Krugman 认为，美元之所以有合理稳定的价值贮藏功能系因具有发行准备及兑付保证，由于比特币不具有发行准备及兑付保证，确实无法认定比特币具有合理稳定的价值贮藏功能，故难以认定比特币为货币。

加密货币之所以不是货币，并不是因为它不能作为货币，而是因为目前没有任何国家将其作为货币而对其价值予以担保。各国的货币之所以是货币，并不是因为它的材料是纸或金属，或是以电子记录的形式存在，只要符合货币的功能需求，国家仍可依法将其作为流通的货币。人类早期的货币，例如贝壳或金、银，是因为人们广泛接受，而可以作为支付工具，以购买商品、服务或清偿债务；价值有限的纸币或硬币之所以成为支付工具，则是因为国家予以担保，并以公权力赋予其在该国领域内强制流通的效力。

加密货币固然不是法币，不具强制流通的效力，其"去中心化"的特质并不影响其作为当事人共同接受的交易媒介，就如同可以自行捡拾的贝壳或自行提炼的金、银一般，虽非国家发行，早期却被当作货币；严格而言，如果国家对特定的加密货币予以认证，并予以担保，此等加密货币也可以成为法币而强制流通。②所以问题不在比特币本身，而在于当事人是否接受加密货币作为支付工具，国家是否赋予加密货币法币地位。

第四节　加密货币法律属性的再思考

从上述三节的讨论可知，既有的加密货币法律属性学说都存在一定的理论困境。其中"财产说""有价证券说"试图在既有的财产法律体系中寻找答

---

① PAUL KRUGMAN. Bitcoin is Evil.[EB/OL]. [2019-7-23]. https://krugman.blogs.nytimes.com/2013/12/28/bitcoin-is-evil/.

② 国家如果要以比特币或其他虚拟通货作为法币，则必须以中央银行为中心，只开账户给商业银行，或直接由中央银行发行全面流通的虚拟通货。一般认为委内瑞拉在 2018 年 2 月发行官方的虚拟通货 Petro，即为适例。参见 DIDENKO A N，BUCKLEY R P. The evolution of currency: Cash to cryptos to sovereign digital currencies[J]. Fordham International Law Journal，2019（42）：1041-1095.

案，并试图将其归位于既有财产体系中的"财产""有价证券"概念。然而，"财产说""有价证券说"的理论困境表明，加密货币与现有法律体系中"财产""有价证券"的概念存在本质区别，甚至用扩张解释的方法也难以将加密货币纳入其中。例如，功能型代币不是传统意义上的证券；美国证券交易委员会已经宣布，两种最重要的加密货币，即比特币和以太币，在性质上更接近数字商品而非证券。[①]从这一层面讲，"财产说""有价证券说"的理论困局与既有的法学理论之间存在根本的矛盾。"货币说"试图证明加密货币属于货币，但哈耶克"货币非国家化"理论在解释加密货币的合法性方面不够有说服力。哈耶克的"货币非国家化"理论对于驳斥"货币的国家化"理论有重要意义，然而，在其生活的年代，计算机技术和密码学的发展还处于初级阶段，在其研究视野中自然也不存在"去中心化"的区块链技术，因此"货币非国家化"理论的前提和论据本身自然都难以适用于加密货币的应用场景。[②]总之，每一种学说有一定的可取之处，但每一种学说都存在一定的理论困局，加密货币的法律属性并没有彻底澄清。

加密货币法律属性之所以难以认定，主要有两方面的原因。一是加密货币作为一种熊彼特所言的"破坏式创新"，其去中心化、匿名性和去中介化的特征完全颠覆了人们对货币、证券、财产以及监管、中介等的认识，并且它还处于发展阶段，其技术特征和运行模式还不固定，特别是在货币的理论研究方面，流派纷呈，观点各异，从抽象层面出发，往往难以达成共识，对于其法律属性的认知存在一定困难也是理所当然的。二是全球范围内发行的加密货币已经有几千种，面对如此多的加密货币，"财产说""有价证券说""货币说"设想通过一种学说去解释其法律属性，有种盲人摸象的意味，也有削足适履之嫌，每一种学说都存在一定的合理性，但并不能涵盖加密货币所有的特征，也就不能让人完全信服。

---

① REUTERS. US SEC official says ether not a security price surges[EB/OL].[2020-2-4]. https://www.reuters.com/article/cryptocurrencies-ether/us-sec-official-says-ether-not-a-security-price-surges-idUSL1N1TG1TF.

② 杨延超. 论数字货币的法律属性[J]. 中国社会科学，2020（1）：84–106.

对于加密货币这种创新型工具，使用既有学说的理论标尺去衡量是不恰当的。理论的产生总有一定的时代和具体的解释对象，面对加密货币这种全新的现象和工具，需要用新的理论去解释。考虑到本书写作的对象是加密货币的法律监管问题，笔者无意提出新的理论解释。但是，面对加密货币的监管和法律属性的认定这一现实和紧迫的问题，还是应当提出具体的策略和路径。本书认为，首先应当摒弃仅从加密货币的表现形式进行法律属性认定的做法，而应当在考察其功能的基础上，区别对待不同的加密货币，分别作出属于商品、有价证券、货币或者其他认定。其次，对于具有货币本质功能的加密货币，应当通过立法的形式，承认其货币地位，按照法定货币的监管要求对其进行监管。最后，考虑到加密货币出现的必然性和未来的发展方向，应当从现在开始着手构建与法定货币平行的加密货币生态系统，以弥补法定货币的不足。

一、区别对待不同的加密货币

关于加密货币法律属性的研究并非基于"非此即彼"的简单逻辑，尤其是在加密货币演化的历史进程中，各国监管机构对其法律属性的认知也逐渐趋于成熟。在这一过程中，也可能出现同一国家的不同监管机构对加密货币法律属性的认知存在严重分歧的现象，上述现象可归咎于加密货币在不同法律关系中彰显的法律属性的"可变性"：在支付环节，加密货币体现出具有"一般等价物"的货币属性；在加密货币投资状态下，其又体现出"有价证券"的属性。

加密货币发行者通常会强调其所提供的服务、产品的独特性，用以说服大众拥有或投资，很容易让人误解加密货币的功能是单一的，其实不然。举例来说，Augur 是个预测平台，于 2016 年首次代币发行了加密货币 REP 用以募资，其应用模式是平台上的每个人都可以用 REP 开启一个预测市场。平台上的使用者可以根据自己的判断、各种市场调查信息，在这个市场上买入对应事件结果的股票。事件发生后，预测正确者获得回馈，错误者则损失投票时的买入成本。要开启预测市场（应用功能）、进行交易（支付功能）、确认事件结果（应用型、支付型功能）都需要用到 REP。我们观察到，依目的、使用情境，REP 具有多重功能。

因此，探讨加密货币法律属性时，不妨从这个代币为我们做到了哪些以前做不到的事切入，从而评估其应用模式落地的可能性，甚至理解与其相关的监管法规。某种特定的加密货币是否具备货币的特征要根据具体情况来判断，包括它作为支付手段被接受的程度，以及监管机构赋予其独特的监管待遇。换句话说，加密货币的法律属性问题，从抽象层面来讨论是不会有答案的。加密货币法律属性的认定，不仅要从形式上分析，更要根据加密货币特征、技术手段、用途等标准进行分类，对每一类加密货币给予不同的法律属性认定。这样一方面可以解决加密货币纠纷的救济问题，另一方面也可以解决加密货币该由哪个机构监管、如何监管的问题。

二、适时赋予加密货币货币地位

（一）承认特定加密货币货币地位的必然性

尽管存在一些根本分歧，但可以公平地说，从经济角度来看，目前各种形式的"货币"共存于我们的货币体系中，"我们可以把货币体系想象为三角形金字塔，中央银行在金字塔的顶部，而商业银行是在金字塔的中部，底部则是非银行金融机构和其他非银行商业机构"。①自从 17 世纪私人货币铸造与公共权力之间达成政治和解，从而导致英格兰银行建立以来，中央银行模式被输入许多其他的司法管辖区。②货币的商品理论和信用理论从不同角度对此进行了解释，并提出了不同的观点。货币的商品理论不赞成中央银行处于金字塔塔尖的位置，而是提倡货币竞争。这些想法也被加密货币的倡导者所接受，他们认为，加密货币进入支付体系甚至货币体系是一个机会，可以与中央银行竞争。

国家对货币创造的垄断并不是非常强大。广义货币供应中的绝大部分是

---

① 杨燕青，周艾琳. 对话 IMF 何东：数字化时代商业银行与科技平台各有千秋　央行数字货币促进公平竞争[N]. 第一财经日报，2020-3-2（A/O）.

② CHRISTINE DESAN. Making Money：Coin，Currency，and the Coming of Capitalism[M]. Oxford：Oxford University Press，2014.

由商业银行吸收存款和提供贷款创造的；广义货币与公共权力的联系是通过商业银行持有中央银行货币（现金和中央银行账户）的部分准备金，以及中央银行在危机中作为商业银行的最后贷款人建立的。从严格的法律定义上讲，这种广义货币根本不是"货币"，但是这样的定义几乎不切实际，并且越来越站不住脚。电子支付替代现金作为主要支付媒介加剧了这一趋势。哈耶克关于货币非国有化和私人发行人之间的自由竞争的理论对于理解加密货币的潜在影响尤其重要。[①]哈耶克提倡货币的自由选择，开放货币的供应，以吸引私营部门和外国货币发行者的竞争上位。哈耶克认为，货币的价值可能与一篮子商品的可兑换性相关，而不是与基础货币相关。自由银行体系不需要中央储备机构，因为单个商业银行将保留自己的储备金，并保证其自身票据和存款负债的可兑换性。

以比特币为代表的加密货币的发展是货币供应竞争的现代例子。如前所述，加密货币的主要动机是将货币创造过程置于中央银行的控制范围之外，从而挑战其对货币发行的垄断，并提供另一种较更便宜、更有效的兑换和支付方式。加密货币运动受到自由主义者自发性私人秩序的思想以及对国家控制的普遍怀疑的强烈影响，这转化为对中央银行货币政策的怀疑。根据这种观点，私人发行的加密货币应该成功地与现有的货币体系相竞争，或者至少给个人和企业提供有替代选择的多元市场。

与其采用静止的观点看待加密货币的法律属性，不如去观察加密货币是如何适应或改变现有支付生态系统的。中央银行创建了三种（通货、银行账户和银行支票）狭义的货币，广义货币（银行负债）大部分是由商业银行创造的。问题在于，特定的加密货币是否应该被视为广义货币供应的一部分？如果加密货币在支付系统中被当作类似于货币的工具使用，是否还应当继续否认其货币地位？

货币定义需要从法律和经济两个方面综合考虑。首先，严格的法律定义必须让位于以下事实：支付系统会随着时间的推移而变化；货币作为交换媒介的重要性已经不如过去，而且货币供应量的很大一部分属于商业银行分类

---

① 弗里德里希·冯·哈耶克. 货币的非国家化[M]. 姚中秋，译，北京：新星出版社，2007.

账上的活期存款。[①]正如查尔斯·普罗克托（Charles Proctor）所指出的那样，"随着可用的支付方式成倍增加，货币的含义必须扩大"。[②]因此，法律定义也开始朝着更实用的方向发展。同时，货币的价值贮藏功能逐渐被法律界和经济学界认可，导致 20 世纪下半叶开始，越来越多的中央银行开始把货币的价格稳定作为主要的政策目标。

法律对经济学的贡献在一定程度上解释了用作货币的事物是如何作为合法客体而存在的。就现金而言，因为具有物理载体，相对容易解释；在过去的一个世纪中，随着在支付系统中越来越多地使用通信技术——首先是引入电报，随后出现了计算机化的记录保存，然后出现了互联网，现在是分布式账本技术[③]——货币多以非物理形态出现，货币的载体问题变得越来越棘手。

尽管比特币不是理想的价值贮藏手段，并且缺乏明确的政府支持，但是，人们对比特币的热情有可能产生足够的动力使其成为广泛采用的交易媒介，从而使其拥有货币的地位。毕竟，货币从根本上说是一种社会约定的支付工具，只要越来越多的人接受它作为一种支付手段，加密货币也有可能获得货币的地位。如果私人发行的加密货币不断迭代可能会成为更好的价值贮藏工具，那么就有可能会成为被广泛接受的"货币"。但是，即便如此，加密货币的"货币"地位会依然很脆弱。如果加密货币突然失去相对于法定货币的价值，它也将失去交易媒介的效用。一旦加密货币不再是一种可靠的付款手段，人们对加密货币的需求将降低，转而重新使用法定货币，这样会进一步压低加密货币的价值并导致更多的人放弃持有加密货币。

（二）特定加密货币货币地位的路径选择

应当看到，加密货币的出现顺应了数字经济时代的发展规律，也符合社会进步与技术发展的客观需求，各国对于加密货币的货币属性的态度越发开放。例如，德国、日本、澳大利亚先后立法承认比特币的货币地位。2015 年

[①] HENRY SIDGWICK. What is Money?[J]. History of Economic Thought Articles, 1879(25): 563–575.

[②] PROCTOR C. Mann on the Legal Aspect of Money[M]. 7th ed. Oxford: Oxford University Press，2012:15–30.

[③] ARNER D W，BARBERIS J N, BUCKLEY R P. The Evolution of Fintech: A New Post-Crisis Paradigm?[J]. SSRN Electronic Journal 2016, 47(4):1271–1319.

10 月 22 日，欧盟法院作出裁定，认定比特币应受到与传统货币同等的对待。还有一些国家，如以色列、泰国等，虽未直接承认数字货币的货币地位，但也立法给予其类似保护。俄罗斯历经了从完全否定到肯定的过程，2018 年《数字金融资产法》进一步授予数字货币作为数字金融资产的法律地位。

一是明确加密货币的法律属性，确定其产权性质。由于法律属性不明，法院在加密货币产权保护案件中作出的判决存在很大差异。例如，日本尚未明确界定加密货币的法律属性，在 Mt. Gox 事件[①]中，使用者以破产管理人所占有的比特币系债权人所有物为由，在破产程序中主张取回权，而东京地方法院以比特币非所有权客体为由，驳回原告请求，而该判决作为全球第一则因比特币所生民事纠纷判决，引起了广泛关注。在我国，江苏省南京市江宁区人民法院曾于 2017 年在判决中将比特币视为"非法"的"虚拟商品"，并认定当事人投资和交易蒂克币的行为不受法律保护，最终驳回当事人诉请保护数字货币投资的诉求。[②]2017 年，北京市海淀区人民法院在类似的判决中则确认投资比特币的协议有效，但是该判决并未深入论述比特币的法律属性，而是以当事人未能举证证明比特币交易违法为由作出认定。[③]总之，加密货币法律属性不明让司法实践无所适从，非常有必要厘清其产权性质。

二是构建加密货币的民事规则，完善加密货币救济制度。加密货币已经广泛应用在各类协议支付中，一旦协议被认定无效或被撤销就会出现支付利益返还的后果。加密货币法律属性直接决定了返还价值和返还原则，其重要性在 2016 年 2 月加利福尼亚北部地区破产法院审理的 HashFast 案件中得到了充分体现。该案涉及一个比特币挖矿公司和个人之间的争议，后者受雇促

---

① 该案案情为：日本一家名为 Mt. Gox 的比特币交易所于 2014 年 3 月声称遭黑客攻击，85 万个比特币被窃，2015 年向东京地方法院申请民事再生程序，但法院驳回其申请，并于同年裁定公司进入破产程序，而在破产程序中，发现负责人涉嫌盗用客户比特币。蔡英欣，试论虚拟货币之监理与法律定位：以日本法为中心[J]. 管理评论，2018，37（4）：53—67.

② 2017 年 10 月 27 日江苏省南京市江宁区人民法院民事判决书（2017）苏 0115 民初 11933 号。

③ 2017 年 7 月 28 日北京市海淀区人民法院民事判决书（2017）京 0108 民初 12967 号。

销公司的产品，以比特币支付工资。[①]在公司提出破产申请之后，2014 年 5 月，破产受托人（Trustee Mark Kasolas）欲以无效转让为由，取回实际支付给促销人员服务对价的比特币，或者把比特币当作商品，取回法院裁决之时比特币的价值。在实际支付和法院裁决期间，这些比特币已经升值了 100 万美元。受雇者认为，公司是把比特币作为一种货币支付给他的，在这种情况下，破产受托人只应当取回实际支付时比特币的价值。破产法官裁决认为，比特币不是美元。但是对受托人应当仅取回比特币支付时的价值还是应当包括后续的升值价值，法院没有裁定。日本也有一个与此相似的案例：CoinCheck 加密货币交易所于 2018 年 1 月 26 日宣称，其所保有的 NEM 加密货币价值约 580 亿日元遭黑客攻击被窃，交易所虽立即声明将返还给使用者 460 亿日元，但未返还，部分使用者向法院起诉，请求交易所返还 NEM 而非金钱。[②]

从上述案例可以看出，由于对加密货币法律属性的认定不同，其在占有、利用、担保、返还、执行等方面适用的基础法律制度也会有很大差异。如果把加密货币理解为货币，按照货币返还规则，货币作为种类物，在涉及货币返还时，应按照支付时的货币价值予以返还；如果把加密货币作为财产，应按照商品返还规则，返还原物是第一原则，在商品不存在时，计算商品价格须考虑市场变化的因素，则应以诉讼时价值为准予以返还。[③]当下，对于加密货币法律属性的模糊性认知也将导致加密货币救济制度适用上的混乱。

三是设立加密货币的监管制度，化解监管危机。目前，由于监管机构尚未就加密货币的性质达成共识，没有统一的方法对其进行监管，更没有就哪个机构负责监管达成共识。从监管角度来看，政策制定者对加密货币的性质认定选择了不同的立场。税务机关倾向把加密货币认定为财产，例如，美国税务局将比特币归类为应纳税资产予以监管。[④]商品市场管理机构倾向将其视

[①] Hashfast Technologies LLC-Adversary Proceeding, 15-03011（Bankr. N. D. Cal 2016）.

[②] 蔡英欣. 试论虚拟货币之监理与法律定位：以日本法为中心[J]. 管理评论，2018，37（4）：53−67.

[③] 杨延超. 论数字货币的法律属性[J]. 中国社会科学，2020（1）：84−106.

[④] ATHANASSIOU P. Impact of digital innovation on the processing of electronic payments and contracting：an overview of legal risks[EB/OL].[2017-10-1]. https://www.ecb.europa.eu/pub/pdf/scplps/ecb. lwp16.en.pdf344b9327fec917bd7a8fd70864a94f6e.

为商品。2015 年 9 月，美国商品期货交易委员会发布文件，将以比特币为代表的加密货币认定为大宗商品，与小麦、原油归类相同，将比特币期货期权交易纳入监管，交易行为要遵循大宗商品衍生品市场规则。①证券监管机构倾向将部分加密货币视为证券。美国证券交易委员会将加密货币视为有价证券，并主张将"首次代币发行"纳入其监管范畴。②负责货币或金融犯罪的监管机构倾向将其认定为货币。例如，美国财政部下属的美国金融犯罪执法网络将加密货币归类为"货币"，需要履行反洗钱和反恐怖主义融资义务。

我国对加密货币的监管同样体现了"九龙治水"的特点。2013 年 12 月发布的《关于防范比特币风险的通知》是由中国人民银行、工信部、银监会、证监会、保监会等机构联合发布的。然而，各部门均未对其法律属性作出明确认定，也未针对加密货币制定专门的监管规范，甚至无法预测其最终的监管主体及监管路径，其直接结果便是出现了"监管真空"现象。③近几年，加密货币野蛮生长，甚至出现了大量以加密货币为名的非法集资和诈骗案件。此外，加密货币的交易也是分属不同的监管机构管理。由此造成的最大问题是，对于同一项资产、同一项交易，由不同的监管机构监管和行使执法权，将显著增加监管负担，最终将抑制创新。

三、构建加密货币生态系统

分布式账本技术和加密货币通过创建两个独立的金融生态系统来分散金融市场运营的风险，有助于实现监管的多元化。一个是仍受传统银行控制的传统金融生态系统，另一个是更具创新性和灵活性的、以互联网和金融公司为主要参与者的加密货币生态系统。传统金融生态系统仍是经济体系中主要

---

① COMMODITY FUTURES TRADING COMMISSION. Order Instituting Proceedings Pursuant to Sections 6(c) and 6(d) of The Commodity Exchange Act, Making Findings and Imposing Remedial Sanctions（CFTC Docket No 15–29）[EB/OL].[2015-9-17]. https://www.cftc.gov/sites/default/files/idc/groups/public/@lrenforcementactions/documents/legalpleading/enfcoinfliprorder09172015.pdf

② SECURITIES AND EXCHANGE COMMISSION. Report of Investigation Pursuant to Section 21（a）of the Securities Exchange Act of 1934：The DAO[EB/OL].[2017-7-25]. https://www.sec.gov/litigation/investreport/34-81207.pdf

③ 杨延超. 论数字货币的法律属性[J]. 中国社会科学，2020（1）：84–106.

的参与者和贡献者，它依旧成本较高且受到严格监管，消费者在享受更好的权益保护的同时要付出更高的代价。创新的替代生态系统能够提供几乎相同的产品和服务，那些无法使用传统金融系统的人、创新者，或者愿意牺牲部分监管保护而获得更多可负担和创新性融资的人，可以获得更灵活、更少管制的产品。

从监管机构的角度来看，这种结构性的分离将使其能够更有效地应对当前单一的传统金融体系规模不断扩大、复杂性增加带来的系统性风险，以及诸如加密货币创建者等新型金融创新者所带来的风险。金融体系分裂为两个独立的系统可以更好地管理风险，也将防止两个生态系统之间的风险传染。相反，如果传统的金融市场和替代市场形成一个单一的生态系统，市场形势将更加复杂，风险评估和监控将更加困难，尤其是考虑到当前创新产品的不确定性时。单一生态系统的监管成本以及预防和遏制危机的成本也将大大增加。

两个平行运行的市场就像多了一套备用电路系统，如果其中一个市场出现危机，另外一个市场将正常运行，有助于防止危机期间的重大破坏。从中长期来看，加密资产和区块链具有发展成一个独立产品线的潜力，从而替代传统银行或银行中介和网络。总体而言，由两个截然不同的生态系统组成的双层金融生态系统，可以为稳定金融市场和防止危机提供更多选择，同时能够让消费者享受更多创新的金融产品和服务。加密货币金融生态系统的建立也有助于促进普惠金融，让那些被排挤在传统金融体系之外的人群享受到金融服务。

发展中国家传统金融的缓慢发展表明，传统银行业可能不愿意或没有能力大规模涉足这些市场。科技公司可以更快、更高效地实现这一目标。一些群体试图在现有银行体系之外寻求解决方案，他们涉足影子银行、洗钱和其他非法活动，或者被犯罪分子利用而权利得不到保护。因此，从长期来看，使用"去中心化"技术和私人货币创建替代银行系统会获得多重收益，监管机构应鼓励加密货币的发展。

新的基于密码技术的系统必须受到监管，并且有证据表明加密货币市场参与者也是欢迎监管的，①因为这表明监管机构认可了加密货币的合法性，有助于提升市场信心，以及解决当前加密货币估值面临的波动性问题。但是，加密货币的监管应当是轻触式监管，以保持较低的成本和替代系统的灵活性和适应性。②此外，监管机构担心在缺乏监管的情况下普遍存在欺诈、洗钱和其他非法活动，这种担忧尚未得到证实，加密货币市场违法事件发生率仍然相对较低。③监管机构也需要采取措施降低加密货币某些有害的功能，例如匿名，但不需要完全消除匿名性。设置一个交易价值阈值（低于此阈值可以允许匿名）就可以解决这个问题。监管机构也可以设置一个安全阀，由行业成员控制，必要时关闭加密货币市场或与之隔离，以防止危机传染。

总体而言，新生态系统中的监管目标是使用特定的阈值和硬性规则来建立某些最低限度的消费者保护标准，而让基于原则的监管来处理其余的问题。轻触式监管制度是必须由公共监管部门和行业协会共同监管的制度。对消费者的总体保护水平较低的不足，可以通过增加包容性和降低交易成本来弥补。由于效率和其他原因，两个并行系统可以共享某些监管规则（例如，相同的反洗钱保护水平），但监管机构应确保两个系统在结构上是分开的，并且使加密货币生态系统总体上受到较宽松的监管。

---

① AUER R，CLAESSENS S. Regulating cryptocurrencies：assessing market reactions[J]. BIS Quarterly Review，2018（9）：51–65.

② ARNER D W，BARBERIS J，BUCKEY R P. FinTech，RegTech，and the reconceptualization of financial regulation[J]. Northwestern Journal of International Law & Business，2017（37）：371–413.

③ CAMPBELL-VERDUYN M. Bitcoin，crypto-coins，and global anti-money laundering governance [J]. Crime，Law and Social Change，2018，69（1）：283–305.

第三章 加密货币底层技术
——分布式账本技术的监管

信息科技的时代，每隔一段时间总会有新的创新技术和应用出现，人工智能（artificial intelligence）、云运算（cloud computing）、大数据（big data）、物联网（internet of things）已经成为人们日常讨论的话题，加密货币底层技术——分布式账本技术或称区块链技术[1]更是吸引了各界人士的目光。

分布式账本技术解决了困扰数字货币领域几十年的"双重花费"（double spending）问题以及更为根本的信任问题。几千年来，人类解决信任问题的办法是依靠族长、银行、审计机构、政府等权威的第三方中介的力量，这显然是有成本和低效率的。双方如何在不了解或不信任的情况下，不依赖可信的第三方中介直接进行在线交易和价值转移呢？分布式账本技术把面对面网络、加密算法、分布式数据存储和去中心化的共识机制结合起来，建立了一种解决信任问题的机制，被《经济学人》杂志称为"信任机器"（trust machine）。[2]分布式账本技术还是将金融体系现行的资源分配与风险管理模式从中心化转变为分布式（distributed）的关键创新科技。因此，有学者甚至认为，区块链是"下一代互联网"[3]或者"价值互联网"，将快速发展并深刻且重大地影响

---

[1] 严格来说，区块链技术只是实践分布式账本（或分布式数据库）的一种方式，故前者所指涉的内涵较之后者更窄，但为求论述简便，本书将两者交替使用。

[2] The Trust Machine[EB/OL]. [2019-10-31]. https://www.economist.com/leaders/2015/10/31/the-trust-machine.

[3] RADZIWILL N. Blockchain revolution：How the technology behind Bitcoin is changing money，business，and the world[J]. The Quality Management Journal，2018，25（1）：64-65.

人类社会、经济、法律等各个层面。[①]

随着新科技的发展，通常也会产生新的法律和监管问题。未来新技术的应用必将导致技术逻辑与业务逻辑发生重大变化，使用传统的法律法规来监管这种创新型应用必然面临许多挑战。分布式账本技术是加密货币的核心和灵魂，研究加密货币的监管问题，首先应当了解和研究该技术的监管问题。同时，分布式账本技术作为一项尚不成熟和具有延展性的技术，对其的监管重要的是不能抑制创新，出现"一管就死"的现象。分布式账本技术的监管是值得政策制定者和学界认真思考的问题。

本章研究加密货币的底层技术之一——分布式账本技术的监管问题，因为只有首先理解分布式账本技术才能深入理解加密货币，分布式账本技术监管是加密货币监管的基础。

第一节　分布式账本技术及在金融领域的应用

一、分布式账本技术的运行机制

2008 年，中本聪于 www.bitcoin.org 网站发表了名为《比特币：一种点对点电子现金系统》的论文，[②]首次提出了区块链的概念，指出分布式账本技术是构建比特币数据结构与交易信息加密传输的基础技术。2009 年 1 月 3 日，中本聪在位于芬兰赫尔辛基的一个小型服务器上，挖出了第一个比特币区块——创世区块（Genesis Block）。自此，便开始出现各种各样以分布式账本技术为核心，建立在公有区块链上的加密货币及其衍生应用。

---

① AMY CORTESE. Blockchain Technology Ushers in "The Internet of Value"，CISCO[EB/OL]. [2019-6-20]. https：//newsroom.cisco.com/feature-content?articleId=1741667.

② SATOSHI NAKAMOTO. Bitcoin：A Peer-to-Peer Electronic Cash System[EB/OL]. [2020-4-2]. https：//bitco in.org/bitcoin.pdf.

（一）分布式账本技术的基础

分布式账本技术是由许多跨领域技术，包括数学、密码学（encryption）、算法（algorithm）和经济模型等整合演变而来的，其技术基础以加密技术为本，结合点对点计算机网络连接，并通过所谓共识机制（consensus mechanism）建立的一个分布式、"去中心化"运作的系统。

传统上，涉及金钱或资产的交易，通常必须依赖一个受信任的第三者（见图 3-1），如银行或政府机构来验证交易的真实性和留存记录。对于数字交易而言，中介机构尤其重要，因为数字资产，如银行账户、股票或知识产权等，主要以数字形式存在，可以轻易复制，容易产生双重花费的问题。在区块链发明之前，在没有中心化的机构确保数据不被窜改的情况下，根本不可能协调互联网上的个人活动。因此，需要值得信赖的中心机构来保障验证资料和交易的真实性。但对于中介机构的需求同时也会增加交易的成本，且中心化的数据库也容易成为黑客攻击的目标，造成系统性的故障或瘫痪。[①]

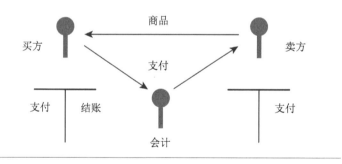

图 3-1　传统支付机制运行模式

资料来源：Aleksander Berentsen, Fabian Schär. A Short Introduction to the World of Cryptocurrencies [J]. Federal Reserve Bank of St. Louis Review，First Quarter，2018，100（1）：1–16.

---

① SAVELYEV A. Contract law 2.0："Smart"contracts as the beginning of the end of classic contract law[J]. Information & communications technology law，2017，26（2）：116–134.

事实上，许多计算机科学家都不相信分布式群体可以在没有共同的验证机构的情况下达成共识。20 世纪 80 年代初，几位著名的计算机科学家把这一问题归纳为"拜占庭将军问题"，①即分布式计算机系统如何在不依赖中心化机构的情况下达成共识，并且使计算机网络可以抵御恶意行为者的攻击？

分布式账本技术使用概率方法解决了这个问题（见图 3–2）。方法是让计算机网络传播的信息更为透明，并且使用具有超强算力的"矿工"来验证信息。也就是说，分布式账本技术采取点对点的交易方式，不需要第三方机构或硬件设施来管理或验证，因此也没有集中管理的数据中心可以入侵或监守自盗。区块链协议（protocol）确保了区块链上的交易是有效的，并且永远不会第二次记录到共享存储库中，使人们能够以分布的方式协调个人交易，而不需要依赖可信的权威机构验证。此种分布式账本技术，让所有区块链参与者都可以见证（witnessing）交易的进行和存在，可说是区块链技术的核心。②所有区块链的账户持有者都有一份所谓公钥和私钥。在区块链进行交易时，交易一方取得他方的公钥，通过哈希函数可以将公钥转换为每个人都可见的地址，就像一个装着玻璃门的上锁储物柜，每个人都可看到其内容，但只有私钥持有人才能开锁。私钥用于签名或确认交易，若没有签名，则交易无效，因此，即使所有区块链参与者都以代号出现，也可以清楚地将交易归属于特定对象。

---

① 这个经典难题是这样阐述的：拜占庭是东罗马帝国的首都，它的军队分成多个师，每个师都由一个将军统领。这些将军通过信使进行交流，来制订一个共同的作战方案，有些将军可能是叛徒，企图破坏这个过程，这会造成那些忠诚的将军无法制订统一的作战计划。解决这个难题的办法就是，那些忠诚的将军在这样的情况下制订统一的作战方案，而避免那些叛徒对作战方案的误导。事实证明，如果叛徒数量超过 1/3 时，这个难题将无法克服，那些忠诚的将军的计划终会被叛徒破坏。阿尔文德·纳拉亚南，约什·贝努，爱德华·费尔顿，等. 区块链：技术驱动金融[M]. 林朵，王勇，帅初，等译. 北京：中信出版社，2016.

② 从权限管理的角度看，区块链的形态可以依其是否对于使用者权限有所限制区分为许可型区块链（permissioned blockchains）或是对于任何人公开的不需许可的区块链或者公有链（unpermissioned blockchains, public blockchains）以及所谓联盟链（federated blockchains），其中验证交易的过程是由一组特定的节点控制，本书若未特别说明，则泛指一般公有链。

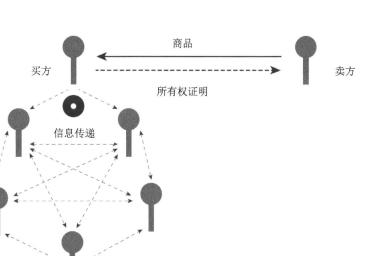

图 3-2 通过分布式账本技术进行支付与清算的模式

资料来源：Aleksander Berentsen, Fabian Schär. A Short Introduction to the World of Cryptocurrencies[J]. Federal Reserve Bank of St. Louis Review，First Quarter，2018，100（1）：1-16.

整体而言，分布式账本技术因为利用哈希函数确认每个区块，账本内容只能新增不能修改，且账本内容会同步复制至各个节点，因此，使用者可以确信账本内容不会在事后被窜改。另外，交易通过公钥、私钥和数字签名实现，可以确保交易的安全性，而账本的交易内容可被追踪，记录完整的交易内容，具有高度透明性。凡是可以利用编码方式呈现的人类重要信息，如金融资料、出生或死亡证明、结婚或离婚登记、遗嘱、医疗信息、保险理赔、商业交易信息或食品履历，甚至投票行为等都可以被完整记录，且区块链平台可以近乎同步进行的方式结算所有经过数字化记录的资料，因此，分布式账本技术被认为具有极大的应用潜力。

（二）分布式账本技术的特征

分布式账本是一种以分布的方式存储信息并记录信息变更的方法，它不依赖于受信任的中心化机构。[①]分布式账本旨在以高度安全性和具有操作弹性的方式为多方参与者提供透明化的信息。

分布式账本本质上是一个资产数据库，它可以在多个节点、地域或机构之间共享信息，其中：（1）网络中的所有参与者都拥有相同的分类账副本；（2）分类账的任何变更立即可以在所有副本中体现出来；（3）资产可以是金融、法律、实物或电子形式；（4）存储在账本上的资产的安全性和准确性通过使用"密钥"和签名进行维护；（5）根据网络商定的规则，部分或全部参与者可以更新进入的权限。[②]简而言之，分布式账本的主要特征主要通过分布式、区块链、加密技术和共识协议体现出来。

分布式是该技术的基础，它是与传统的将中心化机构作为验证信息和行使控制权的唯一来源完全相反的机制。在分布式分类账安排中，有关所有权和交易历史记录的信息分布在网络中的各个节点上，参与者认为正确的信息可以作为一个通用账本进行共享。[③]换句话说，分类账之所以是"分布式"的，是因为它在网络上的每个节点都是可以复制的，在不受限制的应用程序中，每个节点都具有相同的最新版本的分类账的副本，并且能够访问每笔交易的历史记录。此外，即使所有节点都具有分类账上完整的副本，依然有可能对分类账上的某些数据进行加密，以便仅授权参与者可以解密并读取相应的信息。

区块链是分布式账本的组织方式。分类账可以包含"信息块"，按时间顺序"链接"在一起形成一个"区块链"，代表在特定时间点的累积交易。实际上，区块链是一种数据库，它记录交易并将它们放在一个区块中，然后将每

---

① MANNING M. Distributed Ledger Technology in Securities Clearing and Settlement: Some Issues[J]. JASSA: The Journal of the Securities Institute of Australia, 2016(3): 30–36.

② 尽管是匿名的，区块链事实上是一种特别的分类账类型，其变更是通过一系列交易数据区块、加密技术和时间序列链接到一起的。参见 UK GOVERNMENT OFFICE FOR SCIENCE. Distributed Ledger Technology: Beyond Block Chain[EB/OL]. [2019-10-31]. https://www.gov.uk/government/news/distributed-ledger-technology-beyond-block-chain.

③ MILLS D, et al. Distributed Ledger Technology in Payments，Clearing，and Settlement[EB/OL]. [2019-10-31]. https://www.federalreserve.gov/econres/feds/distributed-ledger-technology-in-payments-clearing-and-settlement.htm.

个区块使用加密签名"链接"到下一个区块。

加密技术可以确保分布式账本的安全性。在网络空间中，信任的建立需要两个关键要素，即身份验证和授权。分布式账本技术利用加密技术来增强分类账的完整性并确保分类账的真实性。事实上，加密技术有多种用途，特别适用于身份验证和数据加密。①

实际上，加密技术依靠密钥和签名来控制账本的变更，并且此类密钥可以分配特定的功能。因此，交易的一方可以使用数字签名进行交易验证，以便网络可以将其识别为有效交易，但是如果没有加密信息，则不能被另一方使用。以资产转移过程为例，某种加密形式通常会奠定交易验证流程的基础，而分布式账本技术使用非对称加密技术，使用私钥/公钥配对进行信息签名并对数据进行加密，密钥的大小取决于分类账的执行技术。②简单来说，参与者可以使用非共享的方式创建数字签名密码凭证（即私钥），确认所涉资产属于交易发起者，分布式账本技术的其他参与者作为交易验证者具有所需权限，通过使用数学算法解密的方式验证分类账上的交易，资产所有者的公钥是公开的。因此，资产的所有权转移成功与否通常取决于能否获得正确的私钥。

共识机制是信任建立方式。与传统数据库中数据集的生成方式不同，分布式账本技术中使用的共识机制（consensus protocol）是"分布式账本中所有用户都同意数据有效性的机制"③。换句话说，共识机制是基于共识的数学算法（类似比特币采用的哈希算法等各种数学算法），在机器之间建立"信任"网络，整个区块链系统不再依赖中介系统，节省中介手续费，规避遭人入侵窃取资料及窜改资料的风险，所有节点能够在系统内自

---

① MILLS D, et al. Distributed Ledger Technology in Payments，Clearing，and Settlement [EB/OL]. [2019-10-31]. https://www.federalreserve.gov/econres/feds/distributed-ledger-technology-in-payments-clearing-and-settlement.htm.

② US DEPARTMENT OF COMMERCE，NATIONAL INSTITUTE OF STANDARDS AND TECHNOLOGY. Digital Signature Standard (DSS) [EB/OL].[2019-10-31]. https://nvlpubs.nist.gov/nistpubs/FIPS/NIST.FIPS.186-5.pdf.

③ ENISA. Distributed Ledger Technology & Cybersecurity：Improving information security in the financial sector[EB/OL].[2019-10-31]. https://www.enisa.europa.eu/publications/blockchain-security.

动安全地验证、交换数据。[①]

也就是说，共识适用于验证添加到分类账中的新交易并确保分类账对任何破坏网络的尝试的鲁棒性。[②]原则上，人们可以在全部的分类账数据中建立信任和共识（即曾经创建的每个记录），也可以在部分分类账数据中建立信任和共识（即分类账链接中，每一分类账仅包括当前状态，指向先前状态以及一组账本的更新必须应用先前的分类账才能达到新的状态）。当前使用的主要算法是"工作量证明"（proof of work）、"权益证明"（proof of stake）、"瑞波协议"（Ripple protocol）、"时间轴证明"（proof of elapsed time）和"拜占庭容错实践"（Practical Byzantine Fault Tolerance）。[③]

（三）分布式账本的分类

技术创新催生了多种分布式账本技术结构的出现和量身定制的模型，以应对不同的业务需求。因此，要查看分类账的设计方式，以确定其模式。分类账设计根据中心化程度、访问的类型不同，可以分为非许可型与许可型分类账两类。

非许可型分类账（unpermissioned ledger）（又名公共或"无许可"分类账）允许任何人向分类账提供数据，并且任何参与者都不能阻止交易的添加。凭借其不可审查的特点，参与者可以通过就其状态达成共识来维护分类账的完整性，并且都可以获得相同的副本。越是采用无许可的分类账，"去中心化"程度就越高，这使账本难以关闭。

非许可型账本中由于任何人均可成为验证节点，因此节点彼此间往往互不认识，造成验证节点间的责任归属不清，[④]而当验证节点数量增加时，账本

---

① 阿尔文德·纳拉亚南，约什·贝努，爱德华·费尔顿，等. 区块链：技术驱动金融[M]. 林朵，王勇，帅初，等译. 北京：中信出版社，2016.

② 鲁棒性是 Robust 的音译，也就是健壮和强壮的意思。它也是在异常和危险情况下系统生存的能力。比如，计算机软件在输入错误、磁盘故障、网络过载或有意攻击情况下，能否不死机、不崩溃，就是该软件的鲁棒性。

③ ENISA. Distributed Ledger Technology & Cybersecurity: Improving information security in the financial sector[EB/OL].[2019-10-31]. https://www.enisa.europa.eu/publications/blockchain-security.

④ ZETZSCHE D A, BUCKLEY R P, ARNER D W. The Distributed Liability of Distributed Ledgers: Legal risks of Blockchain[J]. University of Illinois Law Review, 2018（4）：1361–1407.

变动所需的数据传输量与交易验证时间亦有一定负担，从而增加账本管理的成本与时间，此亦有违分布式账本技术的初衷；再加上验证节点"挖矿"所需的算力不断提升，导致个人一般难以拥有足够的设备与电量参与验证，因此，近年非许可型账本系统有显著的再中心化现象，"矿工"如今高度集中于特定挖矿机构。[①]

许可型分类账（permissioned ledger）（又称私人分类帐）限于特定的受信任的参与者参与交易验证，例如瑞波币（Ripple）与天秤币（Libra）即采用此种分类式账本。因此，分类账的完整性受到有限的检查，每当添加新记录时，许可型区块链可以基于数字签名提供高度可验证、各方都可以看到的数据集。事实上，在受信任的参与者之间维护共享记录通常比非许可型分类账形成共识的过程更简单、更快捷。而且，与非许可型分类账允许执行所有活动相比，许可型分类账可以限制参与者的行为。

许可型账本模式下，由于仅特定的人才能成为验证节点，并对区块链上的交易与信息进行访问、验证与编辑，因而相对可以管控，且因为节点之间彼此资源与信息系统运算能力相当，有助于提升区块链系统的交易速度与效率，较符合金融业的需求。此外，此特定人往往是该账本发起人的组织内部人员或发起人组成的团体，责任归属相对明确。但许可型账本的缺点在于，其本质上形同由中心化的机构或团体管理账本，精神上已悖离分布式账本技术追求的"去中心化"目标。如何平衡兼顾去中心化与交易验证效率，成为不同分布式账本技术必须思考的问题，也成为分布式账本技术可长远发展的关键。

二、分布式账本技术在金融领域的应用

凡是可以利用代码方式呈现的人类重要信息，例如金融数据、出生或死亡证明、结婚或离婚登记、遗嘱、医疗信息、保险理赔、商业交易信息或食品信息，甚至是投票行为等都可以被完整记录，且区块链平台可以近乎同步

---

① 2018 年，比特币前六大"矿工"控制比特币 75%的交易验证算力，排第一名的"矿工"控制16%的交易验证算力；以太币前三大"矿工"控制以太币 70%的交易验证算力，排第一名的"矿工"控制 40%的交易验证算力。

进行的方式结算所有经过数字化记录的资料，因此，区块链技术被认为具有极大的发展潜能。金融领域正是受区块链技术影响最大的领域，本节将阐述数个具备潜力的金融应用领域及分布式账本技术在金融领域应用的有关特性。

（一）分布式账本技术在金融领域的应用

分布式账本技术的运用层面相当广泛，在金融领域的运用，若按照世界经济论坛（World Economic Forum）的分类，大致有以下的使用情境：跨境支付、保险、供应链融资、贸易融资、有可转换的金融债券、自动化法律遵循、股东投票、资产抵押与证券交易后的清算服务等。[1]若从功能角度看，按照支付与市场基础设施委员会（Committee on Payments and Market Infrastructures，CPMI）所提出的金融交易价值链来区分，则可有以下五个环节的应用：客户身分验证（customer identification）、交易前置作业（pre-transaction）、金融资产的清算（clearing）、金融资产的结算交割（settlement）、金融资产的结算后服务（postsettlement）。而金融资产可以是任何类型的金融工具，诸如货币工具、证券，甚至衍生性金融商品。

（二）分布式账本技术在金融领域应用的特性

传统的金融交易流程由交易发起、验证、审批、合约签订、交易处理、账务处理至交易完成组成，其存在人工发起、人工验证、信息分散、多方验证机构介入、书面审查等程序，这使得金融交易存在交易时间迟滞、交易欺诈和操作风险高等痛点。区块链从根本上改变了中心化的信任创造方式，运用一套基于数学算法及共识机制所创建的信任体系，在技术上允许各交易主体直接进行价值交易，而无须依赖中介机构去确保交易的真实性及安全性，由此可大幅消弭因中介机构存在所导致的交易摩擦及降低交易成本。[2]区块链在金融领域的运用具有下列几个重要的特性。

---

① WORLD ECONOMIC FORUM. The Future of Financial Infrastructure: An Ambitious Look at How Blockchain Can Reshape Financial Services[EB/OL]. [2019-10-31]. https://www.weforum.org/publications/the-future-of-financial-infrastructure-an-ambitious-look-at-how-blockchain-can-reshape-financial-services.

② 唐文剑，吕雯，林松祥，黄浩. 区块链将如何重新定义世界：区块链可以用来做什么？[M]. 北京：机械工业出版社，2016.

其一，分布式账本技术透明性的特点，可以节约交易成本和降低风险。分布式账本技术所应对的是因信息不对称、难以保证资料未被窜改导致的行政流程冗长、须多方多次确认以及居高不下的管理成本等情况，实现了实质上效率的改善以及成本的降低，区块链通过在交易过程中配置多项加密程序，并让网络中的所有参与者皆持有交易记录，且该交易记录是难以窜改与撤销的。例如，证券市场的参与者通常需要交纳一定比例的保证金来抵消对手方风险；而借助分布式账本的透明性，无须交纳保证金，从而降低证券交易和再抵押的成本和风险，同时也能降低账户管理的成本。同样，使用分布式账本来处理支付交易，不仅能够降低交易成本（主要是减少支付执行中的一些中介机构的成本），还能够降低因处理差错和结算失败导致的办公成本。

其二，分布式账本上每一项记录都包含时间戳，这些特质保证参与者都可追溯之前任意时点的交易记录，这些层层结构正好应对了当前许多交易流程、信息记录流程上的痛点，通过分布式账本的各项特质，让每一笔交易获得多方的认证，并且由任何一方无法片面修改，进而提升整体的可信赖度以及效率。分布式账本技术便利了监管机构查看金融机构的账本，因此，也能降低合规成本，同时提高监管机构实时监测交易、查看货币转移路径、识别可疑交易的能力。另外，分布式账本技术也有利于最终用户：网络参与者进行公开和集体验证交易的方式不仅能够防止欺诈和其他外部攻击，还能够降低跨境小额支付中中介介入的必要性，这能够降低转账成本和提高透明度。

其三，由于分布式和加密性，分布式账本技术可以增强抵御物理干扰和网络攻击的能力，从而提高金融交易的安全性。分布式数据库结构使得恶意网络攻击成功的可能性大幅降低，因为除非同时成功入侵或破坏51%以上的节点，否则几乎没有窜改或破坏资料的可能。换句话说，分布式账本上每一个节点发生的故障产生风险的概率与中心化系统产生风险的概率不可同日而语，即分布式账本采用同一数据库有多个共享副本的结构，而不是单一的数据库，具有内在的抗攻击能力，网络攻击必须同时攻击所有副本才能取得成功。

分布式账本具有抵御非授权、变更或者恶意窜改的功能，如果账本被修改，网络的参与者能够立即发现并拒绝验证。因此，保护和更新信息的方法发挥了重要作用，可以让参与者放心地共享数据，并确保分类账的所有副本在任何时候都可以相互匹配。

三、分布式账本技术在金融领域应用的驱动因素

分布式账本之所以能够在金融领域得到广泛应用，主要是由以下几个因素驱动的。

（一）提高数据透明性和完整性

信息获取。如果分布式账本充当"唯一真实性来源"，参与者就可以及时、直接地获得可靠的信息。而且，分类账可以提供合并的审计轨迹，以及详细的交易历史记录，这些可用于监管、合规监督和系统性风险评估，包括在危机情况下的使用。[1]它有以下几方面的意义：一是金融交易可以降低对中介机构的依赖；二是参与主体的减少以及法律关系由交易双方直接缔结，有助于交易合同履行的自动化（contract automation），简化后台支持流程；三是降低争议发生比例和救济措施的实行。

数据的完整性。传统中心化的模式中，中心化机构可以单方面修改交易记录；而分布式账本依靠加密技术保护，在没有足够数量的共识节点采取协调行动的情况下，无法修改交易记录。这样，当事人之间只需要信赖分布式账本，不需要彼此信任，不需要中心化机构来验证即可实现价值转移，数据的完整性得到增强。

（二）简化程序并降低结算时滞

行业大多数参与者都希望利用分布式账本技术减少从交易执行到结算的信息传输时间，从而提高结算操作的速度和效率。[2]尽管买卖订单可以快速处理，但证券交易的撮合、实际的清算和结算，包括证券资产的交割与支付，通常需要隔夜才能完成。金融市场中结算时间从以天为单位转变为实时结算有相当多的好处，而分布式账本技术记录不可窜改性的特点正好可以满足这一需求。

从理论上讲，交易各方可以根据现有的交易流程，利用分布式账本技

---

① MANNING M. Distributed Ledger Technology in Securities Clearing and Settlement: Some Issues[J]. JASSA: The Journal of the Securities Institute of Australia, 2016（3）：30-36.

② 同上。

术所具有的分布式和共识机制，在任何时间达成交易，并消除结算中的其他摩擦，例如各种独立管理的分类账之间的对账程序。①减少结算时间可能大幅降低中央对手方（Central Counter Party，CCP）在股票市场中的作用，以及减少用于结算过程的资本。换句话说，这种交易后增强措施可以促进资本的流通，降低交易对手风险并简化抵押品和保证金要求。但是，有人认为，不使用分布式账本技术也能实现"T+0"结算，②当前多日结算期也不是由于技术的局限性造成的，主要是因为监管、法律规则和市场实践为了达到一定的透明度而造成的。

（三）运用智能合约，提高自动化水平

所谓智能合约，是指用计算机代码而非法律语言撰写，利用分布式账本技术，在某些预先确定的条件达成时，自动执行的数字化协议。③智能法律合约乃指其本身为法律合约或是具有法律合约的成分，但不是以自然语言表达，而是以软件代码呈现并由计算机自动辨识和执行。智能合约与分布式账本一起使用可以支持各种法律合同，在合同生命周期中发生某些事件能够自动执行，尤其当更多常规协议能够标准化时。

数字环境的约束以及对完全去中心化架构的担忧，决定了智能合约在商业领域的应用还不是很广泛，至少在现阶段是如此。实际上，智能合约的特点决定了其应用主要限制在符合以下三个标准的领域：（1）合同条款标准化程度较高；（2）执行条件可量化；（3）嵌入混合技术架构，以便在保持一定程度的去中心化的同时，确保可规制性和有干预的空间。金融机构几乎总是处理高度标准化的条款和可衡量的变量；而且，金融业务所依赖的结构涉及复杂的会计系统、多个分类账和管理机构，金融机构每天都要验证、比较和

---

① How Distributed Ledgers Impact Post-Trade in a Dodd-Frank World[EB/OL]. [2019-10-31]. https://www.finyear.com/How-Distributed-Ledgers-Impact-Post-Trade-in-a-Dodd-Frank-World_a36692.html.

② Post-Trade Clearing & Settlement Processing Optimization：An Opportunity for Blockchain? [EB/OL]. [2021-10-31]. https://www.prove.com/blog/post-trade-clearing-settlement-processing-optimization-an-opportunity-for-blockchain.

③ DE CARIA R. The Legal Meaning of Smart Contracts[J]. European Review of Private Law，2019（6）：731-751.

传输大量数据，这些操作都可以轻松地在"去中心化"的分类账中进行。①以上几点因素恰好与智能合约的优势相吻合，金融机构和银行系统的确是智能合约应用的理想场所。

迄今为止，确定智能合约本身以及其与分布式账本技术互动所带来的风险和收益很大程度上还处于理论层面，因为新技术仍处于起步阶段，距离大规模使用尚有一段时间。尽管如此，仍应当评估其优缺点。一方面，智能合约可以降低交易成本和争议解决成本，有助于提高效率，具有较高程度的确定性。另一方面，智能合约会引发操作风险，一是编码错误风险，智能合约程序代码可能无法准确反映人的合同意图；二是代码本身存在漏洞。

第二节　分布式账本技术引发的风险及监管挑战

分布式账本技术仍处于早期发展阶段，很难全面概括其引发的风险和挑战。但可以明显观察到分布式账本技术已经产生了诸多问题，监管机构应给予充分关注。金融服务部门要想大规模应用分布式账本技术，需要克服成本和收益、成本分担、技术标准制订、可扩展性、治理、法律风险、安全性等挑战。

一、分布式账本技术的风险

（一）代码风险

不论编码人员的技术水平如何，也不管协议、方法和代码库经过了多少次审查，依然会存在漏洞。即使经过严格测试的代码也会包含一些漏洞，训练有素的软件专家可发挥其专业优势，不正当地利用这些漏洞的功能。例如，分布式自治组织的开发人员就利用代码漏洞，盗取了募集到的以太币总量的1/3。分类账代码中的任何错误都会在整个网络中复制。攻击者可能重点攻击

---

① PETERS G W, PANAYI E. Understanding Modern Banking Ledgers through Blockchain Technologies: Future of Transaction Processing and Smart Contracts on the Internet of Money[EB/OL].[2019-10-31]. https://link.springer.com/chapter/10.1007/978-3-319-42448-4_13.

过时或不安全的代码。

此外，智能合约采用软件代码和软件执行代替法律合同和法律执行，其管理也存在问题。实际上，智能合约很容易受代码错误的影响，并且智能合约越复杂，越容易出现代码错误。通常，代码撰写者的能力会影响智能合约代码的功能和安全性，网络上提供的许多合同模板均有可能出现重大漏洞。

（二）隐私泄露风险

隐私保护最为关键的一点是控制未授权实体对交易的访问，仅允许授权实体查看交易信息。然而，实践中出现了一些不利的情况。在非许可系统中，所有交易对手都能够下载分类账，这意味着他们可能查看所有交易历史，包括那些未进行交易的成员的历史。分布式账本仅能添加信息的特点违反了某些司法管辖区有关"被遗忘权"（right to be forgotten）的规定，[1]删除信息在区块链技术环境下是不可能的，因为系统旨在防止它。[2]在需要撤销记录的情况下，它也可能妨碍某些补救措施的有效实施。例如，我国《网络安全法》第四十三条[3]明确规定个人信息删除权和更正权受法律保护，征信机构作为网络运营者应当配合用户行使权利。但分布式账本的核心特征就是"不可删除""不可篡改"，所以对于"删除""更正"到底如何解释仍有待明确。此外，如果允许智能合约访问数据库以处理交易，可能泄露正在处理的信息，进一步违反隐私保护规则。[4]

因此，需要采取以下措施来加强隐私保护：（1）以某种方式对交易进行加密，仅允许相关交易对手访问交易全部信息；（2）使用区分技术，以允许

---

① 例如，欧盟《通用数据保护条例》（GDPR）承认删除权。参见 MICHÈLE FINCK. Blockchains and Data Protection in the European Union[R]. Max Planck Institute for Innovation and Competition Research Paper，2017：31.

② 罗伯特·赫里安. 批判区块链[M]. 王延川，郭明龙，译. 上海：上海人民出版社，2019.

③ 该条规定："个人发现网络运营者违反法律、行政法规的规定或者双方的约定收集、使用其个人信息的，有权要求网络运营者删除其个人信息；发现网络运营者收集、存储的其个人信息有错误的，有权要求网络运营者予以更正。网络运营者应当采取措施予以删除或者更正。"

④ ENISA. Distributed Ledger Technology & Cybersecurity：Improving information security in the financial sector[EB/OL]. [2019-10-31]. https://www.enisa.europa.eu/publications/blockchain-security.

特定实体验证特定交易；（3）定期从分类账中删除数据；（4）监管机构对哪个密钥属于哪个实体进行监管；（5）用多个密钥对账本进行加密。

（三）网络风险

分布式账本技术的产生并不会立即降低网络风险，在某些情况下甚至还会提高风险。首先，分布式网络上不精确的数据在整个网络中传播，增加了其他人以此类数据行事的可能性。分布式账本技术的使用不能纠正这些不准确的数据。其次，与集中式分类账相比，当且仅当中央节点的网络安全性低于足以建立共识的节点数量时，分布式账本技术才有更高的数据安全性。如果攻击针对的是网络安全水平最弱的节点，则需要多数节点投票同意，共识的分类账可能更容易受到操纵。①

维护分布式账本的安全是一项重要任务，也是确保现代社会所依赖的数字基础设施的安全性的重要保障。因此，如果有可能发生网络攻击，则应该从一开始就筑牢安全线，因为构建新的基础设施架构要比替换现有基础架构容易得多。此外，对于打算长久使用的系统，初始设计应允许其在整个生命周期内更新组件，例如，应允许切换到拥有现代化硬件的网络节点以及拥有对不具有安全性的密码算法进行升级的能力。

（四）透明度风险

分布式账本技术的关键运行环节是将相同的数据分配到所有数据节点，提高透明性和安全性。在整个分类账中分布的数据可以被重新打包或加密，但是每个节点操作员都可以访问。同时，每当必须对共享数据进行保密时，这就会带来明显的麻烦。即便由于存在私钥，无法显示某人的身份（例如比特币钱包所有者），但也存在利用用户个人资料中的信息来刻画身份的风险。利用分布式账本上的假名数据重构个人身份已经成为一个快速发展的业务领域。②

① ZETZSCHE D A，BUCKLEY R P，ARNER D W. The Distributed Liability of Distributed Ledgers: Legal risks of Blockchain[J]. University of Illinois Law Review，2018（4）：1361－1407.

② ELLIPTIC OFFERS BITCOIN FORENSIC SERVICES. Extensive Number of Both Public and Privately Accessible Sources of Information in Order to Identify Real-World Identities on the Bitcoin [sic] Blockchain[EB/OL]. [2019-10-31]. https：//www.elliptic.co/what-we-do? hsCtaTracking= 66b61351-d3ad-4fc5-9518-a31527e547d1%7Cce44b826- 4995-4d71-a9e5-0f9901e96d62.

透明度的提高不仅需要加强数据保护，而且需要加强数据结构和内容的保护。在某些国家，个人数据的分发受到数据保护法律的限制，违规行为可能受到严厉的处罚。数据保护法规因司法管辖区的不同而有所不同，这给数据的跨境流动和管理带来了问题。

（五）密钥管理风险

大多数分布式账本的运行都要依赖加密技术生成的公钥和私钥。私钥是对账户进行操作的直接依据，其丢失、破坏及被滥用有可能使非授权方访问系统，从而造成信息、资产的丢失或者被破坏。此外，对公钥的识别能力，也是与数字化签名安排相关的一个重要问题，因为用户必须遵守反洗钱法等法律规定。不幸的是，一些密码生成软件程序生成的密钥识别存在固有缺陷（或故意弱化）。因此，有必要执行严格的政策和程序，以保护密钥生成、存储、分发、撤销和破坏进程。

为了避免密钥存在缺陷、丢失或者被盗，有必要采取下列措施：（1）使用安全和有效的方式生成密钥，其长度应适合潜在的应用程序；（2）制定相应规则，规定多重签名才能授权和创建交易；（3）委托密钥管理机构管理密钥；（4）签名和加密使用不同的密钥；（5）对于交易请求的签署，进行内部分工审核。

二、分布式账本技术引发的挑战

分布式账本技术以加密算法为基础，结合对等网络架构，并采用分布式储存，配合共识机制，形成一种按照时间顺序将数据区块相连的方式，组合成一种链式数据结构，可以说，它是一套整合跨领域技术的基础建设。分布式账本技术具有去中心化、难以窜改、分布式记账、高度安全等特征，进而影响到各个产业，但这项具有"破坏式创新"性质的技术也带来了相应的挑战。有一些是一般性挑战，其他一些是与其金融市场中的应用相关的挑战。[①]

① 例如，日本中央银行（BOJ）和欧盟中央银行（ECB）联合开展的"Stella"项目，目的在于评估 DLT 在金融市场基础设施领域的应用情况。其唯一的目的是评估 DLT 是否可以安全、高效地应用于现有支付系统的特定功能。

（一）分布式账本技术面临的挑战

其一，成本效益分析。分布式账本技术应用面临的主要挑战之一是确定分布式账本技术适当应用所降低的运营成本和财务成本是否大于投资成本和运营变更所带来的成本。①换句话说，对潜在应用的评估应包括：研究和比较目标市场的条件，如运营效率、组织结构、对技术的需求和依赖；相对于当前或未来的其他替代解决方案，分布式账本技术的长期运营成本是否比较低。

其二，网络效应。网络用户群的增加能够提高现有网络用户的福利，通常新技术早期采用者的净收益可能为负，会导致用户缺乏足够的动力采用新技术。因此，有必要建立联盟，促使初创企业与现有的金融市场基础设施（FMI）在技术相关问题上进行合作，并帮助协调特定细分市场的决策。

其三，可扩展性。支付、清算和结算系统每天都要处理大量的交易，但现在分布式账本技术还不具备充分的可扩展性，不能全面替代传统的支付、清算和结算系统。实际上，共识算法和密码技术验证可能增加、延迟并限制分布式账本技术同时处理的传输次数。此外，分布式账本历史记录彼此叠加，可能引发存储容量不足的问题。因此，可扩展性取决于分布式账本技术安排和算法是如何设计的，尤其是关于共识和许可的算法。

其四，互操作性。互操作性是分布式账本系统必须考虑的另一项挑战，无论分布式账本技术安排与同类系统之间的互操作性，还是分布式账本技术安排与传统系统之间的互操作性都是如此。就分布式账本技术安排与传统系统之间的互操作性而言，很可能出现的情况是：将根据所需的功能和特定业务的监管和市场规定来开发和利用多种分布式账本技术。但是，分布式账本技术与传统系统的共存可能进一步增加复杂性，导致碎片化，并且需要大量的协调和沟通，以确保快速、和谐和高效的互操作性。此外，金融体系将继续拥有多种多样的参与者在单个或不同金融市场内进行交互。因此，为确保其功能和效率，参与者应该能够在相关系统之间顺利处理交易。

其五，标准化。分布式账本技术必须克服的另一个障碍是标准化，即使

---

① MILLS D, et al. Distributed Ledger Technology in Payments，Clearing，and Settlement [EB/OL]. [2019-10-31]. https://www.federalreserve.gov/econres/feds/distributed-ledger-technology-in-payments-clearing-and-settlement.htm.

用什么样的分类账与智能合约格式，以及哪些数据要存储在分类账中并编码纳入智能合约。对于那些已经标准化、交易和清算的产品，例如结构化产品及期权和期货等标准化的衍生工具，这一过程相对比较简单。"定制型"场外交易（Over-The-Counter，OTC）交易可能难以编码为智能合约并存储在共享分类账中，但它可能是从分布式账本技术受益最大的分类帐。

也就是说，由于无法对数据标准化，可能仍然需要交易后人工验证的过程，从而抑制了中央对手方和中央证券存托机构（Central Securities Depositories，CSD）的去中心化。①由于这个原因，所有利益相关者（包括监管机构）都必须进行有意义的合作，开发一组可以匹配交易的标准化数据文件以便把那些不易变化的元素标准化，同时使投资者具有匿名性和对自动化产生信心。

其六，结算最终性。金融交易面临的主要风险之一是结算最终性未能如期实现，具体原因包括交易对手违约、操作问题、关于何时被视为具有结算最终性和不可撤销的不确定。如果金融交易的双方都为结算最终性担忧，问题将变得更加复杂；结算的最终性并不总是明确和确定的，但一方的最终性取决于另一方的最终性。如果支付和资产交付方不在同一分类账上，并且没有中介机构来确保结算的确定性，这种相互依赖性就是一个比较棘手的问题。因此，有必要研究分布式账本技术如何确保结算的最终性。对于支付的转移，分布式账本技术协议可以设置验证和条件检查（验证所有权、足够资金和信用的获得等）。对于证券、商品和衍生品的转移，分布式账本技术协议可以规定确认、清算和结算的条件。因此，支付、清算和结算流程可以被编码为协议，具体规定交易各方应当如何互动。

（二）分布式账本技术监管面临的挑战

其一，监管框架与模式的选择。应当把分布式账本纳入现有的监管框架，还是为其量身定做全新的监管框架？也就是说，是把分布式账本逐渐纳入现有的关于银行、证券、保险、财产、数据和信息保护的法律监管框架，还是在考虑区块链技术和分布式账本特殊性的基础上，专门建立新的监管框架。

① WORLD ECONOMIC FORUM. The Future of Financial Infrastructure: An Ambitious Look at How Blockchain Can Reshape Financial Services[EB/OL].[2019-10-31]. https://www.weforum.org/publications/the-future-of-financial-infrastructure-an-ambitious-look-at-how-blockchain-can-reshape-financial-services.

如果金融服务提供者只是选择性地采用数字创新技术来提高现有技术平台的效率和安全性，或者使某些操作更为自动化，而不是替代现有的流程和基础设施，那么采用渐进的方式是比较可取的。如果广泛采用区块链技术，就严重偏离了现有的操作和法律框架。例如，创建了全新的资产类型或者财产类型，以及对于证券或者其他资产的"持有"和"转移"有了全新的概念，而不使用传统的、中介化的账户，那么就有必要重新审视支持金融市场运行的法律和监管框架，为金融市场的监管专门建立新的监管框架。但是，迄今为止，区块链的发展和应用还不成熟，监管者和政策制定者完全可以利用现有的监管法律法规对其进行监管，确保区块链技术符合现有的法律和监管框架，并且在必要的时候，制定专门适用于区块链监管的法律。

与监管框架相关的还有具体监管路径或者模式的选择问题。与区块链技术相关的监管决定必然不能忽视分布式账本突破了银行、证券和金融服务的界限这一事实。分布式账本是"不区分资产"的（asset agnostic），从理论上说，它可以用来追踪任何类型资产所有权的变更，包括货币和证券；然而，这并不是说区块链技术追踪不同类型资产所有权变更引发的法律和监管问题是一样的。[①]同样，区块链不同的技术特征，并不是选择采取不同监管措施的决定性因素，技术本身是中性的，技术应用所产生的实际后果才是选择采用何种监管措施的依据。因此，区块链技术的监管，重点关注的应当是区块链技术在现有金融服务领域的应用及其产生的后果，而不是技术的内在特征。

其二，监管责任主体确定。这一挑战与现代金融市场监管的特征密切相关，即现代金融市场在监管合规、问责、制裁和合同的执行等方面都是以第三方中介为核心的。现代金融市场的监管重心偏向于中心化，金融中介承担着主要的监管责任。然而，在"去中心化"的环境下，找到承担监管责任以及执行法律规则、履行合同义务的主体却存在一定困难，特别是对于非许可型账本，缺乏主要中介来承担监管责任或者履行合同的义务。对于加密货币

---

① 区块链是一种技术，从原则上讲技术本身是不能被监管的，但是运用技术开展的活动是可以被监管的。

结算所使用的非许可型账本来说，由于没有中心化的法律实体负责交易的结算，因此，挑战尤为严峻。如果使用分布式账本处理证券交易，识别物之所在地法是另外一重挑战，因为发行人履行实质性的法律义务以及进行证券交易都需要依据物之所在地法。因此，在支付领域，特别是在证券的清算和结算领域，监管机构和市场参与者更倾向于使用许可型账本，尽管许可型网络表面看起来与区块链"去中心化"的特征不太相符。

其三，跨境监管挑战。区块链的跨国性与监管、法律的属地性之间存在一定的张力。长期以来，管辖权领域的主导范式是领土管辖权决定国家单方行使权力以及监管管辖权的范围。根据这种管辖权模式，监管的实效很大程度上仍然局限于国家领土范围内。监管的属地性与区块链业务的全球性之间存在冲突关系。一些行为主体正是利用各国监管制度的差异，调整业务布局，在监管比较宽松的国家开展业务，实现利益最大化。但是区块链的影响是全球性的，很可能导致出现一些规避监管行为。例如，美国纽约州采用加密货币许可的方式监管数字货币之后，有许多公司已经转向美国其它州或者其他国家进行注册。

第三节　分布式账本技术监管模式构建的法律思考

分布式账本技术应用潜力巨大，被认为是未来金融业变革的主要推动力量，考虑到该技术要获得广泛应用尚需时日，其对金融市场的影响尚未完全显现出来，因此，现在还没有到修改法律或者调整监管措施的时候。但是，考虑到该技术是一项"破坏式创新"以及其带来的风险和监管挑战，监管机构和政策制定者需要意识到，随着技术的变化，法律也会发生变化，而旧的监管范式不一定适合新技术，所以需要提前谋划与思考分布式账本技术的监管问题。另外，还有人认为，监管机构不应介入分布式账本这类虚拟空间的监管，但网络空间不是法外之地，分布式账本技术要获得长远发展，尤其是要在金融行业得到广泛应用，必须受到监管。

对于分布式账本技术的监管，监管机构需要考虑以下几个方面的问题：一是监管目标的选择：如何在保护公共利益和保护创新之间寻求平衡？二是如何协调和平衡法律规范与技术规范之间的关系，使之达到动态平衡？三是对于这项具有跨境特色的技术与应用，如何进行跨境的监管和协调？本节将分别论述以上几个问题。

一、分布式账本技术监管的价值目标

监管机构在考虑是否对分布式账本技术进行监管时，需要回到金融监管的基本目的上来，并且考虑如何平衡该技术的风险与收益。现有的文献认为，金融市场监管主要的社会经济考量和目标是投资者保护、促进市场诚信以及维护金融稳定。①这三个目标是紧密相关的，在一定程度上还有所重叠。例如，确保市场公平、效率和透明的要求同样有助于投资者保护或者降低系统性风险；反过来，某些降低系统性风险的措施也能更好地促进投资者保护。

监管机构需要考虑的另一个问题是：监管对于金融市场架构的干预程度以及其附带的法律、监管和监督后果。分布式账本技术一旦渗透到清算和结算的实践当中，就需要监管，以更有效地保护公共利益和金融市场，确保市场的公平和使消费者、投资者得到保护。但是，对分布式账本及其在金融服务领域的应用进行监管的原因，不仅局限于投资者保护、市场诚信和金融稳定。②例如，对记录法定货币的账本进行监管，目的就在于保护结算中货币的信誉和稳定性（通常以发行人中央银行的全部信用作背书），以及记录加密货币价值创造和转移的账本。

（一）监管应平衡风险与收益

传统监管制度主要目的在于维护公益与防止出现危害行为，监管通常滞

---

① ATHANASSIOU P. Hedge Fund Regulation in the European Union: Current Trends and Future Prospects[M]. WASHINGTON: Wolters Kluwer Law & Business, 2009.

② DONG HE, ROSS B L, V HAKSAR, et al. Fintech and Financial Services: Initial Considerations [EB/OL]. [2019-10-31]. https://www.imf.org/en/Publications/Staff-Discussion-Notes/Issues/2017/06/16/ Fintech-and-Financial-Services-Initial-Considerations-44985.

后于创新，并且越具有创新性的技术，相应的监管措施越滞后。当科技不断地进步甚至冲击到监管的执行时，监管制度应与时俱进，随快速变迁的动态社会发展，还是应持等待与观望的态度？倘若产生新的科技就立刻修改法律与监管制度，恐有抑制创新、思虑不全之忧，或有顾此失彼之疑；倘若科技的发展已甄成熟，出现了各种侵害公众权益的现象，就有监管失责之嫌。分布式账本技术监管最为重要的是在不抑制创新的前提下，平衡分布式账本技术带来的风险和收益。[①]

分布式账本技术的监管既要防止"监管不足"（under-regulation）又要防止"过度监管"（over-regulation）的问题。建立平衡的监管制度至关重要，在规则制定过程中要考虑到所有利益相关者的利益。分布式账本技术尽管有广阔的应用前景，但它也可能带来金融市场的安全、效率和诚信方面的风险，危及消费者和其他市场参与者的合法利益与合理期待。保护金融稳定、促进支付和证券系统的安全与稳健、确保消费者或投资者得到基本的保护是至关重要的公共政策目标。通过技术创新以提高市场效率固然重要，但还没有重要到需要牺牲上述其他目标的程度。换句话说，监管者和决策者既要从微观审慎角度考虑监管对金融体系中不同利益相关者的影响，又要从宏观审慎层面考虑监管对整个体系的影响。

（二）监管应着眼于促进创新和经济增长

从监管者的角度看，监管是必要的，从被监管者的角度看也是这样。监管产生法律确定性，而法律确定性是一颗定心丸，企业家和创新者不必担心他们的活动会突然变得不合法。如果存在法律不确定性的担忧，创新者在投入创新活动方面可能犹豫不决，或迁移到监管更为友好和确定的司法管辖区。回顾早期的数字创新浪潮，互联网的出现虽然引起过是否需要监管的争论，但最终技术公司还是欢迎监管的。[②]因为监管干预的介入，一方面表明监管机构对所进行的创新事业是认可的，另一方面也可以提供适用于所有创新者的

① DONG HE，ROSS B L，V HAKSAR，et al. Fintech and Financial Services: Initial Considerations [EB/OL]. [2019-10-31]. https://www.imf.org/en/Publications/Staff-Discussion-Notes/Issues/2017/06/16/Fintech-and-Financial-Services-Initial-Considerations-44985.

② 罗伯特·赫里安. 批判区块链[M]. 王延川，郭明龙，译. 上海：上海人民出版社，2019.

明确、清晰的规则。

监管的不确定性会带来额外的负面外部影响。除了抑制企业家的创新热情，它还增加了法律合规的成本，因为企业家必须耗费不少精力去了解相关的法律法规。这对于中小型企业和许多非营利性分布式账本来说是不小的负担。这种情况还增加了诉讼的风险，反过来又增加了公司的法律费用，这对所有相关方都是不利的。此外，缺乏监管指导原则还可能给公共利益保护带来风险隐患。

（三）监管必须考虑公共利益

监管是实现公共政策目标的经典工具，分布式账本技术也不例外。分布式账本技术的监管考虑的公共政策包括预防洗钱、消费者保护以及隐私权和著作权的保护等。[①]随着技术的发展，公共政策关注的范围也将扩大。例如，分布式账本技术作为一种金融服务的工具，如果与现有的金融中介直接竞争甚至取代现有的金融中介，从公平竞争的角度考量，就需要给予同等的监管，因为现有的金融中介是高度监管的，如果使用分布式账本技术的创新者不受监管，就享有不公平的竞争优势。对区块链的监管，挑战在于社会利益与系统参与者利益的平衡。监管策略必须始终考虑分布式账本技术对公共政策的影响。分布式账本技术仍然是可延展的技术，可以用于行善，也可以用于作恶。

监管机构还应提高警惕，避免监管俘获和盲目热情。[②]在放松管制的氛围中，监管机构必须确保监管的钟摆不太偏向于创新，从而牺牲合规性。例如，有观点认为，应用自律监管取代外部监管，甚至以"代码即法律"为由否定监管的必要，这是站不住脚的。正如学者所指出的那样："历史一再表明，自律监管的方法不可能充分解决市场的失败问题，并将导致非法和欺诈性地使用去中心化技术的现象出现。"[③]

---

① KIANIEFF M. Blockchain Technology and the Law: Opportunities and Risks[M]. New York: Informa Law from Routledge, 2019.

② 詹双全. 金融科技的去中心化和中心化的金融监管：金融创新的规制逻辑及分析维度[J]. 中国民商, 2018（11）: 27.

③ REYES C L. Moving Bitcoin Beyond an Endogenous Theory of Decentralized Ledger Technology Regulation: An Initial Proposal[J]. Villanova Law Review, 2016（61）: 190–234.

　　监管机构一方面要避免对行业抱有敌意，另一方面也不应过度偏袒创新，认为创新本身就是一种公共价值，而给予积极鼓励。相反，监管机构应该保持批判性和独立性，并记住其作用也是保护公共利益，其长期坚守的价值观不能因技术的发展而消失。监管机构的角色作用是保护公共利益，但是也不应回避与行业代表的讨论。

二、分布式账本技术监管的路径选择

（一）采用多方共同监管的模式

　　如上所述，过早采用严格的立法框架会带来一些负面作用，例如，随着分布式账本技术和商业的发展，国家需要不断修改立法。监管机构在考虑对分布式账本技术进行监管时，应跳出传统的立法思维框架，转而采用一种柔性的监管思维，以便该技术既可以适度扩张、创新，又可以划定边界，在弹性空间内稳定发展。

　　技术创新呼唤法律创新。分布式账本技术具有去中心化、匿名性、开放性、安全性和共识信任机制等特点。分布式账本技术通过非对称公钥、私钥加密技术，决定了区块链上交易者身份的隐蔽性，通过分布式存储和共识机制决定了交易的不可窜改性，交易的进程不可逆转性。分布式账本技术强调去中心化，并没有像传统的银行、证券公司监管那样，可以中介机构为抓手进行监管，所有参与者的共识和公用的协议都是区块链体系规则的构筑者，因而对分布式账本技术的监管不能采用传统的中心化路径，必须进行监管创新。数字平台监管经验表明，传统的自上而下立法的方式方法不利于在技术创新和公共利益保护之间寻求平衡。

　　针对分布式账本技术的特点及应用情况，本书认为，其监管应采用多方共同监管框架（polycentric co-regulation）。[①]共同监管，也称"受监管的自我

---

　　① 有关多方共同监管的论述可参见下列文献。

　　罗伯特·赫里安. 批判区块链[M]. 王延川，郭明龙，译. 上海：上海人民出版社，2019.

　　DE FILIPPI P, WRIGHT A. Blockchain and the Law: The Rule of Code[M]. Cambridge: Harvard University Press, 2018.

　　FINCK M. Blockchain Regulation and Governance in Europe[M]. Cambridge: Cambridge University Press, 2018.

规制"（regulated self-regulation），有多重实现方式，其特点是，监管制度是由复杂的一般立法与自我监管机构的互动形成的。这种监管方式需要公共机构与私人机构之间进行合作以规范私人活动，同时能够考虑到监管对象的特殊性和公共利益保护之间的平衡。可以说，共同监管是契合分布式账本技术生态系统特征的模式。分布式账本技术去中心化的特点有望将去中心化带入生活和商业的许多领域，这将导致出现分散的市场结构和无中介的经济模式。此外，区块链的生态系统由各种各样的参与者组成，并且区块链将涉及越来越多的利益相关者。共同监管框架能够将所有参与者汇聚在一起，共同讨论、制订和执行监管框架。

共同监管的方式契合了分布式账本技术去中心化的特点，又能够利用集体智慧，有助于实现创新和秩序之间的平衡。通过监管合作，能够实现减少监管俘获风险以及信息不对称造成的监管无效。分布式账本技术的利益相关者众多，参与监管工作将促使他们合作并交流各自的想法和观点，有助于丰富技术的发展。值得特别注意的是，多方共同监管不是单点干预，而是在监管机构指导下运行的许多利益相关方之间持续不断地为监管努力。灵活开放的、基于原则的监管可以及时进行评估和调整。尽管多方共同监管的模式与现有监管方法大不相同，却比较容易应用到区块链监管中。实际上，在金融业监管中，我们也可以看到多方共同监管存在的痕迹。

（二）充分利用技术代码的监管功能

正如劳伦斯·莱斯格教授所指出的那样，网络空间的发展要求人们重新认识规制是如何运行的，在构建数字世界监管规范时，必须充分重视法律规范和技术规范的重要性。[①]分布式账本技术的出现和持续发展证明，技术规范与法律规范一样能够在治理和规制金融体系方面发挥重要作用。

技术被认为是一种仅次于法律的，可以影响人类行为的监管方式。[②]随着互联网和数字技术的出现，代码已经成为一种重要的监管手段，公共和私有

---

① 劳伦斯·莱斯格. 代码 2.0：网络空间中的法律[M]. 李旭，沈伟伟，译. 北京：清华大学出版社，2018.

② KESAN J P, SHAH R C. Setting software defaults: Perspectives from law, computer science and behavioral economics[J]. Notre Dame Law Review, 2006（82）：583-634.

机构经常越过法律的边界，越来越多地利用代码来塑造人类的行为。代码正逐渐成为网络空间的最高法则。①监管以代码为基础的系统，最为有效的方式是通过代码本身进行监管。监管机构应考虑通过制定规则影响技术代码的开发，形成技术规范和法律规范之间的融合与互动，从而达到对分布式账本技术监管的目的。②

法律规范与技术代码。"法律规范"（legal code）是由传统法律义务构成的规则，"技术或计算机代码"（technical or computer code）则是与软件或者协议有关的规则。法律规范的影响是外在的，而技术代码具有内在的监管功能，它事先确定了行为模式，并且不可更改，从这个意义上，我们可以说代码就是法律、代码就是监管。换句话说，法律规范通过让违反者承担相应的后果来确保执行，而技术代码通过其本身的运行来确保遵循。③例如，如果违反技术代码规则，将产生错误并且不能达到预期结果。

技术代码和分布式账本系统。分布式账本系统基本上依靠自身制定的代码治理，并且网络的参与者只有在相同或兼容的软件上才能开展交易。因此，他们必须遵守由相关技术代码界定和执行的规则。然而，就像法律法规一样，技术代码也需要人来制定和维护，以界定代码所体现的规则。所以，那种认为非许可型分布式账本仅是由数学算法控制的，而与人工制定规则无关的观点是错误的。事实上，所有参与者都必须了解软件的编写者以及该流程的控制方式，因为系统必须定期更新以纠正各种错误、解决问题和适应运行环境的改变。

而且，为了防止参与者修改代码副本以进行违反规则的交易，每笔交易在进入分类账之前都需要先进行验证。在非许可型分类账中，验证者是随机

---

① 劳伦斯·莱斯格. 代码 2.0：网络空间中的法律[M]. 李旭，沈伟伟，译. 北京：清华大学出版社，2018.

② INTERNATIONAL CAPITAL MARKETS ASSOCIATION. Distributed Ledger Technology [EB/OL]. [2019-10-31]. https：//www.icmagroup.org/Regulatory-Policyand-Market-Practice/market-infrastructure/fintech/distributed-ledger-technology-dlt/.

③ UK GOVERNMENT OFFICE FOR SCIENCE. Distributed Ledger Technology：Beyond Block Chain [EB/OL]. [2019-10-31]. https://www.gov.uk/government/news/distributed-ledger-technology-beyond-block-chain.

选择的，并且通过经济激励机制来确保其忠实度。在许可型分类账中，验证者是由系统的所有人任命的，其忠实度是通过常规手段（如合同）来确保的。

（三）利用监管沙盒 regulatory sand box 模式

监管机构应持续跟进、了解和认识新技术和技术规范。分布式账本技术及其应用仍处于不成熟的阶段，区块链至今仍然缺乏一个"杀手级的应用"，但这并不妨碍其诱人的发展应用前景。监管机构在作出关键监管决定的时候，应该秉承实验主义精神。[①]我们知道，监管沙盒已经成为一种流行的技术，允许创新者在受控环境中尝试使用技术，同时为参与者提供法律确定性。[②]毫无疑问，采用沙盒计划的主要动机是推动创新。但那种认为监管沙盒仅对创新者有利的观点是错误的，因为它也为监管机构近距离观察技术的发展及应用提供了机会。

目前，各国对有关创新的反应各不相同：有的国家选择禁止使用；有的国家选择降低特定技术带来的一些风险，如网络安全、财务诚信、洗钱和恐怖主义融资、逃税、消费者欺诈等风险；有的国家采取了部分监管措施，如制定新的法律和监管规定，对现有的法律法规进行修订或解释，以及向消费者发出警告。[③]

鉴于分布式账本是一种有前途但又不成熟的技术，鼓励实验和创新可能是监管机构采取的最重要措施。除监管沙盒外，还有许多其他实验技术可用。例如，依靠小规模的实验和"日落条款"（临时的监管）或者"日升条款"（只在某些重要情况下，监管机构才会介入）。[④]规范分布式分类账也是

---

① 所谓实验性监管，是指对监管作用的结果进行不断的和充分的考察，并依据考察的结果作出灵活修订，实验主义尤其适合"不确定性"情形。周仲飞，李敬伟. 金融科技背景下金融监管范式的转变[J]. 法学研究，2018（5）：3–19.

② 吴凌翔. 金融监管沙箱试验及其法律规制国际比较与启示[J]. 金融发展研究，2017（10）：44–51.

③ DONG HE，ROSS B L，V HAKSAR，et al. Fintech and Financial Services: Initial Considerations [EB/OL]. [2019-10-31]. https://www.imf.org/en/Publications/Staff-Discussion-Notes/Issues/2017/06/16/Fintech-and-Financial-Services-Initial-Considerations-44985.

④ RANCHORDÁS S. Innovation Experimentalism in the Age of the Sharing Economy[J]. Lewis & Clark Law Review, 2015(19):871–924.

一项风险监管活动，只有时间才能证明风险的所在。尽管我们经常想到的是国家层面的实验性监管机构，但地方政府也在受控环境中采用了实验性监管方法。

三、分布式账本监管应开展跨国合作

由于分布式账本技术带来的影响通常不限于单一司法管辖区，在许多情况下，其在金融行业运用时产生的影响都是跨越国界的。因此，分布式账本技术监管必须是全球性的，但国家的权力显然是有边界的。然而，制定全球性法律框架在现阶段仍不现实。

鉴于管辖权的复杂性，为了有效地管理区块链及其应用，需要采取多边合作措施。更为现实的解决方案是各国通过签订协议的方式开展监管合作，这包括跨国合作与对话，有关经验分享以及技术和数据标准的统一。如果没有这种合作，规则就会呈现碎片化，合作也会变得复杂，并且创新者必须面对多种监管框架，从而面临更多挑战。为了更好地适应以技术创新为基础的商业模式跨境运营的需求，我们要协调国际法律、法规、标准和最佳实践，进行跨境监管合作。

其实，监管机构很清楚地意识到了这一点。例如，在美国，各个州都认识到了跨州管辖合作的好处，统一法律委员会已通过数字货币的示范法案。[①]在欧洲，欧盟委员会正在致力于推动数字单一市场（digital single market）。此外，在多重管辖权存在的情况下，执行同样是个棘手的问题，因为法院难以对分布式实体执行判决。实际上，如果一个分布式实体跨越全球以共识为基础运营，一个司法管辖区的命令在该节点以外的司法管辖区可能得不到遵守。

---

① VAN VALKENBURG P. The ULC's model act for digital currency businesses has passed, Here's why it's good for Bitcoin. [EB/OL]. [2019-10-31]. https://www.coincenter.org/the-ulcs-model-act-for-digital-currency-businesses-has-passed-heres-why-its-good-for-bitcoin/.

第四章　首次代币发行及其监管

  首次代币发行是加密货币领域发展创新的产物，是近年来备受争议的募集资金的方式，其之所以引起广泛讨论，一方面是因其具有灵活的特性，发行人可以绕过金融中介机构，迅速、有效、简易地募集到资金，降低融资成本，提高融资效率。截至 2019 年底，全世界的发行人已经通过首次代币发行筹集到约 300 亿美元的资金。另一方面则因其交易结构结合加密货币、区块链及智能合约等概念，属于金融与科技的全新结合，带来了诸多风险，比如道德风险、市场风险、系统性风险、技术风险、流动性风险等，更有研究证实，80%的首次代币发行是骗局。[①]可以说，加密货币和首次代币发行已经成为一种全球现象，其监管问题遂成为各司法管辖区都很关注的问题。

  本章第一节在介绍首次代币发行的概念、首次代币发行的优势、首次代币发行与首次公开募股（IPO）的联系和区别的基础上，分析了其带来的风险和引发的挑战。第二节重点介绍首次代币发行监管的法律依据，以及主要发达国家和地区，尤其是美国、欧盟对首次代币发行监管的做法和有关经验。在此基础上，第三节提出了首次代币发行监管完善的若干建议。

---

  ① ZETZSCHE D A, BUCKLE R P, ARNER D W. The ICO Gold Rush: It's a Scam, It's a Bubble, It's a Super Challenge for Regulators[J]. Harvard International Law Journal, 2019, 60 (2): 267–315.

第一节　首次代币发行的风险
及引发的监管挑战

一、首次代币发行的缘起与发展

首次代币发行（Initial Coin Offering，ICO）是加密货币最重要的应用，其为一种依附于区块链与加密货币的新兴融资机制，发行人发行的不是股票、债券或者其他金融产品，也不需要券商、投资银行等中介，发行人通过发行自己创造的加密货币，向投资者换取比特币、以太币，甚至法定货币；当发行公司获利时，投资者便可将加密货币用于交易、变现、保值或换取各项约定的服务。[①]截至 2020 年 1 月，已经发行的加密货币有 5 000 多种。与其相对应的概念为现今市场上常见的股票首次公开募股，其系由公司公开出售股权对外募集资金，两者共同点均在于对外取得资金以利于事业发展，其差异在于发行与接受的标的不同。

首次代币发行起源于 2013 年，当时许多初创企业尝试利用众筹模式募集资金，以促进事业发展。以太坊于 2014 年初利用首次代币发行模式募集了约 1 800 万美元资金，成为在该时间点最大的首次代币发行者。[②]随后 Aragon 与 Basic Attention Token 两家公司分别在 15 分钟和 30 秒内募集了 2 500 万美元和 3 500 万美元的资金，Status.im 更在几小时内筹集了 2.7 亿美元[③]。有资料显示，2017 年，全球共有首次代币发行募资案件 872 件，总募资金额达到 61 亿美元，截至 2018 年 10 月底，已有 924 件首次代币发行募资案件，总金额

---

① IOCSO. IOSCO Board Communication on Concerns Related to Initial Coin Offerings（ICOs）[EB/OL]. [2018-1-18]. https：//www.iosco.org/news/pdf/IOSCONEWS485.pdf.

② BITCOIN MAGAZINE. What Is an ICO? [EB/OL]. [2019-10-31]. https://bitcoinmagazine.com/guides/what-is-an-ico.

③ 同上。

亦高达 71 亿美元。①我国首次代币发行市场也在 2017 年出现井喷式发展。2017
年 1—7 月，在各类平台上线并完成的首次代币发行项目共计 65 个，累计参
与人数达到 10.5 万人，累计融资规模折合人民币约为 26 亿元。②

对于发行人来说，首次代币发行具有一系列优势。③发行人可以直接向客
户销售代币，而不需要依赖投资银行和证券交易所等金融中介机构，从而提
高了发行的速度，同时显著降低了融资成本。④首次代币发行所需要的技术相
对简单，易于获取。在加密货币市场异常繁荣的背景下，首次代币发行可以
筹集到的资金远高于传统首次公开募股或其他金融科技模式，如众筹。首次
代币发行对发行人类型没有限制，初创公司、老牌企业为新产品或新业务筹
集资金时都可以使用，有时甚至没有任何产品投入市场也可以发行代币。首
次代币发行可为新产品或业务的扩张提供资金，也可以作为唯一的资金来源，
还可以用来筹集资金以进行后续的首次代币发行或首次公开募股（即所谓
"pre-ICO"）。前几年，一个中等规模的首次代币发行可以轻松筹集到超过
1 000 万美元的资金。⑤因此，与众筹融资活动相比，首次代币发行可以筹集
到的资金相对较多，即使是小型首次代币发行也可能筹集到大量的资金。因
此，尽管首次代币发行游走于法律边缘，但其如雨后春笋般蔓延全球。

现今，各国对于首次代币发行行为的监管尚无共识。此种募资形态确实
缔造了众筹募资的另一高峰，但也因此带来许多犯罪问题，如违法集资、欺
诈等案例层出不穷。监管模式将直接影响金融体系的生态，各国法律及立法
背景的差异导致没有统一标准来界定其合法性。不论何种监管形式均难论其

---

① MENDELSON M. From Initial Coin Offerings to Security Tokens: A US Federal Securities Law
Analysis[J]. Stanford Technology Law Review, 2019(22): 52－94.

② 重磅！ICO 被定性变相非法集资 200 万人正在引火烧身[EB/OL].[2019-10-31]. https://www.163.
com/dy/article/CTBCURSC0519E6AC.html.

③ ROHR J, WRIGHT A. Blockchain-Based Token Sales，Initial Coin Offerings，and the Democratization
of Public Capital Markets[J]. Hastings Law Journal，2019(70):463-524.

④ PWC. Considering an IPO to Fuel Your Company's Future?[EB/OL].[2021-1-12]. https：//www.
pwc.com us/en/services/consulting/ deals/library/cost-of-an-ipo.html.

⑤ 2017 年，通过 ICO 平均融资额度是 1270 万美元。WILLIAMS-GRUT O. Only 48% of ICOs
Were Successful Last Year – But Startups Still Managed to Raise $5.6 Billion[EB/OL].[2018-1-31]. https：//
www.businessinsider.de/how-much-raised-icos-2017-tokendata-2017-2018-1.

对错，面临此种新型募资，当务之急是择优去劣、取长补短，以实现金融市场稳定发展为核心，找准适合我国的首次代币发行监管方向。

二、首次代币发行的风险

首次代币发行存在一定的风险和监管挑战。具体风险包括信息不对称、非理性行为造成的资金错配、缺乏法律保护和潜在的系统性风险。同时，首次代币发行作为一种新生事物，监管机构尚不能完全理清其法律性质，既有的法律和监管政策也未必完全适合，因此如何监管也是一个问题。下面首先论述其风险，然后分析其引发的监管挑战。

（一）道德风险

有调查研究表明，20%的首次代币发行白皮书仅仅提供了产品或者开发流程的技术信息，25%的首次代币发行白皮书没有提供项目融资情况的描述，96%的首次代币发行白皮书对于参与者提供的资金是集中还是分立未做说明。[1]令人震惊的是，从投资决策的角度来看，通常也缺乏相关发起人如何计划进一步开发受资助的技术的信息，而且首次代币发行之后仍然存在信息不对称的问题。对投资人来说，其参与首次代币发行时可能面临的风险包括发行方真实性难以确认、标的揭露不透明、标的违反现有法令、代币被盗取、账号资料外泄、发行方或标的追踪与监督不易、发行方未依约运用资金等；对发行方来说，可能的风险则有标的违反现有法令、账号资料外泄、投资人涉及洗钱行为等；对发行支援方来说，可能的风险有提供的服务违反现有法令等；对交易辅助方来说，可能的风险有投资人涉及洗钱行为、招揽或经纪行为违反现有法令、账号资料外泄等。

在大多数情况下，首次代币发行白皮书提供的信息都不完整，通常只包括发起人希望开发的技术描述，但缺乏证据支持，这与首次公开募股有很大的不同。本书认为，首次公开募股与首次代币发行之间唯一的相似之处是两者的缩写相似，实际上，这有可能误导投资者。

---

① ZETZSCHE D A, BUCKLE R P, ARNER D W. The ICO Gold Rush: It's a Scam, It's a Bubble, It's a Super Challenge for Regulators[J]. Harvard International Law Journal, 2019, 60 (2): 267–315.

（二）市场风险

2018 年 11 月之前，首次代币发行市场出现了典型的"非理性繁荣"景象。尽管并非所有首次代币发行都达成了其筹资目标，但一些大的、著名的首次代币发行存在突出的超额认购现象。投资者情绪衡量指标之一是，投资者获得的代币只有 10%可以投入使用，其余的仅可用于进行交易，沦为纯粹的投机工具。[1]但是，即便存在交易的可能，也不意味着首次代币发行参与者确定可以交易其代币。在代币创建所属的司法管辖区，有可能存在棘手的与代币转让相关的法律问题，大多数情况下，投资者完全忽略了这些问题。例如，在瑞士（主要的加密货币发行国），转让通常需要采用书面形式。对于代币这种数字替代品，通过数字签名的方式进行签名在实践中可能过于复杂和烦琐，因为全球大多数首次代币发行参与者都缺乏瑞士法律所要求的数字签名。在转让之前，面对这些挑战，有必要制订新的解决方案，以免出现延误和法律不确定性。

类似首次代币发行市场的非理性繁荣现象，在金融发展史上屡见不鲜。[2]这些泡沫现象的出现不仅对投资者造成相应的损失，而且还会导致资本错配，有可能危害以区块链技术为基础的众筹机制的发展，甚至有可能危害区块链本身的发展。首次代币发行市场没有把资金引入生产性领域，而是进入了发行人自己的账户，出现了借首次代币发行之名行骗的现象。

（三）系统性风险

从技术逻辑上看，首次代币发行项目"层嵌层"地依赖整个区块链技术系统，如应用层上的各类去中心化应用项目、根植于以太坊的去中心化智能合约平台等。以太坊的发展离不开数据层、共识层、激励层技术的发展。技

---

① OLGA KHARIF. Only One in 10 Tokens Is in Use Following Initial Coin Offerings [EB/OL]. [2017-10-23]. https://www.bloomberg.com/news/articles/2017-10-23/only-one-in-10-tokens-is-in-use-following-initial-coin-offerings.

② 有关论述可参见下列文献。

ALIBER R Z, KINDLEBERGER C P, MCCAULEY R N. Manias, Panics, and Crashes: A History of Financial Crises[M]. New York: Palgrave Macmillan, 1996.

REINHART C M, ROGOFF K S. This Time Is Different: Eight Centuries of Financial Folly[M]. Princeton: Princeton University Press, 2011.

术上的系统性依赖决定了各类代币网络价值的互利共生。价值形式上，代币融资、投资、回报、交易、标价通常以其他发展相对成熟的区块链项目代币为媒介，体现了加密货币价值与整个区块链生态系统"休戚与共"的关系。

（四）技术风险

首先，区块链系统不能关闭集中升级，导致安全漏洞修复困难。其次，智能合约上的漏洞若审核不严，风险意识不够，容易被黑客攻击，导致代币资产损失。2016 年，"The DAO"首次代币发行不久即因为智能合约的重大漏洞遭到黑客攻击，300 万以太币资产被分离出"The DAO"资产池。最后，代币资产存在被盗风险，尽管采用了多重签名、第三方私钥托管等手段，但仍然存在安全隐患。

三、首次代币发行引发的监管挑战

（一）个人信息保护方面的挑战

加密货币和首次代币发行通常采用区块链技术，两者的兴起也引发了一些有关隐私和个人数据保护方面的问题。公有链的性质意味着每笔交易的发生都将被公开，并链接到代表特定用户的公钥。但是，该公钥是经过加密的，没有人能够直接识别在区块链上进行交易的用户。在区块链中，每个区块都包含前一个区块的加密哈希值，通过它形成区块链。如果区块中的数据被窜改，则该区块的哈希值也会发生变化，因此，这种伪造行为是可以被检测到的。

区块链的这种运行模式也引发了一些有关个人数据的问题，在采用欧盟《通用数据保护条例》（General Data Protection Regulation，GDPR）标准的国家和地区，这一问题尤为明显。首先，数据保护规则与数据的匿名化是水火不相容的，有些人可能认为由于采用哈希函数和加密技术，区块链会将数据匿名化，但这是值得商榷的，因为数据匿名的标准非常严格，尤其是根据欧盟的规则。由于哈希值可以将记录链接起来，因此，其通常被视为假名化技术，而不是匿名化技术。[1]

---

[1] LOVELLS H. A Guide to Blockchain and Data Protection[EB/OL]. [2019-10-31]. https://engagepremium. hoganlovells.com/resources/blockchain/insight/a-guide-to-blockchain-and-data-protection.

其次，存储在区块链上的数据是防窜改的，因此不可能被删除。而且，区块链上的交易也是不可修改的（immutable），这实际上意味着，一旦区块链交易获得了验证，加密技术就可以确保它永远不会被替换或逆转。因此，一旦上传到区块链上，该数据就无法被删除。这一特性还可能与隐私法和被遗忘权或者删除权相抵触。①其中包括从控制者那里毫不延迟地删除个人数据的权利。但是，对于删除权的实际含义现在尚不清楚。《通用数据保护条例》在制定的时候可能没有考虑到区块链等分布式数据存储机制，只是考虑到了集中式或非分布式数据控制者。区块链技术的这一独特功能与隐私规则相冲突的事实为其业务的合规性带来了一些不确定性。

再次，有关区块链和个人数据保护的另一个问题是：区块链上数据控制者的认定。由于区块链的分布式性质，没有任何中心化的实体来收集和管理信息。因此，可能有不止一个参与方有资格成为控制人，这意味着网络上多个参与者有义务遵守个人数据保护方面的法律。参与者之间可能需要签订治理协议来明确各数据控制者的职责。

最后，是区块链的准据法问题。区块链通常具有跨越国界的性质，这引发了个人数据保护方面的重要问题。区块链技术的运行方式（基于加密技术和哈希函数）与传统的个人数据保护系统不兼容。因此，如果政策制定者希望促进区块链技术的使用，则应对个人数据处理方式进行改变。开发人员和政策制定者要弄清区块链如何与个人数据保护规则兼容，还有很长的路要走。

（二）破产法挑战

首次代币发行的兴起也可能引发一些破产法方面的问题。如果债务人的资产不足以偿还所有债务，那么，代币持有者在破产程序中的优先权顺位是什么呢？分配方案中债权的优先权顺位是一个非常敏感的问题。为了回答这个问题，有必要区分股权型代币持有者和债权型代币持有者。

根据绝对优先权规则，债权型代币持有者应始终在股权型代币持有人之前得到偿付，因为后者在功能上等同于股东，并且如果破产，股东也不能在

---

① GREENSPAN G. The Blockchain Immutability Myth[EB/OL]. [2019-10-31]. http://blogchain.info/post/the-blockchain-immutability-myth.

债权人之前得到偿付。在债务持有人相对于其他债权人，甚至权益持有人与股东之间，这种情况变得更具争议性。在这些情况下，应该根据首次代币发行白皮书来确定。如果首次代币发行白皮书未指定如何偿付债权型代币持有人，则应以一般无抵押债权人的身份进行偿付。因此，他们将根据同等原则按比例进行偿付。同样，权益代币持有人将在股东之前得到偿付，因为后者是合法享有公司剩余资产的人。但是，首次代币发行白皮书有可能确立破产中代币持有者的地位。在这种情况下，其待遇将取决于破产程序的规定。如果一个国家采用合同方式破产，则应保留这些权利。因此，如首次代币发行白皮书说的那样，权益代币持有人可能最终会在股东之后或与股东一起获得偿付，并且债权型代币持有人可能被排在股东之前、在无抵押的债权人之后。

除了处理索赔，破产程序还处理资产。归根结底，资产将确定债权人是否获得偿付、如何获得偿付及获得多少偿付。在首次代币发行的背景下，负责管理破产程序的个人或实体将面临两个主要问题：（1）与首次代币发行相关联的这些资产的估值，即交换代币而收到的加密货币；（2）这些资产转换为现金的能力（流动性）。如果发行人收到的加密货币（如比特币、以太币等）在市场上普遍被接受，流动性问题就不太可能存在。然而，估值仍然是一个重要的问题。如前所述，加密货币是非常不稳定的资产。换句话说，它们的价值可能迅速上升或下降。这种波动不仅会给持有财产的受托人或债务人带来一些问题，而且对于债权人而言，其权利也可能受到这些资产波动的影响。例如，他们如果知道发行人持有的加密货币可以出售以获得足够的现金来偿还债务，那么可能更倾向于清算而不是重组。但是，如果公司的清算价值不足以支付其债务，债权人可能更倾向于重组而非清算，尤其当预测发行人未来现金流为正时。因此，持有资产的托管人或债务人应警告债权人、发行人其持有的加密货币有可能波动，这非常重要，因为这可能与他们决定破产与否息息相关。

除了发行人收到的加密货币的估值问题，首次代币发行可能存在的另一个问题是代币的估值。尽管此问题与发行人的破产程序无关，但与代币持有人破产的情况有关。在这种情况下，受托人或债务人将面临评估这些代币的挑战。但在没有二级市场的情况下，评估尤其困难。因此，代币持有者的受托人或债务人需要使用一些一般方法对资产进行估值，包括预估其产生未来现金流的能力。为此，确定发行者是否最终能够履行对代币持有者的义务将是至关重要的。如果不能履行义务，代币的价值就几乎是零。

（三）国际监管挑战

首次代币发行具有跨越国界的性质，其风险传播的影响也不仅限于国内，因此，只有通过跨国监管合作才能应对风险。实际上，国际证监会组织（IOSCO）已经在其网站上创建了一个专栏，专门刊登世界各地证券监管机构发布的有关首次代币发行的声明。这种举措有助于监管机构加深对首次代币发行的理解，并借鉴他国的监管经验。也就是说，了解其他司法管辖区如何应对相应的挑战，有助于监管机构和政策制定者制定出更加合理和有效的首次代币发行监管政策。

但是，仅有这些举措还不够。一方面，分析每个国家的首次代币发行监管方法成本是非常高的。另一方面，国际组织在该领域开展的工作并未分析每种监管解决方案的利弊。像 IOSCO 这样的国际组织应当发布有关首次代币发行的一些指导原则，以建立以下共同准则：（1）首次代币发行的原理和操作；（2）代币的分类和解释建议；（3）可能实施的首次代币发行监管方法；（4）适用于首次代币发行的准据法；（5）每种监管方法的成本和收益；（6）与证券监管机构相关的其他问题，例如，如何保护代币持有人，如何应对首次代币发行引发的反洗钱等方面的挑战。这样，证券监管机构将有机会了解和评估每一种监管方法，在考虑投资者保护、创新、金融稳定、预防金融犯罪等优先监管事项以及该国的特定特征（例如，其资本市场中存在的投资者类型、监管机构的规模和经验等）的基础上，选择最适合该国的监管模式。此外，本书还认为，国际会计准则理事会（IASB）也应发布国际财务报告准则（IFRS），以明确代币发行如何登记注册。

本书还认为，了解每个国家或地区的管辖范围，对于加强金融合作以及加深对每个国家或地区首次代币发行监管模式的理解是至关重要的。例如，虽然某些国家可能仅对在本国进行的代币发行有管辖权，但其他司法管辖区可能会发现：（1）其执行制度足够有效，可以要求发行人遵守现有证券法；（2）他们可以发起调查和执法行动，因为发行人是在该国注册或登记的；（3）该国家的法律可以适用，因为某些代币持有者归其管辖。

因此，考虑到现有的首次代币发行监管模式存在较大差异，本书认为，发行人、监管者和代币持有人应了解特定代币发行适用的法律。否则，代币发行可能会因法律上的不确定性而受到影响，不仅会损害发行人的利益，而且可能损害代币持有人和负责保护这些代币持有人的金融机构的利益。因此，在首次代币发行没有全球监管框架的情况下，本书建议有关各国通过签订国际协议的方式来处理首次代币发行的某些程序性（主要是管辖权）问题。

第二节 首次代币发行监管模式的国际比较

世界各司法管辖区对首次代币发行的监管采取了不同的模式。例如，中国、韩国等国家选择彻底禁止首次代币发行，而在其他司法管辖区，包括美国、新加坡、英国、瑞士等，则允许首次代币发行。正如下文讨论的那样，所有的现行监管模式都存在一些缺陷。因此，本节将提出一种新的规范首次代币发行的模式，该模式在促使首次代币发行成为融资手段的同时，力求加强对代币购买者的保护，以及营造安全、公平以及高效的监管环境。

一、首次代币发行监管的法律依据

由于首次代币发行种类千差万别，因此，不大可能制定一部适用所有首次代币发行的法律，任何法律分析都必须考虑不同首次代币发行的特殊性。下面将分析消费者保护法、金融法和众筹方面的法律是否适用于首次代币发行监管。

（一）一般消费者保护法

首先，在大多数司法管辖区，为了保护消费者，与消费者签订的合同都要适用特别的法律。例如，在美国，联邦贸易委员会（Federal Trade Commission，FTC）的任务是防止"不公平或欺骗性的行为、做法或者对商业的影响",同时执行许多更具体的消费者保护法律。[①]这种不公平或欺骗性的行为可延伸适用于能够引起或有可能引起损害美国的、在外国进行的商业行为。联邦贸易委员会有权对从事不正当或欺骗性的行为的个人或公司提起诉讼,而潜在的救济措施包括对受害者进行赔偿。澳大利亚证券和投资委员会(Australian Securities and Investments Commission,ASIC)已宣布,如果《2001 年公司法(联邦)》不适用于首次代币发行,那么首次代币发行发行将仍受澳大利亚消费者保护法律的约束,[②]其中包括禁止对证券持有人的误导、欺骗和实施不合情理的行为。[③]澳大利亚首次代币发行同样需要遵守反欺诈方面的法律。由于欧洲消费者保护立法的统一,整个欧洲经济区也存在类似的消费者保障措施。例如,英国 2015 年的《消费者权益法》(Consumer Rights Act of 2015)、1987 年的《消费者保护法》(Consumer Protection Act of 1987)和 1967 年的《虚假陈述法》(Misrepresentation Act of 1967)都可能适用于首次代币发行。欧洲其他地区也有类似的消费者保护法。

其次,如果首次代币发行参与者是消费者,国际私法将限制首次代币发行发起者和支持者在确定准据法方面的自由裁量权。根据大多数国际私法制度的规定,商业实体与消费者之间的合同关系应遵守消费者所在地司法管辖区的消费者保护法,至少该司法管辖区授予的权利应得到维护。因此,消费者保护法非常适合监管首次代币发行,但是监管机构仍然面临两个方面的挑战:一方面,监管者很难甚至不知道其管辖范围内的哪些消费者正在使用国外通过首次代币发行提供的加密货币;另一方面,如果只有少数当地投资者投资此类首次代币发行,监管所需投入的资源可能与由此造成的影响不成比例。

某些大陆法系司法管辖区可能会认为,以交付货币为对价换取允诺不是商业活动;其所依据的事实是首次代币发行是由非商业实体(例如协会、俱乐部、基金会或信托)发行的。但是,事实上,采取协会、基金会或信托的

---

① Federal Trade Commission Act,15 U. S. C. § 45(a)(1)(2006).

② AUSTRALIAN SECURITIES AND INVESTMENTS COMMISSION. Initial Coin Offerings [EB/OL]. [2017-9-28]. https://treasury.gov.au/sites/default/files/2019-04/c2019-t353604-asic.pdf.

③ Competition and Consumer Act 2010(Cth).

组织形式并不妨碍其行为属于贸易或商业的事实。任何正在进行的、具有直接或间接获利预期的项目都足以构成商业活动。

总之，在大多数情况下，首次代币发行都是由商业企业面向大众（即消费者）发行的，只有支付一定的对价才能参加，因此，需要适用相关司法管辖区的一般消费者保护法。但在某些情况下，可能适用特定法律而非一般消费者保护法。虽然并非所有司法管辖区的规定都相同，在取代消费者保护法方面，两个法律领域尤其值得注意。第一，如果首次代币发行有参与构成公司或者合伙企业的会员资格，那么应当适用公司法或合伙企业法，而非消费者保护法。第二，首次代币发行适用的一个专门法律是金融法。

（二）金融法律法规

金融法在首次代币发行监管方面可以发挥一定的作用。本书认为，金融法可以适用大多数功能型代币、支付型代币以及大多数（不是全部）证券型代币。从功能的角度来看，对于那些纯粹慈善或奖励形式的代币，不应当适用金融法。下面主要说明结构不同的首次代币发行，在首次代币发行监管中是否适用、何时适用金融法。

在全球范围内，很多监管机构已经制定了有关付款服务的规则。一些监管机构认为这些规则可能适用于加密货币，而另外一些监管机构则认为不适用。尽管不是每一种代币均受现行金融法规的约束，但是对于那些寻求建立新的加密货币标准、采取形式上或者实质上的开放式结构的首次代币发行，由于其实体接受法定货币换取代币或用代币兑换法定货币，加密货币兑换行为应当适用金融法。

世界各地的监管机构已开始将证券型代币视为"有价证券"。美国证券交易委员会已就首次代币发行性质认定采用"Howey 测试"，① 如果符合该测试，则应认定为有价证券。2018 年 7 月，美国证券交易委员会在一份声明中指出，具有证券特征的首次代币发行将被视为有价证券，并将对其采取相关的执法

---

① 美国联邦最高法院于 Howey 案中，提出判断是否构成投资契约而为有价证券的四个要件：（1）金钱投资；（2）投注于共同事业（common enterprise）；（3）投资人有获利期待；（4）该获利来自于他人的努力。

行动。①

此外，如果代币的价值取决于别的事物的价值，那么，这种代币可能符合某些司法管辖区对于衍生品的定义。2014 年，美国商品期货交易委员会宣布虚拟货币为"商品"，应根据《商品交易法》（Commodity Exchange Act，CEA）进行监管。②针对这一规定，美国商品期货交易委员会采取了各种执法行动，例如，针对未注册的比特币期货交易所和虚拟货币庞氏骗局采取了执法行动。在澳大利亚，《公司法》第 761D 条关于衍生品的定义特别复杂，本书不讨论其详细的规定，但从广义上讲，如果代币的价值衍生自"基础工具"或"参考资产"的价值，包括股票、股价指数、货币兑换价格、加密货币或商品，那么该代币很可能是衍生品，其进行任何商业发行都需要获得澳大利亚金融服务许可。

正如人们所期望的那样，大多数监管机构都表示，反洗钱和反恐怖主义融资方面的法律同样适用于首次代币发行，以及开展首次代币发行交易、清算和结算的交易所和支付系统。全球反洗钱和反恐怖主义融资标准的制定者——反洗钱金融行动特别工作组也持同样的观点。③

（三）众筹方面的法律

如果首次代币发行发起者要求支付对价，那么，在某些情况下可能适用一些司法管辖区制定的众筹规则；这些规则的适用往往会减轻监管负担。由于众筹立法在整个市场上并不统一，本小节只总结最常见的众筹立法。

众筹立法有两种主要形式。第一种是修改现行的金融法，以适用小额发

① SEC. Joint Staff Statement on Broker-Dealer Custody of Digital Asset Securities[EB/OL]. [2019-10-31]. https://www.sec.gov/news/public-statement/joint-staff-statement-broker-dealer-custody-digital-asset-securities.

② Testimony of Chairman Timothy G Massad before the US Senate Committee on Agriculture, Nutrition & Forestry[EB/OL]. [2019-10-31]. https://www.cftc.gov/PressRoom/SpeechesTestimony/opamassad-22.

③ 有关论述可参见下列文献。

FATF. Regulation of Virtual Assets[EB/OL]. [2019-10-31]. https://www.fatf-gafi.org/en/topics/virtual-assets.html.

EUROPEAN SECURITIES AND MARKETS AUTHORITY. ESMA alerts firms involved in Initial Coin Offerings to the need to meet relevant regulatory requirements[EB/OL]. [2019-10-31]. https://www.esma.europa.eu/document/esma-alerts-firms-involved-in-initial-coin-offerings-icos-need-meet-relevant-regulatory.

行者和经纪商，以减轻监管负担。第二种是监管机构规定一定的门槛，豁免招股说明书和其他金融法律要求。例如，美国、加拿大、奥地利和德国的法律，根据发行规模的大小，免除了众筹项目提供招股说明书的要求，豁免的范围从 25 万到 800 万相关货币单位，每个散户投资者的资金，根据具体国家和投资者的资产状况不同，限额从 1 000 到 10 000 相关货币单位。

除此以外，许多司法管辖区还作出证券或公司法律的长期豁免或放宽的规定，对于非公开发行和向专业投资者发行的股票，豁免招股说明书和其他方面的法律要求。这些通常用于众筹环境中，而且特定的众筹立法经常扩展或阐明这些发行方面的各种各样的问题，结果，包括首次代币发行在内的许多产品发行都被设计得符合这些框架，尤其是向美国投资者发行的，通常被设计成符合《D 条例》（Regulation D）的规定。澳大利亚在众筹和首次代币发行方面采取了不同的方法。澳大利亚《公司法修正案（资金众筹法）》［Corporations Amendment（Crowd-sourced Funding）Act］于 2017 年 9 月生效，规定在澳大利亚开展众筹业务的公司，需要获得澳大利亚金融服务许可证并获得授权。但是，澳大利亚证券和投资委员会也重申首次代币发行与众筹有所不同，并在其信息清单中阐明：使用首次代币发行的众筹与"众筹融资"不同，新的法案并不适用于首次代币发行。[①]因此，传统的向私人或者向专业人士发行豁免的规则仍旧适用。

对于采用慈善或奖励形式的首次代币发行，除非明确表示，否则不适用金融法。同时，任何要支付对价的首次代币发行，无疑都将适用合同法和消费者保护法。金融法律和法规可能适用于许多被归类为融资性的代币，包括大多数股权型代币和许多货币代币。此外，从事被归类为金融产品的代币交易、清算、托管和结算的中介机构，也需要适用金融法。总而言之，金融法可以适用于大多数首次代币发行，特别是股权代币以及任何其它在功能上不是纯粹慈善或奖励形式的代币。

---

① Initial Coin Offerings（ICOs）[EB/OL]. [2018-12-12]. https://moneysmart.gov.au/glossary/initial-coin-offering-ico.

二、首次代币发行的规范与监管：比较法的观点

如果代币符合相关国家或地区的证券法关于"证券"的定义，则发行人需要遵守现有的证券法。因此，无论证券型代币还是非证券型代币，发行人在发行之前都必须获得监管机构的批准。正如下文将要讨论的，所有现有的监管模式都存在一些缺陷。

（一）禁止型监管模式的实践与评析

1. 禁止型监管的三种形式

首先，面对创新型金融工具的发展，一种处理手段是彻底禁止，即认定特定的市场或者工具为非法。对于首次代币发行来说也是如此，中国和韩国的监管机构正是采用了这种方法。2017 年 9 月，美国证券交易委员会发布首次代币发行计划可能存在"拉高出货"的警告之后，中国大陆和韩国宣布彻底禁止首次代币发行。

中国对加密货币的监管分为两个阶段，第一阶段是无监管阶段。尽管早在 2013 年年底，中国人民银行等五部委就发布了《关于防范比特币风险的通知》（银发〔2013〕289 号），明确指出比特币不是代币，而是虚拟商品，不仅不能在市场上流通，金融机构也不可以开展相关业务。但是，该通知的规范对象仅限于比特币，并不包括其他加密货币，也不包括首次代币发行活动。因此，2016 年，首次代币发行在中国获得迅速发展。当年，提供首次代币发行服务的平台有 9 家，融资总额达 1.41 亿元人民币，到 2017 年 7 月，融资总额已达到 26.16 亿元，累计参与人次达 10.5 万，呈快速增长趋势。第二阶段是全面禁止阶段。首次代币发行的迅猛发展制造出新型的金融泡沫，为金融资产脱实向虚提供了渠道，且投资者盲目跟风，出现了很多问题。为防范和化解风险，保护投资者权益，中国主要采取了如下措施。一是七部委联合发布公告，取缔首次代币发行平台。2017 年 9 月，中国人民银行、中国证监会等七个部门联合发布《关于防范代币发行融资风险的公告》，相关内容如下：（1）代币发行融资是一种未经批准的非法公开融资的行为；（2）任何组织和个人不得非法从事代币发行融资活动；（3）相关 APP 和网站要求下架；（4）各金融机构和非银行支付机构不得开展相关业务；（5）社会公众应当高度警惕

代币发行融资与交易的风险隐患。二是加强监管，避免监管套利。中国互联网金融协会于 2018 年 1 月 12 日发布《关于防范变相首次代币发行活动的风险提示》，采取了一系列监管措施，取缔了相关商业存在，以处置境内外虚拟货币交易平台网站等。三是严防支付机构通道用于虚拟货币交易。中国人民银行营业管理部于 2018 年 1 月 17 日发布的《关于开展为非法虚拟货币交易提供支付服务自查整改工作的通知》（银管支付〔2018〕11 号）规定，严禁为虚拟货币交易提供服务，并采取有效措施防止利用支付通道进行虚拟货币交易。

韩国政府并不禁止加密货币流通。然而由于加密货币投机与欺诈行为频传，2017 年 9 月，韩国金融服务委员会（Financial Services Commission）开始转变态度，认为首次代币发行是一种"非生产性投机工具"（non-productive speculative direction），并禁止首次代币发行作为融资工具，禁止使用加密货币进行保证金交易。2017 年 12 月 6 日，韩国金融服务委员会在发布首次代币发行禁令之后，又采取了新措施禁止加密货币期货交易，这是因为韩国并没有将加密货币归类于可以作为期货合约交易基础资产的证券、商品或者金融产品。

韩国金融服务委员会在全面禁止首次代币发行后，其金融监管服务局（Financial Supervisory Service）持续对韩国相关从业者首次代币发行的行为进行监控。2018 年 1 月，韩国监管机构宣布识别客户身份适用于加密货币交易和关联的银行账户，并且加密货币交易要遵守反洗钱法律法规。2018 年 3 月，韩国监管机构准备解禁首次代币发行，并辅以相应监管。2018 年 5 月，韩国国民议会正式提议允许国内首次代币发行。与此同时，韩国政府宣布将对加密货币资本利得征税，税率为 24.2%。

彻底禁止是由多种因素造成的。例如，监管者可能认为与这种新的资金来源相关的风险（尤其是欺诈、洗钱和不成熟的消费者的机会主义行为）超过了其收益。因此，在监管机构没有建立适当的监管框架来应对首次代币发行风险的情况下，推广这种筹资方法没有任何意义。另外，首次代币发行的使用有可能对国家的经济和货币政策产生不利影响。毕竟，发行代币不仅涉及筹集加密货币的公司，而且涉及加密货币购买者使用加密货币投资和消费的问题。因此，法定货币的数量可能大大减少，而该国的投资和消费可能增加或至少保持稳定。结果,政府有可能失去对该国经济和货币政策的控制。

其次,监管机构可能选择禁止首次代币发行的某些组成部分。例如,由于散户投资者面临的信息不对称性风险较高,并且容易受到发起人的操纵,监管机构可能会决定禁止散户投资者参与。同样,监管机构也可能禁止商业银行和某些机构投资者购买代币。例如,2013年,中国人民银行等五部委发布《关于防范比特币风险的通知》,要求各金融机构和支付机构不得以比特币为产品或者服务定价,不得买卖或者作为中央交易对手买卖比特币,不得承保与比特币相关的保险业务或者将比特币纳入保险责任范围,不得直接为客户提供其它与比特币相关的服务。毕竟,金融机构不仅管理着其他人的资金,而且是系统性风险主要的参与因素,因此,这些机构应当更多地进行风险厌恶型投资,而不是购买代币。

最后,一旦达到某些阈值,监管者可能决定禁止购买代币。换句话说,对某些购买者可能获得的代币数量施加限制,俄罗斯就采用了这种方法。监管机构通过实施此限制,能够减少代币持有者因被欺诈或持有不成功的首次代币发行而造成的损失。

2. 评析

本书认为,禁止购买和首次代币发行有一定的合理性,特别是考虑到80%以上的首次代币发行都是骗局,就更应当禁止。从这种意义而言,中国和韩国的解决方案看起来颇具吸引力,似乎能够以较低的监管成本获得法律确定性。

但是,彻底禁止首次代币发行的做法可能过于严苛了。一是在加密货币发行方面,通过叫停首次代币发行遏制了国内借首次代币发行非法集资乱象的同时,也使得大量优秀团队、优质项目迁至海外或仅面向海外融资,形成了类似优质科技企业赴境外上市的局面。二是这种方式并未达到预期效果,实质上并未截断国内交易者的交易通路,部分交易所将客户数据迁至境外服务器或仍然开放给境内居民注册账号,同时,尽管上述交易所均关闭了法定货币与加密货币间的交易兑换,但仍通过搭建OTC平台的方式为境内居民提供用法定货币购买加密货币的渠道,境内居民参与加密货币交易的通路实际上未受到影响。①三是在一定程度上放弃了行业主动权，且未能享受企业成长红利。对于金融科技等新生事物来说，彻底禁止可能抑制创新。彻底禁止首次代币发行，过分强调风险的控制，忽略了创新的重要性，没有仔细考虑首次代币发行有可能缓解中小企业融资难、融资贵的问题。而且，这种"一刀切"的简单做法，将限制区块链技术的发展，使国家失去一次利用新技术取得爆发式发展以及进一步研究加密数字货币发展的机会。②鉴于目前有多种不同形式的首次代币发行，部分首次代币发行的存在是有一定价值的，不应当一概彻底禁止。

金融发展的历史经验表明，彻底禁止通常是无效和适得其反的。例如，英国的《1720年泡沫法》（1720 Bubble Act）禁止建立新的股份制公司，以及美国对洋葱期货的禁令，都被证明是错误的。最新的例证是，2008年全球金融危机之后，由于场外衍生品交易造成了风险，欧盟制定了衍生品方面的禁令。此外，如果监管机构主要关切的是与欺诈行为有关的风险以及首次代币发行带来的经济风险，则可以采取其他更有效的方法来处理这些问题。

限制单个购买者可能获得的代币数量，只解决了部分问题。它减少了失败的甚至是欺诈的首次代币发行可能给个人造成的损失。但是，从总体或社会福利的角度来看，它不会产生任何好处。发行者仍然可以利用消费者面临的不对称信息，作出一些欺诈行为。因此，这样的解决方案并不能完全令人信服。相反，他们应该投入资源，通过广告和教育来警告投资者有关首次代币发行的风险。因此，监管机构可以在保留个人购买代币的自由的同时，最大限度地降低其被欺诈的风险。但是，对于商业银行和机构投资者，本书认为应实施一些禁令。

（二）未禁止但发布风险警示

有些政府未禁止首次代币发行发行，也未对首次代币发行进行实质性监管，仅是向民众发布风险警示，提醒民众投资首次代币发行有风险，如英国与德国。

---

① 陈晨. 区块链加密货币发展及监管研究[EB/OL]. [2019-10-31]. http://www.cbirc.gov.cn/cn/view/pages/ItemDetail_gdsj.html?docId=393430&docType=3.

② LEO ZENG. 加密数字货币的国际反洗钱机制研究[J]. 国际经济法学刊，2019（4）：38-47.

1. 英国

英国的金融法制对国际资本市场亦有高度影响力，且近年，英国金融科技监理的发展相当快速，对加密货币与证券监管法制的关联亦持续发布极具完整性与参考价值的指引性文件，因此有必要介绍英国法制的内容。

英国对有价证券的规范主要涵盖金融服务与市场法下的特定投资概念，[①]所谓特定投资包括存款、保险合同、股份、债权凭证、政府公债、投资凭证、有价证券凭证、集体投资计划单位等。[②]英国资本市场主管机关金融行为监管局就依上述规定认定加密货币可构成有价证券。2017 年，英国金融行为监管局就分布式账本技术进行了一项研究，并公布了一些对首次代币发行进行监管的文件。[③]该文件强调，开展与投资相关的受监管业务而不遵守相关规则有可能构成犯罪。英国金融行为监管局并没有提出明确的代币分类，仅仅在原则上认为某些代币可能属于可转让证券（transferable securities），因而应该纳入招股发行机制。2017 年 9 月，英国金融行为监管局向消费者发出了首次代币发行的监管警告，[④]并对投资加密货币价差合约的行为提出了特别警告。[⑤]英国金融行为监管局这种相对谨小慎微的行为似乎有些反常，因为它通常对金融市场上出现的新技术持积极态度。2018 年 4 月，英国金融行为监管局就加密货币衍生品合同发布了新的指南，明确指出加密货币衍生品属于可转让证券，为这种业务提供金融服务需要获得正式授权。[⑥]

2018 年 8 月，英国金融行为监管局强调，首次代币发行是否应受监管应

---

① Financial Services and Markets Act 2000.

② The Financial Services and Markets Act 2000（Regulated Activities）Order 2001.

③ FINANCIAL CONDUCT AUTHORITY. Distributed Ledger Technology: Feedback Statement on Discussion Paper 17/03[EB/OL]. [2019-10-31]. https://www.fca.org.uk/publication/feedback/fs17-04.pdf.

④ FINANCIAL CONDUCT AUTHORITY. Initial Coin Offerings: Consumer warning about the risks of Initial Coin Offerings[EB/OL]. [2019-10-31]. https://www.fca.org.uk/news/statements/initial-coin-offerings.

⑤ 同上。

⑥ FINANCIAL CONDUCT AUTHORITY. Cryptocurrency derivatives: FCA statement on the requirement for firms offering cryptocurrency derivatives to be authorised[EB/OL]. [2019-10-31]. https://www.fca. org.uk/news/statements/cryptocurrency-derivatives.

依个案进行认定，诚然，部分首次代币发行可能须受监管，而许多首次代币发行项目其实不在监管之列。[①]同时，英国金融行为监管局对于投资人提出此种募资形态具有欺诈、资金快速挥发、信息及保障不足的风险警告。显然，英国金融行为监管局确实意识到首次代币发行行为对经济发展有正反两方面的作用，但囿于法律规范不足，仍未对相关行为明确的监管走向及时进行指引。

2. 德国

德国联邦金融监管局（Bundesanstalt für Finanzdienstleistungsaufsicht，BaFin）一直将首次代币发行视为一种金融工具，于 2018 年 2 月对加密货币的首次代币发行发布指南[②]，建议将加密货币依其性质不同，分别适用德国关于其监管的相关规定。鉴于民众对于首次代币发行是否属于金融工具的询问越来越多，德国联邦金融监管局于 2018 年 3 月 29 日发布一封咨询函，阐述了其在证券监管领域对代币监管分类的立场。德国联邦金融监管局指出，为符合法令规范，首次代币发行相关从业者应审慎考量其所发行的代币是否属于受监管的工具，如金融工具或证券，如有疑问，应及时联系联邦金融监管局相关部门。

从此咨询函可以看出，对于首次代币发行行为，德国并未将代币种类予以明确划分，但可以从德国联邦金融监管局的声明中得知，德国并不禁止甚至鼓励首次代币发行，仅是要求相关从业者必须审慎评估其适法性，并乐意接受相关人员咨询。至于其监管范围和标准，将因代币类型的不同于个案中进行认定。

德国金融科技创新处于 2018 年 8 月出版的双年报中建议将加密货币依其性质不同主要分为三类：第一类为纯粹作为支付工具的支付代币（payment tokens），第二类为表彰会员权或对资产的债权的证券代币（security tokens，

---

① FINANCIAL CONDUCT AUTHORITY. Initial Coin Offerings: Consumer warning about the risks of Initial Coin Offerings[EB/OL]. [2019-10-31]. https://www.fca.org.uk/news/statements/initial-coin-offerings.

② BAFIN. Initial coin offerings: BaFin publishes advisory letter on the classification of tokens as financial instruments[EB/OL]. [2019-10-31]. https://www.bafin.de/SharedDocs/Veroeffentlichungen/EN/Fachartikel/2018/fa_bj_1803_ICOs_en.html.

equity and other investment tokens），第三类为可用以对发行人购买货物或服务的用益代币（utility tokens）。有些代币的性质并不纯粹，而是兼有上述二种或三种代币的性质，而成为有混合性质的代币（hybrid tokens）。

（三）区别化事前核准制——以是否具有证券性质为区别标准

区别化事前核准制以首次代币发行是否具有证券性质为区别标准，如果具有证券性质一律受监管，须经事前核准才得以发行。

1. 美国

美国对加密货币法律属性的认定与瑞士一致，分为三种。下文将进一步区分不同加密货币类型并探讨美国实务的发展情况。

支付型加密货币。美国证券交易委员会倾向于不将支付型加密货币如比特币或以太币认定为有价证券。其理由有三：首先，支付型加密货币并未满足"出资人出资"这一要件，尽管美国案例法下承认此处的出资不限现金而可包含其他有财产价值之物，[①]在若干案例中甚至承认劳务出资，但此类案例基本上涉及员工认股计划，员工通过放弃请求其应得薪资而将其薪资请求权代换为股票。[②]如比特币的情形，可能构成出资行为的或许是提供算力而取得比特币的"矿工"（即交易验证节点），但由于比特币去中心化而欠缺中心组织的特性，此类"矿工"难以被定为员工，对于其基于自愿性质参与"挖矿"进而换取比特币的行为是否为劳务出资，解释上亦有疑问。

其次，支付型加密货币因其去中心化的特性欠缺作为出资对象的共同事业。美国案例法下的共同事业可能包含水平共同体（horizontal commonality）或垂直共同体（vertical commonality）。就水平共同体而言，关键在于是否集合出资人的出资并使出资人按比例分享利润与损失，[③]但支付型加密货币出资人的出资本质上为提供交易验证的劳务，难以满足集合出资的要件，甚至无中央账户以供存放集合出资；就垂直共同体而言，关键在于出资人的获利是否依赖发行人的努力，并参考发行人是否持有一定比例出资以判断发行人是

---

① Uselton v. Commercial Lovelace Motor Freight，Inc.，940 F.2d 564，574（10th Cir. 1991）.

② International Brotherhood of Teamsters v. Daniel，439 U. S. 551，558−562（1979）.

③ SEC v. Infinity Group Co.，212 F.3d 180，188（3d Cir. 2000）.

否有相应激励机制与出资人形成共同体，[1]但支付型加密货币由于其去中心化的特性、欠缺发行人，而难以满足垂直共同体的要件。

最后，支付型加密货币出资人是否存在通过发行人或第三人的努力获取利润的期待，亦有疑问。美国证券交易委员会的公司财务部门主管 William Hinman 于 2018 年 6 月 14 日的演讲中就曾指出，比特币因其去中心化的特性，自始欠缺一个负责运行比特币的中心组织，从而比特币出资人并无可据以依赖的发行人或第三人的努力以期待获取利润；至于以太币，其固然曾启动首次代币发行吸引出资人出资，但目前以太坊的运行亦高度去中心化，故将其纳入有价证券并要求其披露其信息意义有限。[2]

资产型加密货币。相较于支付型加密货币，具有利润分配性质的资产型加密货币因并无去中心化的特质，因此原则上构成有价证券。具体而言，资产型加密货币基本上均有向投资人募集资金——或为法偿货币或为支付型加密货币——并集合管理的事实，因此满足出资人出资于共同事业的要件。此外，由于资产型加密货币均设有利润分配机制，属于出资人通过发行人或第三人的努力获取利润的方式之一，因此基本上构成投资合同。美国证券交易委员会于 2017 年的"The DAO"事件报告中援用"Howey 测试"认定该案中的 The DAO 币构成投资合同，首次明确认定具有利润分配机制的加密货币构成有价证券，此后，美国证券交易委员会亦陆续认定其他资产型加密货币构成投资合同。[3]

功能型加密货币。不具有利润分配机制的功能型加密货币由于仍具有中心化特质，在美国亦可能构成有价证券，所以美国案例法向来承认"Howey 测试"下的获取利润期待，包括对于将增值出资标的转售获利的期待，只要

---

① SEC v. SG Ltd.，265 F.3d 42，49–50（1st Cir. 2001）.

② HALL J A. Howey, Ralston Purina and the SEC's Digital Asset Framework[J]. The Review of Securities & Commodities Regulation, 2019, 52(12): 137-141.

③ 有关内容可参考下列文献。

Complaint，SEC v. ReCoin Group Foundation, LLC, et al. (2017); Complaint，SEC v. PlexCorps et al. (2017); Complaint，SEC v. AriseBank et al. (2018); Amended Complaint，SEC v. Sohrab ("Sam") Sharma, et al. (2018); Complaint, SEC v. Titanium Blockchain Infrastructure Services, Inc. (2018).

该增值期待是基于发行人或第三人的努力而非基于单纯的市场波动。[①]即便某投资工具除增值获利的功能外可能具有其他消费功能，美国案例法也会于个案中探究是以投资功能为主，还是以消费功能为主，从而认定是否构成投资合同。但由于此判定标准相对不明确，增加了功能型加密货币是否构成有价证券的认定困扰。

美国证券交易委员会与联邦法院近年在处理功能型加密货币案例时，高度重视发行人是否于相关文件中宣传其加密货币在次级市场交易与升值的潜力。首件案例是发生于 2017 年的 Munchee 案，美国证券交易委员会指出该案的 Munchee 币虽无利润分配机制，但在发行与宣传文件中均强调该币在次级市场交易与升值的潜力，故认定该币发行人有致投资人产生获取利润的预期，进而认定 Munchee 币构成投资合同。[②]此后，美国证券交易委员会多次基于相同见解，将若干不具有利润分配机制，但于宣传文件中宣传其在次级市场交易与升值潜力的加密货币认定为有价证券[③]，纽约南区联邦地方法院于 Balestra 对 ATBCOIN 案中亦有类似立场。[④]

2018 年 11 月 16 日，美国证券交易委员会的公司融资部、投资管理部和交易市场部就首次代币发行、虚拟资产投资机构和电子加密资产的二级市场交易发布联合声明[⑤]，表示无论虚拟资产以传统方式还是以区块链方式发行，均应符合证券法框架，且交易平台无论采用何种新技术，有何种表现形式，但凡符合交易所定义的均应向证券交易委员会注册。在此声明中，证券交易委员会对 AirFox 及 Paragon 两家公司作出了处罚。在分析处罚内容后发

① 有关内容可参考下列文献。

Noa v. Key Futures, Inc., 638 F.2d 77, 79(1980); SEC v. Belmont Reid & Co., Inc., 794 F.2d 1388, 1391(1986); Glen-Arden Commodities, Inc. v. Costantino, 493 F.2d 1027, 1035(1974).

② THE SECURITIES AND EXCHANGE COMMISSION. SECURITIES ACT OF 1933 Release No. 10445/December 11, 2017 [EB/OL].[2019-10-31]. https://www.sec.gov/files/litigation/admin/2017/33-10445.pdf.

③ THE SECURITIES AND EXCHANGE COMMISSION. SECURITIES ACT OF 1933 Release No. 10575/November 16, 2018[EB/OL].[2019-10-31]. https://www.sec.gov/files/litigation/admin/2018/33-10575.pdf.

④ Balestra v. ATBCOIN LLC, et al., No. 1:2017-cv-10001 - Document 42 (2019).

⑤ THE SECURITIES AND EXCHANGE COMMISSION. Two ICO Issuers Settle SEC Registration Charges, Agree to Register Tokens as Securities[EB/OL].[2019-10-31]. https://www.sec.gov/news/press-release/2018-264.

现，证券交易委员会大抵上认为，企业所发行的数字资产如具有投资契约性质即属有价证券[①]。除具有豁免资格外，任何提供数字资产证券交易的平台均须先向证券交易委员会申请注册。企业欲发行数字资产，亦必须依证券法规范申请注册，如企业未经注册即发行具有证券性质的代币，将受到证券交易委员会的处罚。换句话说，目前美国首次代币发行监管是依个案认定所发行的代币是否属证券法规范围内的"有价证券"，若答案为肯定，则发行前须先向证券交易委员会申请注册并接受监管，否则将被证券交易委员会依证券法规定处罚。

为厘清首次代币发行是否具有投资契约性质，美国证券交易委员会于 2019 年 4 月 3 日在官网发布《数字资产"投资合同"的框架分析》（Framework for "Investment Contract" Analysis of Digital Assets），[②]其目的是提供一项分析工具以协助市场参与人了解联邦证券法律规范，并据以评估其参与的代币发行与销售是否涉及证券发行与销售。与此同时，证券交易委员会就 TurnKey Jet（下称 TKJ）咨询其所欲发行销售的代币是否构成有价证券，作出了第一个不处分裁决，其内容代表美国监管当局对于代币性质提供了明确指引，可谓代币监管实务的一大进步。证券交易委员会的复函指出，TKJ 代币不构成有价证券的主要理由如下：（1）TKJ 公司技术及应用程序的开发皆于代币发售前完成，发行代币所获资金并非用于技术开发；（2）TKJ 代币营销仅强调其功能，而非强调其市场将来的升值或盈利潜力；（3）代币在发售时即可依照其预定功能（购买航空包机服务）使用，每一枚 TKJ 代币销售价格为一美元，其价值亦代表 TKJ 公司所提供价值一美元的空运服务；（4）当 TKJ 公司要求买回代币或持有人要求卖出代币时，只能依代币的票面价格（即一枚代币一

---

① THE SECURITIES AND EXCHANGE COMMISSION. SEC Issues Investigative Report Concluding DAO Tokens, a Digital Asset, Were Securities[EB/OL].[2019-10-31]. https://www.sec.gov/news/press-release/2017-131.

② THE SECURITIES AND EXCHANGE COMMISSION. Framework for "Investment Contract" Analysis of Digital Assets[EB/OL].[2019-10-31]. https://www.sec.gov/corpfin/framework-investment-contract-analysis- digital-assets

美元的价格）以折扣价买回，除非美国法院命令 TKJ 公司清算 TKJ 代币。①

2. 瑞士

瑞士为了吸引更多的资金投资，计划逐步开放加密货币银行服务，对加密货币采取比较温和的监管方法，也吸引了很多区块链公司在瑞士注册。该国的监管机构——瑞士金融市场监督管理局根据功能的不同，将加密货币分三类："支付型代币"（payment token）、"功能型代币"（utility token）和"资产型代币"（asset token），②单一代币的属性并不以一类为限，资产型代币或功能型代币也可兼具支付代币的性质，而成为混合代币。代币是否为有价证券的问题，主要应看其是否符合《金融市场组织法》（Financial Market Infrastructure Act，FMIA）关于有价证券的定义。

支付型加密货币是指可用以取得商品或服务，或用以移转金钱或价值的加密货币，且持有人对加密货币的发行人无具体请求权。目前，国际上主要的加密货币如比特币、以太币即属此类。

功能型加密货币系指供持有人取得使用某基于区块链提供的电子应用程序或服务的加密货币。这类代币为所有者提供多种便利。例如，可以访问公司提供的特定服务，比如使用存储空间（filecoin）等。功能代币通常也有货币代币或投资代币的要素，它不仅可以用来"支付餐费"（货币代币）和"食物点评激励"（功能代币），而且可以在二级市场交易（投资代币）。③其与支付型加密货币最主要的区别，首先在于支付型加密货币持有人对发行人并无请求权，但功能型加密货币持有人可请求发行人给付双方约定的商品、程序或服务；其次支付型加密货币可于较开放的场合作为支付工具，性质上类似于电子支付工具；但功能型虚拟通货仅可于限定范围内支付特定商品或服务，性质上较类似电子礼券。

---

① THE SECURITIES AND EXCHANGE COMMISSION. About the Division of Corporation Finance[EB/OL]. [2019-10-31]. https://www.sec.gov/divisions/corpfin/cfabout.

② FINMA. Guidelines for Enquiries Regarding the Regulatory Framework for Initial Coin Offerings（ICOs）[EB/OL].[2019-10-31]. https://www.finma.ch/en/~/media/finma/dokumente/dokumentencenter/myfinma/1bewilligung/fintech/wegleitung-ico.pdf?la=en.

③ THE SECURITIES AND EXCHANGE COMMISSION. Company Halts ICO After SEC Raises Registration Concerns[EB/OL].[2019-10-31]. https://www.sec.gov/news/press-release/2017-227.

资产型加密货币系指表征某种资产的加密货币，如表征持有人对发行人的债权或股权，或承诺对未来公司盈余或现金流入享有分配权，因此，在经济功能上类似于股权、债券或衍生性金融产品。此外，其他让有体资产得以在区块链上交易的代币亦属此类。

上述分类的实际作用与加密货币的法律定性有关，尤其是是否构成证券交易法下的有价证券。目前，国际上多数认为支付型加密货币因其支付工具的特性且对发行人无请求权，故欠缺筹资性质而不构成有价证券；资产型加密货币由于所表征的多为有价证券的权利义务内容，仅其形式为加密货币，故基本上构成有价证券；至于功能型加密货币则争议较大，国际上大多认为须依个案判定其性质，尚难以一概论定。[①]

3. 新加坡

新加坡原本即为国际金融中心之一，近年来，积极发展金融科技，因此，在国际上被认为是对加密货币监管相对友善的国家，再加上新加坡地处东亚地区，地缘上与我国加密货币市场存在一定竞争关系，故也有必要关注其监管发展。

2017 年 8 月，新加坡金融管理局发布通知文件，表示如果代币构成《证券与期货法》（Securities and Futures Act）所规定的受监管的产品，其发行就应当遵循相应的证券法，除非事先取得豁免，代币发行者需在发行前向金融监理部递交并登记招股说明书（prospectus requirements）。[②]以此为基础，新加坡金融管理局对不同内容的加密货币具体设例，讨论其是否构成有价证券，其认为加密货币所表征的权利倘若仅限于对某种商品或服务的使用权或兑换权——即功能型加密货币，则不致构成有价证券，即便其存在次级交易市场亦然。

2017 年 11 月，新加坡金融管理局公布了《数字代币发行指南》（A Guide to

---

① FINMA. Guidelines for Enquiries Regarding the Regulatory Framework for Initial Coin Offerings （ICOs） [EB/OL]. [2019-10-31]. https://www.finma.ch/en/~/media/finma/dokumente/dokumentencenter/ myfinma/1bewilligung/fintech/wegleitung-ico.pdf?la=en.

② THE MONETARY AUTHORITY OF SINGAPORE. MAS clarifies regulatory position on the offer of digital tokens in Singapore[EB/OL].[2019-10-31]. https://www.mas.gov.sg/news/media-releases/ 2017/mas-clarifies-regulatory-position-on-the-offer-of-digital-tokens-in-singapore.

Digital Token Offerings）以补充先前发布的监管立场，指出任何在《证券与期货法》规范下属于资本市场产品（capital markets products）的数字代币，其发行或募集均属金融监理部的监管范围。[1]其中，所谓资本市场产品是指任何证券、集合性投资的各单位客体（units in a collective investment scheme）、衍生性合约（derivatives contracts）以及用于杠杆型外汇交易的即期外汇交易合约（spot foreign exchange contracts for purposes of leveraged foreign exchange trading）。

4. 中国香港

2017 年 9 月 5 日，香港证券及期货事务监察委员会发布《有关首次代币发行的声明》，表示将视个别首次代币发行事实及情况，其所发售或销售的加密货币可能属于《证券及期货条例》所界定的"有价证券"，并受到香港证券法规监管。[2]此份声明认为，首次代币发行所发行的数字代币可能构成如下三种有价证券，从而必须受证监会监管：（1）股份。当数字代币可用以表征股东权益，如代币持有人可领取股息或参与剩余资产分配时，可能视为股份；（2）债权凭证。当代币用以确立发行人债务，如约定代币持有人可于指定期限向发行人请求偿还本息时，可能视为债权凭证；（3）集体投资计划权益。当发行代币所得收益是由首次代币发行运营者进行集体管理并投资，从而让代币持有者参与盈余分配时，代币可能被归类为集体投资计划权益。[3]香港证券及期货事务监察委员会认为，首次代币发行的性质须依个案认定，如果所发行的代币实质上具有证券性质（如证券和期货），即应遵循相关证券法规，亦属证监会监管范围。

香港证券及期货事务监察委员会于 2018 年 6 月 1 日以通知函提醒中介机构，当其提供加密资产交易及资产管理服务时，必须严格遵守《证券及期货

---

① THE MONETARY AUTHORITY OF SINGAPORE. A Guide to Digital Token Offerings[EB/OL]. [2020-10-31]. https://www.mas.gov.sg/regulation/guidelines/a-guide-to-digital-token-offerings.

② 香港证券及期货事务监察委员会. 有关首次代币发行的声明[EB/OL].[2020-10-31]. https://sc.sfc.hk/gb/www.sfc.hk/TC/News-and-announcements/Policy-statements-and-announcements/Statement-on-initial-coin-offerings.

③ 同上。

（发牌及注册）（资料）规则》的规定。[①]

此外，香港证券及期货事务监察委员会为保障投资于证券或期货合约以外标的的投资者的权益，进一步对基金分销商及虚拟资产投资组合管理公司提出监管规范。首先，针对虚拟资产投资组合管理公司的监察范围包含两种类型，其一是针对在香港分销，投资于非证券或期货合约的虚拟资产基金，符合《证券及期货条例》第 1 类规制（证券交易）的公司；其二是就管理证券与期货合约的投资组合而领有抑或申领《证券及期货条例》第 9 类规制活动（提供资产管理）牌照的公司。[②]香港证券及期货事务监察委员会认为，如果持牌的投资组合管理公司将其所管理的投资组合全部或部分投资于虚拟资产，不论虚拟资产是否构成证券或期货合约，皆应遵守《证券及期货条例》的规定。其次，针对虚拟资产基金分销商，香港证券及期货事务监察委员会亦规定在香港分销投资于虚拟资产基金的公司，必须领有证券交易牌照，且分销基金时须符合《证券及期货条例》的规范。[③]

鉴于投资人投资首次代币发行有重大风险，2018 年 11 月 1 日，香港证券及期货事务监察委员会发布《有关针对数字资产投资组合的管理公司、基金分销商及交易平台营运者的监管框架的声明》（Statement on Regulatory Framework For Virtual Asset Portfolios Managers，Fund Distributors and Trading Platform Operators），取消了之前相对模糊的"证券类数字资产"和"非证券类数字资产"分类监管的思路，宣告进入全面的"证券监管"时代，即无论数字资产是否构成《证券及期货条例》（第 571 章）中所界定的"有价证券"及"期货合约"，为保护投资者合法权益，上述数字资产均应当纳入同等监管框架。此外，还宣布将加密资产投资组合管理公司及加密资产基金分销商纳入沙盒环境监管。

这一政策将为愿意接受香港证券及期货事务监察委员会监管的虚拟资

---

① 香港证券及期货事务监察委员会. 有关针对虚拟资产投资组合的管理公司、基金分销商及交易平台营运者的监管框架的声明[EB/OL].[2020-10-31]. https://sc.sfc.hk/gb/www.sfc.hk/TC/News-and-announcements/Policy-statements-and-announcements/Statement-on-regulatory-framework-for-virtual-asset-portfolios-managers.

② 同上。

③ 同上。

产交易平台运营商探索合规交易途径。具体来说，香港证券及期货事务监察委员会将在监管沙盒环境下，评估虚拟资产交易平台是否适宜监管，并观察有意从事有关业务的平台运营商在沙盒环境中的运作情况以及其合规能力。在初步探索阶段，香港证券及期货事务监察委员会将与平台运营商沟通监管标准的适用程度，并观察虚拟资产交易平台在监管标准下的真实运作情况。香港证券及期货事务监察委员会将基于平台在沙盒环境中的表现，向合格平台运营者颁发牌照。下一阶段，运营商须制订更严格的内部监控措施，更频繁地向香港证券及期货事务监察委员会汇报情况，也将受到香港证券及期货事务监察委员会更频繁的监察和审查，并回应香港证券及期货事务监察委员会的关注事项。平台运营商在沙盒环境下运营至少 12 个月，之后可向香港证券及期货事务监察委员会申请修改部分发牌条件或退出沙盒。

（四）全面事前核准制

全面事前核准制是政府允许首次代币发行，但无论是否为证券类型一律受监管，须经事前核准才能发行，如泰国与日本。

1. 泰国

泰国证券交易委员会（Securities and Exchange Commission）于 2018 年 5 月颁布《数字资产业务紧急法令》（Emergency Decree on Digital Asset Businesses），针对数字资产的发行、交易与相关从业者制定完整的规范，成为东南亚地区首位以特别法方式规范数字资产相关证券监管议题的立法案例。2018 年 7 月 4 日，泰国证券交易委员会宣布，自 2018 年 7 月 16 日起，针对首次代币发行的相关法规全面生效。其中最重要的是 2018 年 3 月 18 日公布、次日生效的《数字资产商业法令》（Digital Asset Businesses Act B.E.），其目的在于针对数字资产（digital asset）的相关商业行为进行监管，包括首次代币发行的买卖与交易等行为必须公平、公开且可以计算，以避免出现洗钱或其他不法情况[①]。在新的监管架构下，拟首次代币发行的企业须事先向泰

---

① SEC Thailand. Summary of the Royal Decree on the Digital Asset Businesses B.E. 2561[EB/OL]. [2019-10-31]. https://www.sec.or.th/EN/Documents/ActandRoyalEnactment/LawReform/summary-decree-digitalasset2561.pdf.

国证券交易委员会提出申请，并通过泰国证券交易委员会所授权的"ICO Portal"筛选后，再交由泰国证券交易委员会进行审查。

《数字资产商业法令》将数字资产内容区分为加密货币、数字代币与其他类似的数字凭证三大类，其中，加密货币作为获取商品或服务的交易媒介，数字代币则用以表征投资人参与商业投资所获的权利，用以获取商品、服务或其它须向发行者请求权利。《数字资产商业法令》规定，获准发行的首次代币发行项目须在泰国证券交易委员会的监管下，符合泰国证券交易委员会规范方能发行，包含信息揭露、信息正确性、公司董事名单、管理人员名单、财务报告等。进行首次代币发行的企业若未遵守相关监管规定，或未经核准首次代币发行，将依法受追诉。泰国证券交易委员会于 2019 年 3 月授权第一个"ICO Portal"以协助其筛选首次代币发行项目，包含尽职调查与审阅智能合约，并检查企业"识别客户身份"的流程等。任何首次代币发行项目须先通过"ICO Portal"筛选，泰国证券交易委员会才会进行后续审查。

2. 日本

2018 年 4 月，一个由日本政府支持成立的智库发布首次代币发行指导原则，包含辨识投资人、避免洗钱、追踪项目进度以及保护资产与债权人等规范，以促进首次代币发行合法化。[1]此份首次代币发行指导原则明确指出，首次代币发行属于有价证券，研究员 Kenji Marashima 指出："首次代币发行是一种开创性的技术，若能导入良好的监管原则与规范，将有可能成为筹集资金的新方式。"[2]日本金融服务局（Japanese Financial Services Agency）于同年 11 月 2 日发表声明，将日本虚拟货币兑换协会（Japan Virtual Currency Exchange Association）认定为《支付服务法》下的自律组织，将与日本金融

---

① HAGIWARA Y，NAKAMURA Y. Japan Unveils Guidelines for Allowing Initial Coin Offerings Even as China, US Support Curbs[EB/OL]. [2019-10-31]. https://new.dealstreetasia.com/stories/japan-unveils-guidelines-for-allowing-initial-coin-offerings-95640.

② WOOD A. Japanese Research Group Establishes Guidelines for ICO Regulation[EB/OL]. [2020-10-31]. https://crypto24hnews.com/article/japanese-research-group-establishes-guidelines-for-ico-regulation-ctl8548.

服务局合作进行首次代币发行项目监管，以强化投资人保护。①

（五）比较法观察：代结论

韩国的例子显示，一味地禁止首次代币发行其实效果不明显，因为想首次代币发行的公司可以在允许首次代币发行的国家发行，例如，先在新加坡设立子公司，再以该子公司的名义首次代币发行，并向韩国人融资。中国于2017年全面禁止首次代币发行后，虽然首次代币发行项目表面上销声匿迹，但大多数跑到东南亚国家去了。由此可见，仅有少数国家严禁首次代币发行，其实无法做到防堵首次代币发行，仅是促使首次代币发行者往外发展罢了，严格禁止首次代币发行似乎不是最佳政策。

另外，由于部分首次代币发行可能具有证券性质，如果政府仅发布风险警示但一律不予监管，恐怕也会因规范不足而形成证券交易监管的漏洞，对投资人的保障明显不足。因此政府不区分首次代币发行是否属于证券而一律不监管，亦非首次代币发行监管的最佳政策。

如政府虽允许首次代币发行，但无论是否属于证券类型一律监管，皆须经事前核准才得以发行，管制又似乎过度了。如瑞士的分类方法，全部的支付型功能与部分功能型代币并无证券的本质，从证券监理角度观察，其监管应该与部分具有证券性质的功能型代币与全部的证券型代币有区别。因此，本书亦不赞成首次代币发行无论是否属于证券类型一律受监管，皆须经事前核准才得以发行，以免延滞或妨碍支付型代币与部分功能型代币的发行。

综上，本书认为，区别化事前核准制更能在首次代币发行监管与促进发展间取得平衡。区别化事前核准制以首次代币发行项目是否具有证券性质为区别标准，如为证券类型一律受监管，须经事前核准才得以发行，如部分具有证券性质的功能型代币与全部证券型代币。至于无证券性质的首次代币发行项目，如部分不具证券性质的功能型代币与全部支付型代币，则不须如证券般受监管，只要求发行者事后报备并监控其是否有违法行为即可。

---

① RAFTERY G. OKI K, BINGHAM R W. Japanese Financial Services Agency accredits the Japan Virtual Currency Exchange Association as a Self-Regulatory Organization[EB/OL]. [2020-10-31]. https://www. lexology.com/library/detail.aspx?g=c37cb49f-d0c7-4ac9-965c-e05427b7691b.

第三节　首次代币发行监管制度完善的建议

由前文的讨论可知，首次代币发行主要的风险来自发行方与项目的不透明、难以确切监管，以及代币发行违反既有法规而可能随时被终止，当该代币本身或投资代币的资产产生纠纷时，若发行方于发行时提供不实信息，投资人有可能面临无从追偿的困境。首次代币发行筹资行为，大多数系通过加密货币购买新创企业所发行的代币，由于智能合约发展，使代币出现除支付结算外的功能，其复杂性日益提高，致使首次代币发行的行为可能涉及多种法律概念，依据代币性质，代币可能被定性为礼券、电子票证、证券或同时拥有这些性质，使得其管理上愈显困难。

首次代币发行的监管是个世界级难题，世界各国都没有成熟的经验可供借鉴，但我国有必要重新审视首次代币发行的监管政策与法律问题。一是由于我国非常重视区块链的发展问题，只有良好的监管制度才能促进其良性发展。2019 年 10 月，中共中央政治局就区块链技术发展现状和趋势进行了集体学习，提出把区块链作为核心技术自主创新的重要突破口，明确主攻方向，加大投入力度，着力攻克一批关键核心技术，加快推动区块链技术和产业创新发展。二是区块链技术是一种"破坏式创新"，在一定程度上是独立于我们现有的经济、监管和政府系统的，我们需要驯服这个数字世界的"野蛮人"，同时培育具有潜力的、真正颠覆世界的"创新"。

为此，本节将在上两节讨论的基础上，就首次代币发行的发展和监管提出看法与建议。

一、厘清代币的法律属性

首次代币发行的法律性质直接决定了监管机构、监管法律依据、监管方法等的选择，因此，本书认为，须先为首次代币发行定性，其后才能确定其适用的法规。美国商品期货交易委员会前主席 Gary Gensler 于 2018 年 7 月 18 日在美国众议院金融服务委员会召开的听证会上表示，若加密货币在具备开发功能前上市，该销售就应当被判定为投资合同（证券），而由证券交易委员会监管。然而关键在于，当加密货币作为应用代币在去中心化网络上流通时，就不再被视为有价证券，如以太币。这意味着数字资产的发行初期是由证券交易委员会监管的有价证券，后来才成为商品期货交易委员会监管的商品。商品期货交易委员会通常不会直接对市场上的商品进行监管，而是对期货或者期权市场等衍生品进行监管。同样，依据前述证券交易委员会的调查报告与地方法院的判决可以了解到，首次代币发行的名称并不会影响该代币是否为有价证券的判断，证券交易委员会与法院主要仍看代币的实际状况，如依据代币的功能、发行方的承诺、发行方权利义务、持有人权利义务等，以"Howey 测试"来判断其是否符合有价证券的定义，如符合有价证券性质，其发行、经销、交易皆须依现有证券法规进行，这样才能够更好地适应不断变化的首次代币发行市场。也就是说，如果首次代币发行满足有价证券的基本属性，属于广义证券的一种，应当纳入证券法监管体系。①

本书认为，鉴于美国证券及期货市场利用加密货币之名行诈骗之实的案件层出不穷，或未经注册经证券交易委员会裁定停止首次代币发行，因此有必要教育大众熟悉加密货币、首次代币发行及加密货币衍生性商品等区块链产业生态环境及法律法规，监管机构和自治组织应深入了解问题所在，制定可行的政策或提出建议，并积极教育大众投资。而且，加密货币、首次代币发行及加密货币衍生品等区块链产业生态系统，互相连接，环环相扣，缺一不可，因此，监管机构和立法机构对于加密货币的发展，应进行全面规划，以解决监管上的问题，维护加密货币市场价格稳定，降低操纵现象发生。

二、构建内生性监管路径

对于首次代币发行这种新生事物，继续沿用传统的法律和监管模式显得有些格格不入。因此，我们不妨退后一步思考首次代币发行领域需要什么样的监管措施，什么样的监管手段才是最有效的。在首次代币发行的发展方面，市场开发人员和监管机构都有建立法律框架、规范其发展以及促进创新的动

---

① 孙国峰，陈实. 论 ICO 的证券属性与法律规制[J]. 管理世界，2019，35（12）：45-52.

力。举例而言，投资型代币固然属于有价证券，但由于分布式账本去中心化的性质，监管机构如果想像监管传统的证券发行一样，通过自上而下的监管方式对首次代币发行进行监管，结果必定事倍功半，甚至徒劳无益。①考虑到目前大多数首次代币发行都是在以太坊平台上发行的，监管机构应该鼓励并与以太坊开发者合作，将法律原则整合编撰为代码来控制平台的运行。同样，以太坊开发人员应该利用以太坊社区广泛接受的"代码即法律"理念来构建共识，从而达到利用平台代码来提供更高水平保护的目的。

在具体的实现路径方面，首次代币发行开发人员和监管机构可以共同努力建立一个安全港，允许满足一定条件的实体在不注册的情况下发行代币，监管机构也不对其采取执法行动。②美国证券交易委员会已经明确表示，打算对这个迅速发展的领域展开监管，但在具体的执行方面面临很多挑战。③同样，许多区块链空间的参与者已经对首次代币发行市场持怀疑态度，认为它充斥着"拉高出货"计划和其他欺诈行为。因此，监管机构和首次代币发行开发者在首次代币发行市场监管方面达成了一定共识，监管机构可以实现保护投资者的目的，以太坊开发者社区可以提高平台的安全性和声誉。

三、在代码中植入法律规范要求

现代证券监管的基本理念是，只有发起人充分披露特定证券投资的潜在风险，投资者才能作出有意义的投资决定。④以美国证券交易委员会为例，它不对注册产品进行任何评价，只是规定必须披露哪些信息并确保这些信息在

---

① DEWEY J N, EMERSON M D. Beyond Bitcoin: How Distributed Ledger Technology Has Evolved to Overcome Impediments Under the Uniform Commercial Code，47 UCC L. J. 105[EB/OL]. [2020-10-31]. http://tapchinganhang.gov.vn/ung-dung-blockchain-trong-giao-dich-l-c-tai-cac-ngan-hang-thuong-mai-viet-nam.htm.

② 这种安全港仅限于功能型加密货币的发行，而不包括投资型代币的发行。

③ THE SECURITIES AND EXCHANGE COMMISSION. Report of Investigation Pursuant to Section 21(A)of the Securities Exchange Act of 1934: The DAO[EB/OL].[2019-10-31]. https://www.sec.gov/litigation/investreport/34-81207.pdf.

④ MONAGHAN M K. An Uncommon State of Confusion: The Common Enterprise Element of Investment Contract Analysis[J]. Fordham Law Review Fordham Law Review，1995(63):2135, 2157−2158.

注册声明中有披露。区块链完全可以建立类似的披露制度。我们可以把披露要求植入加密货币协议（protocol）中，从而完美实现代码即法律的设想。虽然这种监管模式与我们目前的习惯完全不同，但它在技术上是可行的，并且能够为首次代币发行领域投资者提供真正的保护。此外，因为已经有成型的加密货币协议被大多数主流公司用于加密货币发行中，新增的保障措施完全可以整合到首次代币发行当中。

如果加密货币满足在软件应用程序或者平台中使用的条件，利用通用的首次代币发行代币协议以及不具备股权功能的条件，首次代币发行安全港可以起到保护发行人的作用。如果把投资者保护措施植入通用首次代币发行代币协议中，发行人就不必担心会违反证券法的规定，代币本身的代码将含有一系列法律限制，包括在任何给定的代币发售中设定代币交易数量上限；设立锁定期，防止代币持有者在特定时间内交易；设立强制披露要求，以确保可识别责任方；订立具有约束力的仲裁协议，在区块链执行仲裁条款；设立风险保证金，提供破产情况下的追索权。这些可以全部在以太坊平台上建立、实施和维护，无须监管机构的直接干预。

其一，设定首次代币发行能够募集到以太币或比特币的数量上限，以及规定购买者持有代币的最低期限，有助于遏制加密货币投机行为。数量上限和锁定期可以通过代码植入通用首次代币发行代币协议中，一旦达到预定的以太币或比特币募集数量，智能合约将自动关闭交易。将此上限设置为相对较低的数值，可以限定投资者的损失数额。同样，在智能合约中植入锁定期可以阻止代币在特定的时间段内交易。规定代币购买者不得立即抛售代币可以防止投机行为。

其二，以太坊核心开发人员可以建立一个去中心化的自治组织，要求所有代币发行人进行注册和披露，以便为投资者提供更强有力的保护。通用首次代币发行代币协议可以规定通过智能合约进行此类注册。为了便于将来追责，智能合约本身的注册可以要求发行人识别责任方，包括在区块链平台之外发生诉讼的法律选择和法院选择条款，以及披露有关购买代币的风险。注册系统再加上合同条款所要求的具有约束力的仲裁，可以让代币持有者直接在区块链上，而不是依靠主权司法体系来追偿损失。

其三，如果发行实体破产或发行人作出欺诈行为，代币持有者首先应通过区块链上具有约束力的仲裁来求偿。许多公司已经建设该基础设施，包括现在已经开始运行的仲裁平台。①如果代币持有者通过有约束力的仲裁获得了赔偿，赔偿金可以自动从发行实体的智能合约移至投资者的钱包。如果发行实体的智能合约中没有资金，那么代币持有者可以向去中心化的自治组织申请查询有关实体的财务和基本情况信息，以便代币持有人通过区块链或法院扣押令来追偿损失。

其四，为了进一步保护投资者，通用首次代币发行代币协议可以自动扣押一定比例的资金，划入单独的智能合约中，作为风险担保基金。该智能合约可以作为去中心化自治组织运行，每个缴纳加密代币的发行人都有表决权。如果代币持有者无法直接从该实体获得赔偿，代币持有人可以请求以风险担保基金作为赔偿。智能合约是担保基金的核心，可以在满足某些条件时自动付款，并且通过代币持有者的投票，为复杂的索赔建立一种批准机制。

四、实施自律监管

自律监管同样可以适用于首次代币发行市场的监管。本书还建议所有的首次代币发行，无论代币代表的是什么，都应提供某些信息。尽管通过自律监管也能实现此目标，尤其是可以通过行业标准化的认证来完成，但是在法律或监管框架改变之前，比较现实的路径可能是通过国际合作来完成。我们可以借鉴招股说明书或众筹方面的规则，要求首次代币发行的发行者提供以下信息：发行人的姓名、地址和法人标识，以及关键人物的姓名和地址；首次代币发行的目标群体，包括是否有区域限制的零售或专业参与者；参与者权利和义务的详细信息；如何对待参与者对价的细节；存储参与者对价的中介的详细信息以及存储方式；所有费用、成本等的详细信息；有关适用法律

---

① 有关内容可参考下列文献。

Decentralized arbitration to address blockchain disputes[EB/OL]. [2020-10-31]. https://blockchainwriter.tilda.ws/decentralized-arbitration-address-blockchain-disputes-jincor.

World's First Smart Contract Based Arbitration Proceedings Conducted[EB/OL]. [2020-10-31]. https://www.trustnodes.com/2017/07/17/worlds-first-smart-contract-based-arbitration-proceedings-conducted.

和法规的详细信息。另外，如果要求发行者提供信息不足以解决问题，则金融监管机构可以发出警告通知，说明某个首次代币发行不受任何金融机构的监管，并将有关首次代币发行的信息转发给相关消费者保护机构。

从实践来看，有一些首次代币发行市场已经采取了类似的自律监管措施。例如，SAFT 项目是美国的一个新项目，旨在建立代币销售的国际正式框架，并且发布了自己的白皮书。白皮书提出了许多法律问题，最重要的是，根据美国法律，大多数直接代币预售都可能构成"有价证券"，因此大多数首次代币发行都有可能违反美国证券法。[①]白皮书虽然侧重于介绍美国法律，但也要求协调国际标准，并明确要求律师、投资者和其他人共同参与发展此框架。

---

① BATIZ-BENET J, SANTORI M, CLAYBURGH J. The SAFT Project: Toward a Compliant Token Sale Framework [EB/OL]. [2020-10-31]. https://saftproject.com/static/SAFT-Project-Whitepaper.pdf.

第五章　加密货币反洗钱的法律问题

金融监管部门一直高度重视加密货币洗钱风险。加密货币由于具有匿名性和跨国性的特征，因此容易被犯罪分子用于隐藏或者掩盖资金来源，进行洗钱或者资助恐怖主义活动，甚至用来逃避制裁。加密货币的匿名性阻碍了对其流动轨迹的追溯，且容易混淆交易链条，因此，网络犯罪活动通常选择使用加密货币作为支付手段。随着金融科技的不断创新，洗钱手段日趋复杂多样。近年来，通过加密货币交易进行洗钱的案件更是频繁出现。例如，美国的在线违禁品市场"丝绸之路"，就选择使用比特币进行所有的交易。加密货币用于洗钱活动，带来了诸多风险，各主要国家都采取了一定的监管措施。国际反洗钱组织金融行动特别工作组也专门发布了加密货币反洗钱的监管指南，以协调全球的加密货币反洗钱工作。

本章第一节分析了加密货币洗钱的监管困境，包括加密货币洗钱的手段、风险以及监管的挑战。第二节介绍了世界主要国家和地区的加密货币反洗钱法律实践，包括美国、欧盟、亚太地区的实践，并对其进行了评价。第三节重点研究了加密货币反洗钱国际监管制度，主要是 FATF 的制度。第四节提出了构建中国加密货币反洗钱制度的若干思考。

第一节　利用加密货币洗钱的监管困境

一、利用加密货币洗钱的手段及其带来的风险

（一）利用加密货币洗钱的步骤

洗钱（money laundering）是使非法获取的收益（"脏钱"）变得看似合法（"干净的钱"）的过程，通常分三个步骤：置入（placement）、培植（layering）和融合（integration）。[①]

置入是指用非法获得的收益进行投资或进入合法的金融系统、企业。加密货币具有快速、匿名开立账户的特点，为犯罪分子转换和合并非法取得的现金提供了便利。

培植阶段，资金在账户、产品、金融机构之间转移，甚至转移到不同国家和转换成不同的货币，这样就掩盖了非法获得的收益的性质或来源问题。加密货币为非法收益跨境转移提供了一种理想方式。例如，美国毒品执法部门于 2017 年发布的《国家毒品威胁评估报告》（National Drug Threat Assessment）认为，加密货币支付是一种以贸易为基础的洗钱，加密货币可用于跨境转移资金，"偿付"实际的或虚拟的商品销售。[②]2018 年 4 月，欧洲当局破获了一桩洗钱案件，犯罪分子使用从芬兰比特币交易所购买的比特币，把毒品交易获得的现金收益从西班牙转移到哥伦比亚和巴拿马。[③]有的洗钱犯

---

① FINANCIAL CRIMES ENFORCEMENT NETWORK. History of Anti–Money Laundering Laws, United States Department Of The Treasury[EB/OL]. [2016-7]. https：//www.fincen.gov/history-anti-money-laundering-laws.

② DRUG ENFORCEMENT ADMINISTRATION. 2017 National Drug Threat Assessment[EB/OL]. [2020-10-31]. https://www.dea.gov/documents/2017/2017-10/2017-10-01/2017-national-drug-threat-assessment.

③ EUROPOL. Illegal Network Used Cryptocurrencies and Credit Cards to Launder More Than EUR 8 Million from Drug Trafficking[EB/OL]. [2020-10-31]. https://www.europol.europa.eu/media-press/newsroom/news/illegal-network-used-cryptocurrencies-and-credit-cards-to-launder-more-eur-8-million-drug-trafficking.

罪分子还利用首次代币发行活动。如果洗钱犯罪分子控制了首次代币发行，他们就可以使用欺诈手段"筹集资金"，把以加密货币计价的非法资产收益转换为法定货币。

融合阶段是指将非法获得的收益与合法货币充分交织在一起，这样可以将非法获得的收益安全地从金融系统中撤出并用于其他目的，而不被认定为非法。接受加密货币购买的商品清单不断增加，也为加密货币融合提供了机会。例如，意大利国家公证人理事会建议：公证人在协助当事人用加密货币购买不动产的时候，必须提交可疑交易报告，因为加密货币的匿名性将阻止交易身份验证。

（二）利用加密货币洗钱的手段

利用加密货币洗钱的手段可大致划分为三种：加密货币交易所洗钱、个人对个人交易洗钱以及通过赌场洗钱。

通过加密货币交易所（cryptocurrency exchanges）洗钱。比特币交易所通常需要以法定货币兑换比特币，故除了到比特币柜台以现金购买比特币，绑定银行账户购买加密货币或兑换为法定货币也是常见的交易方式。这是因为加密货币柜台购买，通常要根据金融监管机构的要求履行一定程度的反洗钱义务，而很多交易所通常会设在监管环境较为宽松或者没有监管的国家，以此来规避反洗钱的合规要求。部分中心化的交易服务提供者会要求身份认证，但洗钱犯罪分子依然可以通过使用虚假身份证、窃取他人身份、使用稻草人或者代理人等方式规避身份认证，同时，结合匿名电子钱包、无跟踪虚拟专用网络，来实现匿名性。[①]

通过个人对个人交易洗钱。在加密货币网络中，汇款人的身份是隐匿而又分散的，加密货币交易通过私钥、公钥及地址完成，想要针对加密货币发送人进行监管难度极高。例如，汇款人如仅将比特币寄给另一个一般比特币使用者，过程中不会交换任何个人标识信息。除非交易涉及实体物品或可追踪的信息产出（如寄出人提供出货地址），否则极难找出仅使用一次的比特币地址。如攻击追查比特币社群的使用者群体，恐将引发社群对政府的不信任

---

① LEO ZENG 加密数字货币的国际反洗钱机制研究[J]. 国际经济法学刊, 2019（4）: 38-47.

与反感，强化比特币的隐匿性。追踪未提供个人标识信息所投入的资源远超过监管小额交易，使得洗钱防治陷入困境。

赌博是另一种常见的洗钱手段。从理论上讲，犯罪分子可以用他们的不义之财在合法赌场购买筹码，玩几轮桌上游戏，然后拿这些筹码换取干净的资金。如果在此过程中输钱，则通常认为这是正常业务。但是，如果洗钱犯罪分子赢钱，赢的钱可以被清洗干净，并且获得意外的利润。虽然赌场有很多保障措施监视并阻止此类活动的发生，但要监视离岸或者在线赌博可能困难得多。根据加密货币安全公司 CipherTrace 2018 年的反洗钱报告，互联网上有 100～200 个赌博网站可使用加密货币赌博。[①]与常规赌场一样，资金可以转移到在线赌场以进行投注，也可以在未达到最少下注次数或最少下注的情况下撤回资金。根据该报告，监控洗钱的主要挑战是在线赌场，因为这些赌博网站几乎没有"识别客户身份"方面的规定，执法人员很难获得有关资金转入和转出的信息。

（三）利用加密货币洗钱带来的风险

加密货币市场容易受到一系列犯罪活动的影响。许多风险的形成源于区块链本身，包括发行人、交易所和钱包提供商等在内的加密货币生态系统。随着技术的迅速发展、演进和加密货币使用的便捷性提高，可能会出现更多的加密货币洗钱活动，由此带来的风险会进一步增大。下面具体论述加密货币洗钱带来的风险。

贩运非法货物风险。加密货币为非法行为以及"暗网"上的其他商品和服务的交易提供了一种理想的支付方式。在线违禁品市场"丝绸之路"买卖双方之间的所有交易都是通过比特币进行的。该网站最终被美国联邦调查局关闭，创始人因洗钱罪、毒品传播罪、阴谋罪和经营犯罪企业等七项罪名被判刑。

黑客和身份盗窃风险。加密货币钱包和交易所为黑客进行金融欺诈和身份盗窃提供了理想的场所。如果账户通过这些服务被黑客入侵，则加密资产

---

① CIPHERTRACE. Cryptocurrency Anti-Money Laundering Report[EB/OL]. [2020-11-1]. https://www.ciphertrace.com/crypto-aml-report-2018q3.pdf.

可以很容易地被转移到匿名账户中，然后转换为法定货币或其他资产，在交易被发现后，撤销的可能性很小甚至几乎没有可能。

市场操纵和欺诈风险。虽然区块链原则上允许所有参与者查看和监视交易，但发现和阻止内幕交易、提前交易、拉高出货以及其他涉及未经注册的首次代币发行和未经许可的市场滥用行为的能力受到了严格限制。对未经注册的首次代币发行缺乏监管，犯罪分子可以使用它创建新账户来执行操纵性计划，使加密货币市场变得非常脆弱。

资助恐怖主义和逃避制裁的风险。匿名性和易于创建的特点，使得加密货币账户成为资助恐怖主义融资或逃避制裁的理想支付方式。虽然在恐怖主义融资中尚未广泛使用加密货币，但自 2014 年就有恐怖组织一直在尝试使用加密货币，这类组织通过社交媒体筹集比特币。一些受到制裁的国家也开始尝试创建国家支持的加密货币。

在未被监管的加密货币市场环境中，这些风险都可能加大。在监管压力之下，有些与传统金融服务业互动较多的加密货币选择拒绝匿名并引入反洗钱控制机制。有迹象表明，加密货币市场正在加速分化，一些新创建的加密货币选择遵循现有的监管规定，而有些加密货币则优先考虑交易的保密性和匿名性以促进场外交易。

二、加密货币带来的反洗钱监管挑战

（一）加密货币性质造成的反洗钱监管困境

第一，加密货币的分类带来了独特的监管挑战。加密货币集货币、商品与支付功能于一身，根据不同标准对其分类通常会对法律与监管措施产生影响，特别是在确定由哪个监管机构进行监管时。这是因为不同的监管部门有不同的监管政策考量，会进行不同分类和作出监管选择。例如，美国国税局（IRS）已经将加密货币归类为联邦税收目的下的"财产"（property），而美国财政部下属的金融犯罪执法网络将加密货币归类为"货币"，需要履行反洗钱和反恐怖主义融资义务。另外，各国或者地区对加密货币的分类不尽相同，这将导致不同国家在监管数据的获取、监管协调方面存在一定的困难。

第二，资金流动的去中心化。传统上，跨国界洗钱主要涉及专门从事跨境金融交易的大型跨国银行。因此，全球层面的反洗钱工作主要由跨国银行来承担，负责报告涉嫌洗钱的交易。但是，加密货币交易具有去中心化的特点，所有的数据和应用都部署在区块链上并存储于世界各个角落的无数节点中，这些节点因跨越国家地理边界和司法管辖的边界而没有确切的地理位置。①加密货币不是依靠像银行这样的中心化机构，而是依靠去中心化的用户网络来验证交易的有效性，避免了双重花费。由于不再依赖中心化的金融机构，加密货币几乎可以完全绕过过去几十年来制定的反洗钱方面的法律。②对于如何确定管辖权，是将洗钱犯罪行为地（一般是洗钱行为人的计算机所在地）、侵权结果发生地（一般是加密货币交易平台的服务器所在地）、被告住所地，还是将原告住所地作为确定管辖权法院的根据，目前各国尚未有明确统一的标准。没有中心化的机构"负责"，就没有一系列机构来实施反洗钱要求。但是，我们可以依靠多个"节点"在加密货币生态系统中实施全球反洗钱工作。

第三，资金的匿名流动。长期以来，数字技术应用一直试图在透明度和匿名性之间寻求平衡。加密货币尝试以新的方式达成平衡。理论上，由于加密货币公钥密码采用复杂的加密技术，仅凭用户地址无法关联到现实世界中的个人身份。但个人交易记录还是通过所谓"分布式分类账"广播到全网。以比特币为例，所有交易的记录大约每十分钟以"区块"的形式捆绑在一起，这些区块链接在一起形成区块链。加密货币在平衡用户匿名性和交易透明度方面所作的新颖尝试既具有吸引力，又是产生风险的根源。

加密货币的匿名性挑战了传统的全球反洗钱工作，这些工作重在对参与洗钱活动个人身份的识别。首先，匿名性使全球反洗钱治理机制中的对银行等金融公司的核心要求——"识别客户身份"不再有效。金融专业人员是通过识别客户的真实身份来履行反洗钱义务的。加密货币解决了反洗钱工作面临的传统问题，从对当事人的关注转变为对交易本身的关注。换

---

① LEO ZENG 加密数字货币的国际反洗钱机制研究[J]. 国际经济法学刊, 2019（4）: 38-47.

② STOKES R. Anti-Money Laundering Regulation and Emerging Payment Technologies[J]. Banking & Financial Services Policy Report, 2013, 32(5): 1-11.

句话说，加密货币对反洗钱工作提出了艰巨挑战，即如果金融专业人员无法识别客户身份，也就无法监视交易各方。其次，针对收受比特币者或以比特币交易的洗钱犯罪分子进行监管亦将面临困难。监管具有明显洗钱犯罪意图的人可避免由于监管所导致的反弹，但技术上仍需解决匿名交易问题。如无兑换法偿货币或个人标识信息可供追查，则执法上需投入巨大资源进行调查，但真正可抓获的洗钱犯罪分子只是少数。此外，如果一国严格执法，则洗钱犯罪分子可选择将账户藏匿于其他管制较为松散的国家，避开反洗钱监管，同时继续开展犯罪活动。对比特币收受者或洗钱犯罪分子进行全面监管，恐系较无效率的方法。

总的来说，加密货币的去中心化和匿名性共同构成反洗钱工作的重要理论挑战。政策制定者面临的挑战往往是在创新及稳定之间取得平衡。

（二）全球反洗钱治理的碎片化

加密货币的洗钱风险可能比想象中小很多。臭名昭著的在线交易平台"丝绸之路"最初仅接受比特币来交换非法商品和服务，这使公众认识到加密货币洗钱带来的危害。随后，互联网搜索引擎数据将比特币等加密货币与非法洗钱等活动关联在一起。虽然从理论上说，加密货币可以使洗钱犯罪分子更快、更便宜、更自由地转移非法资金，[1]但几乎没有证据支持这种非法活动实际上是通过加密货币进行的。[2]加密货币的发起人一直认为，将加密货币与洗钱活动关联在一起有失公正。部分官方研究也支持这种说法。例如，2015年《英国国家风险评估报告》（British National Risk Assessment）指出，由于只有少数案例研究得出了数字货币可用于洗钱的结论，因此与数字货币相关的洗钱风险较低。[3]

尽管如此，金融监管机构和执法部门仍然经常将加密货币在理论上的对

---

① BRYANS D. Bitcoin and money laundering: mining for an effective solution[J]. Indiana Law Journal, 2014 (89):441–472.

② 封思贤，丁佳. 数字加密货币交易活动中的洗钱风险：来源、证据与启示[J]. 国际金融研究，2019（7）：25–35.

③ National risk assessment of money laundering and terrorist financing 2020[EB/OL]. [2020-12-31]. https://www.gov.uk/government/publications/national-risk-assessment-of-money-laundering-and-terrorist-financing-2020.

全球反洗钱工作带来的挑战视作实际威胁。国际清算银行警告说，加密货币由于具有匿名性和全球性影响，可能会被非法利用。①同样，国际货币基金组织强调了加密货币是如何隐藏或掩盖资金的非法来源或受制裁的目的的，从而为洗钱大开方便之门的。②全球银行间金融电信协会（SWIFT）认为，加密货币是从事贩毒和洗钱活动的犯罪分子的工具。③美国众议院拨款委员会在 2014 年指出，比特币和其他形式的点对点数字货币是罪犯、恐怖分子或其他非法组织和个人非法洗钱和汇款的工具。④随着比特币和其他加密货币在在线市场上可购买的非法商品和服务的增多，政府间警察组织警告说，加密货币正被当作便利犯罪的工具，特别是用于"洗白"非法获得的利益。

尽管加密货币在洗钱方面的作用尚未得到证实，金融机构已经开始断绝与加密货币生态系统发生业务往来。保险公司避开了承保加密货币的业务，即使加密货币和交易所不断违约，急需保险公司承保。2014 年，英国汇丰银行终止了加密货币对冲基金业务，以避免洗钱丑闻的潜在影响。国际清算银行已注意到银行如何避免与加密货币中介直接接触，并因为感知到风险和法律或合规问题的不确定性而避免业务往来。大型跨国银行试图遏制反洗钱的合规费用进一步增长。美国摩根大通认为，除非能解决由谁负责的问题，否则，银行不会大胆地开展加密货币业务，这主要是因为反洗钱和"识别客户身份"规则方面的要求。

---

① COMMITTEE ON PAYMENTS AND MARKET INFRASTRUCTURES. Central bank digital currencies[EB/OL]. [2020-12-31]. https://www.bis.org/cpmi/publ/d174.htm.

② HE M D，Habermeier M K F，Leckow M R B，et al. Virtual currencies and beyond：initial considerations[EB/OL].[2016-1-20]. https://www.imf.org/en/Publications/Staff-Discussion-Notes/Issues/2016/12/31/Virtual-Currencies-and-Beyond-Initial-Considerations-43618.

③ VALCKE P，VANDEZANDE N，VAN DE VELDE N. The Evolution of Third Party Payment Providers and Cryptocurrencies Under the EU's Upcoming PSD2 and AMLD4[EB/OL]. [2020-1-20]. https://swiftinstitute.org/research/money-laundering-risks-facing-third-party-payment-providers-in-emerging-economies-and-the-counter-policies-measures/.

④ HOUSE COMMITTEE ON APPROPRIATIONS. Commerce, justice, science, and other related agencies appropriation bill[EB/OL]. [2020-1-20]. https://www.congress.gov/113/crpt/hrpt171/CRPT-113hrpt171.pdf.

第二节　主要国家和地区加密货币反洗钱法律实践

加密货币发展至今不过十几年的时间，早期加密货币所占市值相对实体经济而言尚不足以构成危害，因此，各国监管机构综合考虑加密货币经济体对实体经济的影响、监管成本和对创新的阻碍等因素，对加密货币的监管持观望态度。

然而，自 2017 年开始，加密货币讨论逐渐白热化，全球资金以前所未有的速度流入加密货币市场，随之而来的是若干违法行为逐渐出现，对全球经济体产生冲击，引起相关监管机构的注意。尽管加密货币的监管已成必然趋势，但目前各国讨论仍处于起步阶段，国际间可能连最基础的虚拟货币及加密货币性质的认定、加密货币应如何分类等问题都没有达成一致的看法。本书参考全球主要国家和地区相关监管机构研究报告或法规，归纳出各国虽无全然一致的看法，但都认定加密货币监管的首要任务是投资人保护与反洗钱。本书以加密货币规范较为完整的国家和地区，如美国、欧盟、日本、新加坡等为例，对加密货币反洗钱监管制度进行分析，为我国下一步修订监管措施提供借鉴。

一、美国的相关法律实践

（一）美国反洗钱法律框架体系

在洗钱防治立法框架方面，美国国会已通过多部反洗钱法律（见表 5-1）。《1970 年银行保密法》（Bank Secrecy Act 1970，BSA）是美国最早也是最重要的反洗钱法律。该法要求银行申报大额现金交易以及进行客户身份基本记录，并加强主管机构侦查与调查措施权能，对于不遵守者进行民事、刑事处罚。《1986 年洗钱控制法》（Money Laundering Control Act 1986）将洗钱犯罪提升到联邦犯罪层级，并明文规定以"促进或进行特定非法行为、掩饰或隐匿不法所得或是规避法令"为目的，而从事或故意从事交易、运送、传输、移转等洗钱行为者负有民事、刑事责任。《1988 年反毒品滥用法》增加没收违反《1970 年银行保密法》的交易所涉及任何财产以剥夺不法所得的制度，另外，更允许财政部使用地理区域目标令，要求特定目标区域的特定金融机构所提供低于 10 000 美元现金交易，需要提交报告。1992 年《Annunzio-Wylie 反洗钱法》（Annunzio-Wylie Anti-Money Laundering Act）则双管齐下，首先，财政部负有建立要求银行与非银行金融机构保存国际、国内汇款记录制度的责任，授权财政部有权要求任何金融机构及其雇员报告可疑交易。在私人金融机构防治洗钱措施方面，将金融机构及其雇员向交易者透露可疑活动报告列为非法行为，并辅以免除金融机构与雇员报告可疑交易民事责任的配套措施。其次，该法案还加重了金融机构参与洗钱的刑事责任，堪称大幅度修改了原有的反洗钱体系。《美国爱国者法案》，全名为《使用适当之手段来阻止或避免恐怖主义以团结并强化美国的法律》（Uniting and Strengthening America by Providing Appropriate Tools Required to Intercept and Obstruct Terrorism Act），要求金融机构必须遵循主管机关的命令，建立与政府间的秘密通信系统，对新开户进行客户身份管理以及将管辖触角延伸至非美国国民的相关往来银行账户。总之，完整的立法与巨细靡遗的法律规范建构了美国坚强的反洗钱体制。

表 5-1　美国重要反洗钱法律

相关反洗钱法律名称	主要内容
1970 年银行保密法	1. 大额交易报告； 2. 进行客户身份记录
1986 年洗钱控制法	以掩饰或隐匿不法所得或是规避法令为目的，而从事或故意从事交易、运送、传输、移转等洗钱行为者负有民事、刑事责任
1988 年反毒品滥用法	1. 没收违反《1970 年银行保密法》的交易所涉不法所得； 2. 地理区域标识风险
Annunzio-Wylie 反洗钱法	1. 指定财政部为权责机关； 2. 加重金融机构参与洗钱的刑事责任并要求保密
美国爱国者法案	1. 金融机构守法要求； 2. 管辖延伸至美国国民的往来银行账户

资料来源：美国金融犯罪执法网络《洗钱预防：金融服务商反洗钱指南》

（二）美国加密货币反洗钱法规

根据美国联邦法律的规定，给定的加密货币可能被认为是货币、证券或商品，因此，不同的监管规范之间会有叠加和重合适用的情况。特定的加密货币业务是否应履行反洗钱义务，取决于开展这些业务的机构是否属于美国《1970 年银行保密法》所规定的"金融机构"。作为联邦银行保密和反洗钱监管机构，金融犯罪执法网络已发布关于《1970 年银行保密法》的解释性指南和行政管理规定，确认其对加密货币服务业务（money service business）拥有管辖权。美国的一些州也开始考虑为加密货币建立监管框架。纽约金融服务管理局（New York Department of Financial Service，NYDFS）于 2013 年 8 月发布了有关虚拟货币的监管指南。[①]2014 年 7 月 17 日，纽约金融服务管理局发布的有关虚拟货币拟建监管框架公告，即加密货币许可，要求虚拟货币公司遵守一系列规则，包括"识别客户身份"等反洗钱规则。最终的加密货币许可监管框架规则已于 2015 年 6 月发布。

美国金融犯罪执法网络规定加密货币兑换业务应遵守反洗钱监管规定。2013 年 3 月 18 日，美国金融犯罪执法网络发布的指南规定，加密货币的"管理者"和把加密货币兑换为法定货币或其他加密货币的"兑换者"皆属于"货币传输者"（money transmitters），应全面遵守《1970 年银行保密法》和《Annunzio-Wylie 反洗钱法》的有关规定，比如要遵守可疑活动报告制度。[②]该指南进一步指出，货币传输者的定义没有区分法定货币和可兑换虚拟货币。美国金融犯罪执法网络澄清"管理者或者兑换者"是指：（1）接受和传递可兑换虚拟货币的人或机构；（2）购买或出售可兑换虚拟货币应当受到美国金融犯罪执法网络关于货币传输者规定的约束。但美国金融犯罪执法网络不认为"获得可兑换虚拟货币并用它来购买真实或虚拟商品的用户"是货币传输者，缺乏管

---

① DEPARTMENT OF FINANCIAL SERVICES. NY DFS Releases Proposed BitLicense Regulatory Framework for Virtual Currency Firms[EB/OL]. [2020-1-20]. https://www.dfs.ny.gov/reports_and_publications/press_releases/pr1407171.

② FINANCIAL CRIMES ENFORCEMENT NETWORK. Application of FinCEN's Regulations to Persons Administering, Exchanging, or Using Virtual Currencies[EB/OL]. [2020-1-20]. https://www.fincen.gov/resources/statutes-regulations/guidance/application-fincens-regulations-persons-administering.

理行为的货币服务者或者其他虚拟货币兑换行为也不是货币传输者。美国的一些判例肯定了这种观点，即虚拟货币是联邦法规意义上的"货币"或"资金"，禁止开展未经许可的转账业务。①

美国证券交易委员会是证券交易监管机构，发行人发行证券需要注册或者根据规定豁免注册。《证券法》关于"有价证券"的定义极为广泛。某些代币，包括那些传统股权利益或债务的有效数字，都属于证券法上的有价证券。其他代币是否可以认定为有价证券或非有价证券则不太容易。某种特定的安排是否可以归类为"投资合同"，并因此属于"有价证券"，则需要根据美国证券交易委员会数十年积累下的有关案例、指南等来判定。美国联邦最高法院在 Howey 案中，提出了判断是否构成投资契约而为有价证券的四个要件：（1）金钱投资；（2）投注于共同事业（common enterprise）；（3）投资人有获利的期待；（4）该获利来自他人的努力。② 在数次执法及公开演说后，美国证券交易委员会于 2019 年 4 月 3 日就首次代币发行是否构成投资契约，建立分析框架，认为 Howey 测试仍然适用于加密货币。尽管美国证券交易委员会执法行动和发言并非具有拘束力的规范文件，但仍有相当高的参考价值。

尽管成为证券发行人，并不意味着就是《1970 年银行保密法》定义的"金融机构"，但如果加密货币符合有关"有价证券"的定义，则需要履行证券法的有关义务。此外，如果首次代币发行中的代币被视为有价证券，代币发行人或其他卖方把代币传递给购买者的行为，属于《1934 年证券交易法》规定的经纪业务，因此需要注册为经纪交易商，并应履行《1970 年银行保密法》规定的义务。同样，如果加密货币被认定为有价证券，加密货币交易所可能充当交易商或作为经纪人，因此属于《1970 年银行保密法》规定的金融机构，不得豁免注册。

2014 年，美国商品期货交易委员会认为，加密货币可能属于《商品交易

---

① 有关内容参见下列案例。

United States v. Mansy，No. 2：15-cr-198-GZS(2017); United States v. Lord, No. 15-00240-01/02，(2017).

② Howey 案虽是在《1933 年证券法》的脉络中作成，美国联邦最高法院后续将此判断标准，延伸适用至《1934 年证券交易法》中。

法》所规定的"商品",因此美国商品期货交易委员会对加密货币作为基础资产的衍生品(期货、期权和掉期)具有管辖权。另外,美国商品期货交易委员会宣称有权追究加密货币涉嫌欺诈或操纵者的法律责任。

法律的生命在于实践,如何利用法律法规起诉洗钱行为才是真正值得重视的问题,美国的实践或许能够给我们以启示。2014 年,美国司法部援引了《1986 年洗钱控制法》,以协助和教唆无执照货币传输罪(money transmission),起诉了 Bitinstant 首席执行官查理·史莱姆(Charlie Shrem)。史莱姆最终被判两年监禁,在一定程度上震慑了利用加密货币洗钱的犯罪分子。2015 年,美国财政部下属机构美国金融犯罪执法网络在其首次涉及加密货币交易民事执法行动中,援引了《1970 年银行保密法》。总部位于旧金山的瑞波实验室(Ripple Labs)因在美国金融犯罪执法网络的指南颁布后的两年内未有效执行反洗钱计划,被罚款 700 000 美元。美国司法部还对个人经营的加密货币交易所 Coin.mx 提起了诉讼,该交易所使用信用合作社开展洗钱活动,以洗白通过勒索软件攻击获得的收益。

(三)美国纽约州"加密货币许可"制度

纽约金融服务管理局在 2014 年 7 月 17 日提出虚拟货币公司监管框架提案,于 2015 年初正式开始实施加密货币许可制度。该制度重点对从事虚拟货币商业活动主体的资质门槛、合规检查、业务开展、网络安全、反洗钱及消费者保护等事项进行了规定。该制度的主要内容有以下几点。(1)未获得本法规制定的监管机构所发放牌照的个人或者组织不得开展任何形式的虚拟货币商业活动。持照人不得行使纽约州《银行法》第 100 条中所规定的信托权利。持照人不得通过任何无牌照的中介或通过与无牌照的个人或组织签署中介协议的方式,开展虚拟货币商业活动。(2)合规要求:内容包括反欺诈、反洗钱、网络安全、隐私和信息安全等方面。(3)资本金要求:持照人须按照监管机构要求保持一定水平的资本金。(4)客户资产托管与保护:持照人须按照监管机构的要求持有一定美元担保债券或信托账户,以保障客户利益,且信托账户须由符合资质的托管人保管。(5)重大业务变化:持照人如推出或提供重大的新产品、新服务或新业务,或者对现有产品服务或业务进行重大变更,须事先获得监管机构的书面批准。(6)控制人变化与并购:持照人的控制人发生变化时，有意获得持照人控制权的个人或者组织须向监管机构提交申请材料并提供相关资料，获得书面许可后方可进行控制关系变更；兼并收购，有意与持照人进行兼并或有意收购持照人的个人或组织须向监管机构提交申请，获得书面许可后，方可开展兼并或收购活动。（7）记录保存：持照人应保存所有与虚拟货币商业活动相关的账簿和记录原件，至少保存 7 年。（8）检查：持照人至少每两年接受一次监管机构的检查。（9）财务报告和披露：持照人在每个财务季度结束时，需要向监管机构提交季度财务报告。（10）反洗钱措施：持照人须综合考虑业务、服务、客户、对手方和地理位置等因素，对自身的法律、合规、财务和声誉风险进行评估，并制订相应的反洗钱措施。（11）网络安全措施。（12）消费者保护。

应当说，纽约州的加密货币许可制度没有取得预想的结果。根据纽约金融服务管理局网站的统计，截至 2019 年，共有 19 家虚拟货币交易所申请比特币许可。申请获得许可的企业较少，可能是因为纽约州的加密货币许可制度设定的门槛较高，很少有企业能够符合申请条件。这种只有为数不多的企业获得许可的现实，足以证明加密货币许可制度并没有达到制度设计的初衷：鼓励创新企业在纽约州落户以及保护消费者。相反，由于加密货币业务具有跨国性特征，很多企业干脆转移到别的州甚至别的国家进行注册，直接架空了纽约的加密货币许可制度。同时，这从侧面也反映出加密货币监管需要全球协调的现实。

二、欧盟的相关法律实践

欧盟在反洗钱方面的主要依据是反洗钱指令。在洗钱防治与打击恐怖主义融资法律框架的建构方面，欧盟议会与欧盟理事会在 1990 年通过了第一个反洗钱指令，使监管机构要求义务主体对客户审查时有方法可依。此后，该指令经过几次修订，实现了降低反洗钱与反恐怖主义融资风险。为了纳入金融行动特别工作组的 40 项建议，2015 年，欧盟议会与欧盟理事会发布《第四项反洗钱指令》，2017 年 12 月，欧盟理事会确认，欧洲议会与欧盟理事会已经达成修正《第四项反洗钱指令》的共识。这一修订使托管钱包提供商和虚拟货币兑换平台纳入了《第四项反洗钱指令》规定的实体范围，它们有义务制定检查、预防、报告反洗钱和恐怖主义融资的政策和程序文件。然而，该修正案仅涵盖虚拟货币和法定货币之间的兑换问题，虚拟货币之间的相互兑换不属于《第四项反洗钱指令》的管辖范围。

2018 年 7 月 9 日，欧盟《第五项反洗钱指令》（5AMLD）正式生效，欧盟成员国需要在 2020 年 1 月 10 日之前将这些新规则纳入其国家立法，并尽早采取收紧措施。《第五项反洗钱指令》指出，鉴于虚拟货币仍然在欧盟法律管制之外，给予恐怖分子利用虚拟货币网络隐匿资金流或是受到匿名特性保护的机会，而认为监管机构应同时制定新的监管制度否则无法保障金融体系的健全与透明，反洗钱和反恐怖主义融资会出现漏洞。

欧盟议会与欧盟理事会在《第五项反洗钱指令》中提出的虚拟货币反洗钱手段，主要有以下四种。一是将虚拟货币与法定货币兑换服务提供者和托管钱包提供者（custodian wallet provider）纳入反洗钱义务实体（obligated entities）。二是采纳欧洲银行业管理局 2014 年的见解，把虚拟货币明确规定为"非由中央银行或公权力机构发行或保障，且无须与法定货币挂钩联动，但可被自然人或法人作为交易工具，且可以以电子方式移转、贮藏或交易价值之用的数字价值表征者"，把托管钱包提供者定义为"为客户提供私钥安全保护与虚拟货币储存与移转服务的机构"。三是要求成员国确保虚拟货币与法定货币兑换服务提供者与托管钱包提供者获得许可。四是要求从 2022 年开始往后每三年，欧盟委员会皆应向欧盟理事会提出本指令的执行报告。2022 年报告中提出，若有必要，应设立及维护金融情报机构可以利用的储存虚拟货币钱包使用者身份与钱包地址的中央资料库。

值得注意的是，全球反洗钱监管机构金融行动特别工作组将 2020 年 6 月定为目标日期，为需要许可和监管虚拟货币交易所和钱包供应商的国家推出新规则。新的金融行动特别工作组规则进一步加速欧盟成员国采用第五项和第六项反洗钱指令和虚拟货币条款。通过跟踪欧盟各地的新法规，虚拟货币实体和机构可以确保他们制订适当的合规计划，以保护其客户并能够承受任何监管审查。

三、亚太地区的相关法律实践

亚洲的监管规则差异甚至超过欧洲。例如，中国禁止加密货币的发行和兑换业务，而新加坡、日本等国则对加密货币交易所采取许可和监督制度。

（一）中国

2013 年 12 月 5 日，中国人民银行、工业和信息化部、中国银监会、中国证监会、中国保监会《关于防范比特币风险的通知》（以下简称《通知》）。这是我国首部专门规制加密货币洗钱风险的规范性文件。但该《通知》存在以下几点不足：一是没有从法律上对"加密货币"进行界定，只针对比特币进行了规范，不适用于以太币、莱特币等加密货币；二是法律层级效力较低，该《通知》在性质上是规范性文件，不属于部门规章，更不属于法律法规；三是对比特币风险的规制相对简单，只要求将"提供比特币登记、交易等服务的机构"纳入《中华人民共和国反洗钱法》第三十五条规定的"应当履行反洗钱义务的特定非金融机构"的范围，但对于提供比特币登记、教育等服务的机构如何履行反洗钱义务，如何对其进行监管等重要问题，缺乏系统、详细的规定。

2017 年，中国互联网金融风险专项整治工作领导小组要求关闭所有境内虚拟货币平台交易。同年 9 月 4 日，中国人民银行等七部门出台《关于防范代币发行融资风险的公告》（以下简称《公告》），严令叫停以首次代币发行融资为代表的代币发行融资。北京市金融工作局下设的北京市互联网金融风险专项整治工作领导小组办公室随即发文配合开展首次代币发行平台清理整顿工作，立即停止各类首次代币发行及其宣传推介活动。中国互联网金融协会于 2018 年 1 月 12 日发布《关于防范变相 ICO 活动的风险提示》，采取一系列监管措施，取缔相关商业存在，处置境内虚拟货币交易平台网站等。严防支付机构通道用于虚拟货币交易。中国人民银行营业管理部于 2018 年 1 月 17 日发布《关于开展为非法虚拟货币交易提供支付服务自查整改工作的通知》，严禁金融机构为虚拟货币交易提供服务，并采取有效措施防止利用支付通道进行虚拟货币交易。但我国对区块链技术本身则持开放态度。如中国人民银行发布的《中国金融业信息技术"十三五"发展规划》指出，要加强区块链基础技术研究，开展区块链技术在金融领域的应用研究，持续跟进金融科技发展趋势，适时开展新技术在金融业的试点应用，实现新技术对金融业务创新有力支撑和持续驱动。

（二）新加坡

作为新加坡金融监管机构和中央银行，新加坡金融管理局表示："由于交易的匿名性质以及交易的便捷性，首次代币发行容易沦为洗钱和恐怖分子融资的工具。"①新加坡金融管理局曾在2014年3月13日发布通告指出，虽然虚拟货币本身未受到监管，但虚拟货币的中介将受到反洗钱和反恐怖主义融资方面的监管。新加坡金融管理局还指出，一些数字代币因为不符合证券法关于证券的定义，因而新加坡金融管理局无权监管，但其仍要遵守反洗钱和反恐怖主义融资方面的法律。新加坡金融管理局特别强调了以下几点：（1）对于可疑交易，交易者有义务向可疑交易报告办公室和新加坡警察局的商业事务部报告；（2）根据《恐怖主义（制止提供资助）法》[Terrorism（Suppression of Financing）Act]和执行联合国安理会决议的各种法规，禁止与指定的个人和实体交易或向其提供金融服务。

另外，首次代币发行还需要遵守新加坡其他一些监管要求。一是代币发行者需要遵守《证券和期货法》（Securities and Futures Act）和《金融顾问法》（Financial Advisers Act）的许可要求。二是代币二级交易的平台也必须由新加坡金融管理局批准或认可，成为被批准的交易所或被认可的市场运营商。三是监管机构还宣布了一项新的支付服务框架的起草工作，该框架包括规避与加密货币交易或者兑换成法定货币或其他数字资产有关的洗钱和恐怖主义融资风险的规则。中介机构需要制定政策、程序和采取控制措施来应对此类风险。其中包括进行客户尽职调查、监督交易、交易筛查、报告可疑交易并保留记录等要求。

（三）日本

为加强反洗钱、反恐怖主义融资方面的联动保护，日本把虚拟货币交易

---

① MONETARY AUTHORITY OF SINGAPORE. MAS Clarifies Regulatory Position on the Offer on Digital Tokens in Singapore[EB/OL]. [2020-1-20]. https://www.mas.gov.sg/news/media-releases/2017/mas-clarifies-regulatory-position-on-the-offer-of-digital-tokens-in-singapore.

平台列为《犯罪收益转移防止法》（The Act on Prevention of Transfer of Criminal Proceeds）中的特定事业者，①纳入现有的成熟反洗钱、反恐怖主义融资规制体系，使其承担该法中规定由特定事业者承担的相应义务。包括交易时的确认义务、制作并保存确认记录和交易记录的义务、向当局申报可疑交易的义务、完善内控制度的义务等。

为应对内幕交易和反洗钱问题，除了依靠官方监管机构进行集中统一的行政监管，金融厅还认证了日本虚拟货币交易协会（Japan Virtual Currency Exchange Association）作为自律监管组织的身份。为促进加密资产的研究工作，日本于 2018 年 3 月成立了虚拟货币交易服务研究小组（Study Group on the Virtual Currency Exchange Services），该小组就加密资产交易服务提供商的准入要求、加密资产衍生品交易、投资类首次代币发行、托管服务等多个方面发布了研究报告。下一步，金融厅将依据报告内容向国会提交修法议案。

四、反洗钱法律实践评价

加密货币支付服务提供商应履行与法定货币支付服务提供商相同的义务，大多数司法管辖区已发布加密货币反洗钱方面的规则或指南，认为加密货币兑换为法定货币应遵守反洗钱规定。美国、欧盟、日本、中国、新加坡等国家和地区之间的监管规定也存在一些显著的差异，具体表现为：（1）对加密货币交易所是否有特殊许可要求；（2）反洗钱规则是否适用于管理者和钱包服务者；（3）首次代币发行是否适用证券法和反洗钱法；（4）加密货币之间的兑换与加密货币和法定货币之间的兑换的区别大小。在许多情况下，加密货币业务的监管要么是模棱两可的，要么仅适用于特殊情况，也可能受到将来修改法律法规的影响。

但是，由于加密货币去中心化的性质，国家之间监管措施的差异可能为加密货币运行企业监管套利提供了空间。首先，对于加密货币采取彻底禁止的做法，尽管有一定合理性，一定程度上可以减轻加密货币的洗钱风险，但

---

① 日本《犯罪收益转移防止法》是专门关于防止转移犯罪收益的法律，主要目的即是反洗钱和反恐怖融资，该法将金融机构和一些其他行业的经营者列为"特定事业者"，对其科以多项反洗钱和反恐怖融资义务。

也存在不少弊端。正如法学家卡维德·辛格（Kavid Singh）所指出的那样，重拳出击方法无法阻止使用加密货币进行洗钱和其他暗中进行的交易，更无法消除合法使用加密货币的情景，如便利移民汇款和向举报人付款。[①]其次，彻底禁止的方式，有可能降低加密货币的优势，如要求加密货币生态系统中关键节点（如交易所）集中化，以便与其他运营商和加密货币用户交易的时候符合反洗钱要求。如本章所述，对交易所和其他容易识别的机构进行监管面临的中心问题是，这类加密货币的运营者可以轻松地将其法律关系重心所在地（或密切联系地）迁移到监管较为宽松的地区或者反洗钱工作开展得较为不力的地区。例如，纽约州在颁布加密货币许可制度之后，就出现了先前一片欣欣向荣的加密货币产业逃离这种"不具创新友好型"的监管环境的现象。为了得到许可执照，企业必须进行"初始和年度风险评估，十年内所有交易的记录，可疑活动报告，客户识别程序，检查和合规性，年度内部或外部审核，并且没有规避的报告或混淆身份的行为"[②]。加密货币的运行企业可能因如此高的标准而进行监管套利，将活动转移到反洗钱法规"更宽松"、反洗钱工作"较弱"的地区。加密货币去中心化的性质意味着很难对此类交易施加限制。

　　与"力争下游"、放松监管标准相反，有些国家和地区提高了监管标准。一些司法管辖区试图为合法加密货币打造活动中心。自2014年以来，新加坡开始对虚拟货币交易所进行监管，要求验证客户身份并将可疑交易报告给可疑交易报告办公室（Suspicious Transaction Reporting Office）。英吉利海峡岛奥尔德尼（Alderney）已建立了一系列符合反洗钱要求的加密货币服务机构，试图成为领先的国际加密货币交易中心。但是，这种创建符合反洗钱要求的合法司法管辖区的努力却收效甚微，洗钱活动在其他司法管辖区仍普遍存在。

　　总之，由于区块链上创建的代币具有去中心化和加密的特性，使得人们难以跟踪交易及交易者。从理论上讲，任何能够连接到互联网和数字钱包的

---

① SINGH K. The New Wild West：Preventing Money Laundering in the Bitcoin Network[J]. Northwestern Journal of Technology and Intellectual Property，2015，13（1）：38-64.

② KIVIAT T I. Beyond Bitcoin：issues in regulating blockchain transactions[J]. Duke Law Journal，2015（65）：569-608.

人都可以参与代币销售活动。这就给洗钱或恐怖主义融资活动以及其他违法行为留下了空间。所以，有必要推进加密货币交易的全球监管，也有人呼吁建立加密货币交易全球反洗钱标准，但尚未出现这样的统一规则。

第三节　反洗钱金融行动特别工作组有关加密货币反洗钱的建议与措施

行业和国家层面治理的局限性促使人们开始探讨加密货币反洗钱的全球协调问题，以便在降低加密货币洗钱的风险的同时，更好地利用其优势，促进创新。由于加密货币通常是在线使用，而又不限于特定国家司法管辖区，因此只有在全球范围内采取协调一致的措施才能进行有效的监管。如果没有国家之间的相互支持，不可能在国际层面上有效监管加密货币。过去几十年，一系列新技术的出现带动了诸多全球集体行动，加密货币反洗钱治理便是其中之一。

有几个国际组织一直在尝试协调国家反洗钱法律和法规的标准，以及与加密货币监管相关的工作。联合国毒品和犯罪问题办公室（United Nations Office on Drugs and Crime，UNODC）在 2014 年发布了一份详细手册，以发现和扣押涉嫌洗钱的加密货币。欧洲安全和合作组织（Organization for Security and Cooperation in Europe，OSCE）一直在培训官员，以调查通过加密货币进行的洗钱活动。2015 年，国际证监会组织建立了一个"区块链行动小组"（blockchain taskforce）。而英联邦则召集了一个由十个成员组成的虚拟货币工作组（Working Group on Virtual Currencies），以协调反洗钱活动。同样，国际刑警组织（Interpol）和欧洲刑警组织（Europol）建立了联合伙伴关系，以协调警务活动，防止滥用加密货币进行犯罪交易和洗钱。[①]但是，在反洗钱国际协调方面，最为权威的还是政府间国际组织反洗钱金融行动特别工作组，本

---

① Europol. Europol – Interpol Cybercrime Conference Makes the Case for Greater Multisector Cooperation[EB/OL]. [2020-1-20]. https://www.europol.europa.eu/media-press/newsroom/news/europol-%E2%80%93-interpol-cybercrime-conference-makes-case-for-greater-multisector-cooperation.

节予以重点介绍。

一、反洗钱金融行动特别工作组的性质与职责

1988 年，联合国在维也纳召开会议，制定《联合国禁止非法贩运麻醉药品和精神药物公约》（即《维也纳公约》）要求缔约国立法处罚与毒品犯罪相关的洗钱行为。1989 年，七国集团在巴黎峰会上成立金融行动特别工作组，这是最为重要的政府间国际反洗钱组织。金融行动特别工作组的最初的目标是打击国际贩毒集团毒品交易的洗钱行为，嗣后，洗钱定义逐渐扩大，不再以毒品交易为限，涵盖所有从事不法活动的个人或团体为掩盖不法来源、将不法所得转化成合法来源的行为。2001 年 10 月，金融行动特别工作组增加了打击恐怖分子融资的使命。简言之，金融行动特别工作组是一个致力于制定、推广以及有效执行"打击洗钱、恐怖主义融资或其他对全球金融系统整体威胁"的相关法律、规则和手段的组织。[①]

1989 年，金融行动特别工作组成立的时候提出的 40 条建议（反洗钱金融行动特别工作组《反洗钱 40 条建议》），历经 1996 年、2001 年、2003 年以及 2012 年四次修改，已成为国际上打击洗钱及恐怖主义融资的最高标准，其中，2001 年美国"9·11"事件之后提出的 9 项建议，被广泛认为是统一全球反洗钱方式的关键标准。[②]金融行动特别工作组的职责尚有监督组织成员实行必要措施、研究反洗钱及反恐怖主义融资相关措施以及推广实行正确措施至全球。通过与国际间其他利害关系人合作，金融行动特别工作组也负责标示特定国家层级的漏洞，以达到保护国际金融系统不被滥用的目的。金融行动特别工作组核心文件通常被称为金融行动特别工作组标准（FATF standards），包含 2012 年的 40 条建议、2013 年评估合规性方法（methodology for assessing compliance of 2013）以及各最佳实践指南（best practice guidelines）。

---

① 参见 FATF 网站：http://www.fatf-gafi.org/about/.

② CHOO K-K R. Cryptocurrency and virtual currency：Corruption and money laundering/terrorism financing risks?[M]//Handbook of digital currency：Bitcoin，innovation，financial instruments，and big data. Amsterdam: Academic Press, 2015.

金融行动特别工作组总部设在法国巴黎，截至 2019 年，由 38 个成员国和 23 个观察员组成。另外，金融行动特别工作组与 9 个反洗钱区域性组织（FATF-style Regional Bodies，FSRBs）密切合作，也建立了亚太反洗钱组织（Asia/Pacific Group on Money Laundering，APG）。1997 年，亚太反洗钱组织在泰国曼谷成立，截至 2021 年，其规模已由 13 个原始成员扩大到 41 个成员，并得到许多重要国际组织的支持，如亚洲开发银行、亚太经合组织、艾格蒙联盟（Egmount Group）、欧盟委员会、国际货币基金组织、世界银行等。

二、反洗钱金融行动特别工作组《反洗钱 40 条建议》的主要内容

（一）FATF《反洗钱 40 条建议》概述

鉴于每个成员国司法与行政运行体系都不尽相同，金融行动特别工作组《反洗钱 40 条建议》采取框架形式设立国际标准，成员国再以与自身相符的方法纳入国内法规。成员国需要达到有效事前指认风险的目标、建立相关政策与合作机制、建立权责相当的适当主管机构（如调查、执法与监督机构）、事中持续针对金融机构及其他相关机构实施防范措施、透明化法人与法律上安排的实质受益人，并且在洗钱或者恐怖主义融资发生时必须进行追查。值得注意的是，2012 年新版《反洗钱 40 条建议》特别强调以往所没有的"以风险为基础的方法"（risk-based approach），且以此概念贯穿整部建议。具体而言，义务主体必须指认、评估与了解国内洗钱、恐怖主义融资风险，并针对风险有所行动，如指定适合的专门机构与依照风险高低分配资源，直到风险有效降低为止。

架构方面，2012 年的《反洗钱 40 条建议》总共分为 A～G 七大部分，依序为反洗钱/反恐政策与协调、洗钱犯罪与没收、资助恐怖主义武器扩张、预防性措施、法人与法律合意受益者与透明度、主管机构权责与其他机构措施以及国际合作。

（二）《反洗钱 40 条建议》下的重要预防措施

《反洗钱 40 条建议》中，包含第 9～22 条建议的 D 大项"预防性措施"

（preventive measures）详细规定了客户尽职调查与记录保存以及申报可疑交易应注意的事项与步骤，此预防性措施的应用对于上述讨论的加密货币基本特征具有本质上不相容的可能性，也是本书探讨的重点所在，以下分别进行简述。

1. 客户尽职调查

第 10 条建议规定了客户尽职调查（Customer Due Diligence，CDD）或称"识别客户身份"的原则、时点、程序及其他重要事项。

本条严格禁止金融机构受理匿名或是明显捏造假名的客户的服务请求。金融机构在特定时间点，例如与客户建立业务关系时、客户临时有超过一定金额（15 000 美元或者欧元）交易时、有疑似洗钱或者恐怖主义融资迹象时、金融机构对客户先前使用的身份证明产生疑虑时，应按照本条第 4 段所规定的流程，以风险为基础，先行验证客户证件是否具有独立性且可信赖，借以辨认客户。同时，也须利用合理方法辨认受益人（beneficial ownership），若客户为法人或是其他法律安排（如信托等），金融机构也必须了解其背后的所有权与控制权结构。

辨认客户后，应适当了解客户与金融机构建立关系的动机与目的。本条也要求金融机构在与客户业务关系存续期间持续进行尽职调查，以确保金融机构所执行的交易与风险评估和客户尽职调查结果一致。本条第 3 段强制要求成员国以合适的方法将金融机构客户尽职调查原则纳入法律规范。成员国应要求金融机构构建客户尽职调查程序，尽职调查原则上必须在客户双方业务关系成立前或期间完成，仅在成员国认为风险已受有效管理或者客户尽职调查可能影响正常商业运行的情况下，可以在业务关系建立后完成。若非以上例外情形而未于业务关系开始前完成尽职调查，金融机构应拒绝或终止开户、建立业务关系或进行交易，并且考虑申报可疑交易。

2. 记录保存

第 11 条则是关于记录保存（record keeping）的规定，金融机构应保存交易记录与通过客户尽职调查措施获得的资料记录。同时，本条亦要求成员国应履行法律规定的记录保存义务。金融机构必须在监管机构要求时，顺利提供信息。这些信息必须足以重现每一笔交易的实际情况，以便在必要起诉时，提供认定犯罪所需的证据。金融机构应在业务关系终止后，或者在偶然性交易之日起至少五年内，继续保存通过客户尽职调查措施获得的所有记录、账户档案与业务往来信件，以及关于前述相关结论的分析。

3. 可疑交易报告

建议第 20 条是"可疑交易报告"的规定。若金融机构怀疑或有合理理由怀疑资金为犯罪收益，或与恐怖主义融资有关，金融机构应当依据法律要求，立即向"金融情报中心报告"。除此以外，第 21 条是"泄密与保密"的规定，金融机构及其董事、管理人员和受雇人应遵循下列规范：在依法报告可疑交易时，即使无法确定是何种犯罪以及犯罪活动是否真的发生，均应受到法律保护，不会因为未关于信息公开方面的遵守契约、法律、法规或行政规定，而承担民事或者刑事责任。向金融情报中心报告的可疑交易或者相关信息的事实依法禁止向外界泄露。

4. 透明度与实质受益人公开

建议第 24 条"透明度与法人的实质受益人"规定：各国应当采取防止法人被洗钱和恐怖主义融资活动滥用的措施，应确保监管机构可以及时掌握或获得法人受益所有权和控制权的完整准确信息。特别是在允许法人发行不记名股票或不记名受益权证时，以及允许名义股东和名义董事存在的国家，应采取有效措施，确保此类法人不被洗钱和恐怖主义融资活动所利用。各国应考虑采取措施，使金融机构和特定非金融行业和职业可以便利地获取建议第10 条、第 22 条要求的受益所有权及控制权信息。

建议第 25 条"透明度与法律安排的实质受益人"规定：各国应当确保监管机构能及时掌握或获得关于"明示信托"（express trust）的完整准确信息。各国应当考虑采取措施，使金融机构和特定非金融行业和职业获取建议第 10条、第 22 条要求的受益所有权及控制权信息。

三、反洗钱金融行动特别工作组针对加密货币洗钱采取的主要措施

（一）金融行动特别工作组加密货币反洗钱制度的内容

除了《反洗钱 40 条建议》，金融行动特别工作组还专门针对防治虚拟

货币洗钱发布了两份报告，^①分别为 2014 年的《虚拟货币：关键定义及潜在反洗钱/反恐怖主义融资风险报告》^②（Virtual currencies: key definitions and potential AML/CFT Risks: FATF Report，以下简称《2014 年报告》）以及 2015 年的《以风险为基础的虚拟货币指南》^③（Guidance for a Risk-based Approach Virtual Currencies，以下简称《2015 年指南》）。金融行动特别工作组利用这两个文件将《反洗钱 40 条建议》直接适用于虚拟货币，以可转换虚拟货币为监管对象，不论其为中心化或者去中心化，并特别说明监管聚焦于虚拟货币支付产品与服务。对于受监管的实体，金融行动特别工作组明文表示"涉及与法定货币兑换的交易所"，作为虚拟货币通往受监管实体经济的闸门，应受到监管。在义务内容方面，《2015 年指南》指出，成员国以及成员国内受监管实体有所不同。前者在此指南下需建立注册与许可制度、确认交易所受监管以及制定相关刑事、民事与行政处罚规则；后者则应以风险为基础，执行客户调查、大额可疑交易报告与记录保存。

《2015 年指南》是把基于风险的方法（risk based approach）适用于加密货币反洗钱及反恐怖主义融资的国际规则。这些自愿的、无约束力的建议强调用"基于风险的方法"，采用与风险识别相称的预防性措施。与更统一的"基于规则的方法"（rule based approach）不同，"基于风险的方法"为国家监管机构实施措施提供了很大的自由裁量权，以实现减少利用加密货币洗钱的共同目标。^④这种更加灵活和分散的，结合论坛进行相互学习和评估，以"网格化"和"实验主义"为表现形式的治理方式，在当代全球

---

① 尽管这两份报告使用的术语为"虚拟货币"，但它指的是广义的虚拟货币，包括加密货币。为了与原文件保持一致，本书写作中使用了虚拟货币的译法。

② FINANCIAL ACTION TASK FORCE. Virtual Currencies：Key Definitions and Potential AML/CFT Risks[EB/OL]. [2020-12-30]. https://www.fatf-gafi.org/en/publications/Methodsandtrends/ Virtual-currency-definitions-aml-cft-risk.html.

③ FINANCIAL ACTION TASK FORCE. Guidance for a risk-based approach to virtual currencies [EB/OL]. [2020-12-30]. https://www.fatf-gafi.org/en/publications/Fatfgeneral/Guidance-rba-virtual-currencies. html#:~:text=Guidance%20for%0a%20Risk-based%20approach%20to%20virtual%20currencies,and%2 For%20business%20models%20and%20in%20legacy%20legal%20frameworks.

④ AMICELLE A. Towards a "new" political anatomy of financial surveillance[J]. Security Dialogue, 2011, 42(2): 161－178.

加密货币治理中得到了更广泛的认可。

金融行动特别工作组《反洗钱 40 条建议》及其"基于风险的方法"已应用于加密货币。金融行动特别工作组对加密货币生态系统的关注是比较晚的，在比特币出现后的第五年才开始关注其洗钱问题。2013 年，一份报告评估了基于互联网的支付系统。①随后，《2014 年报告》指出了加密货币合法化的可能，也认识到加密货币复杂和分散的技术基础架构如何涉及跨司法管辖区的实体，这些实体可能没有足够的能力履行反洗钱和反恐主义融资义务。《2014 年报告》还强调，在完全不属于任何特定国家管辖的数字世界中，尚不清楚谁来负责加密货币生态系统反洗钱和反恐怖主义融资合规以及监督或者执行工作。正是因为治理机制的缺乏，金融行动特别工作组才介入加密货币生态系统反洗钱工作中来。《2015 年指南》的目的在于帮助市场参与者识别和应对加密货币的洗钱威胁，以及协助国家主管部门制定和建立标准的法律和监管框架，以支持全球反洗钱工作。

为了减轻加密货币可能带来的洗钱风险，金融行动特别工作组指南主要依靠两个支柱来推进全球反洗钱工作。首先，金融行动特别工作组建议国家主管部门建立协调机制，积极主动共享信息，以更深入地了解加密货币生态系统的反洗钱风险。其次，"基于风险的方法"建议国家主管部门对最有可能用于洗钱的特定"节点"以及与受监管的法定货币金融体系有往来的业务活动进行监管。金融行动特别工作组不是建议监管加密货币的生产者和个人用户，而是建议国家对洗钱风险最高的机构进行监管，因为它们负责发送、接收和存储加密货币。

（二）金融行动特别工作组加密货币反洗钱规范的评价

金融行动特别工作组及其非强制性建议一直是学界争议的焦点。有评论认为，金融行动特别工作组在反洗钱方面过于软弱，很大程度上只具有象征

---

① FINANCIAL ACTION TASK FORCE. Guidance for a Risk-Based Approach to Prepaid Cards, Mobile Payments and Internet-Based Payment Services[EB/OL]. [2020-12-30]. https://www.fatf-gafi.org/en/ publications/Fatfrecommendations/Rba-npps-2013.html.

意义，"没有采取任何措施限制资本的自由流动"。①其他学者则认为，这一政府间组织在全球范围内促使很多国家和非国家行为者在不诉诸强制性正式法律的情况下，优先考虑反洗钱工作，从这个角度看，它是成功的。②因此，现有的关于金融行动特别工作组的有效性分析主要限于两个方面：一是强调它在反洗钱标准化方面取得的成功；二是强调金融行动特别工作组在防治洗钱方面取得的成功。

本书试图从不同的角度评价金融行动特别工作组的有效性：在减少反洗钱面临的潜在挑战的同时，金融行动特别工作组还做了大量卓有成效的工作。这种对有效性的理解是基于两方面的考虑。第一，由于《2015 年指南》的内容转化为国家和地区法规的过程相当缓慢，目前很难评估使各种反洗钱工作标准化的努力是否成功。第二，目前重要的是要考虑金融行动特别工作组在推动全球反洗钱工作时，是否也可以利用区块链技术。

毫不奇怪，对于将金融行动特别工作组现有的反洗钱标准扩展并适用于加密货币生态系统，加密货币的支持者是极力反对的。行业支持者坚持认为，这样做将再次导致加密货币业务转向那些尚未被有效监管的非法金融系统。例如，数字金融研究院（Digital Finance Institute）之类的机构认为，金融行动特别工作组倡导的"监管或关闭"方法不仅会使加密货币生态系统的一部分转入非法的"地下世界"，而且会使金融机构由于对反洗钱合规成本的担忧，因此避免与加密货币运营商发生业务联系。③但这种因为反洗钱合规成本较高而放弃介入加密货币业务的做法，有可能导致忽略加密货币潜在的收益。

对于金融行动特别工作组"基于风险的方法"，本书提出三点批评意见。

---

① FINANCIAL ACTION TASK FORCE. Guidance for a Risk-Based Approach to Virtual Currencies [EB/OL]. [2020-12-30]. https://www.fatf-gafi.org/en/publications/Fatfgeneral/Guidance-rba-virtual-currencies.html.

② JACOBI A P. The FATF as the central promoter of the anti-money laundering regime[M]// Securitization, Accountability and Risk Management: Transforming the Public Security Domain. London: Routledge, 2012.

③ TSINGOU E. Global financial governance and the developing anti-money laundering regime: What lessons for International Political Economy?[J]. International Politics , 2010, 47(6), 617–637.

首先,金融行动特别工作组使得全球反洗钱治理高度依赖市场参与者。[1]《2015年指南》建议各国要求金融和非金融公司在开展加密货币业务时,评估洗钱的风险。确实,《反洗钱40条建议》第1条主张市场参与者"优化用于可靠地识别和验证客户的技术流程",并采取有效措施降低洗钱和恐怖主义融资的风险,包括加密货币在支付过程中的相关风险。金融行动特别工作组还呼吁行业协会"为成员制定政策,允许它们将特定交易标识出来:已经进行了适当的客户尽职调查并受到适当监控的交易"。这一着重强调市场主动性的举措,忽略了依赖行业提供的数据所产生的问题,以及监管机构在实质上和精神上被行业"捕获"的可能性。自上而下的促进行业合作的尝试被去中心化的加密货币社区拒绝了,包括区块链联盟(Blockchain Alliance)领导层,该组织由16家加密货币服务提供商和七家美国监管机构组成。金融行动特别工作组试图证明依靠市场解决方案的合理性,认为围绕中心地点或实体进行的调查,破坏了国家使用有效的、劝阻性的制裁的能力,并且对执法部门追踪非法收益的能力提出了重大挑战。[2]显然,金融行动特别工作组认识到了此类困难,它建议国家主管部门对此类挑战进行评估,以便找出潜在的差距并采取"许可和注册",以及满足客户识别、验证和记录保存要求。简而言之,"基于风险的方法"往往忽略依赖行业解决方案所带来的风险。

其次,金融行动特别工作组《2015年指南》过于依赖基于技术的解决方案。《2015年指南》建议,如果市场参与者开发提供客户识别信息的应用程序编程接口(API)或第三方数字身份系统,监管机构应予以规范。一系列新的技术创新造成了加密货币用户和监管者之间的技术竞赛,应全力遏制新技术带来的洗钱潜力。

最后,过于关注加密货币交易所的风险,忽略了加密货币生态系统中风险较低但很重要的参与者带来的风险。重点关注"节点"的风险,忽略了加

---

① AMICELLE A. Towards a "new" political anatomy of financial surveillance[J]. Security Dialogue, 2011, 42(2): 161–178.

② FINANCIAL ACTION TASK FORCE. Guidance for a Risk-Based Approach to Virtual Currencies [EB/OL]. [2020-12-30]. https://www.fatf-gafi.org/en/publications/Fatfgeneral/Guidance-rba-virtual-currencies. html.

密货币生态系统其他参与者所带来的的洗钱风险。例如，对于交易所的狭义定义，忽略了加密货币的生产者——"矿工"，因为"矿工"也可能是促成洗钱的关键"节点"。尽管"采矿"过程确实并非天生就暗含了洗钱问题，对"矿工"来说，验证欺诈性交易获得的可观的交易费，可能引发其犯罪行为。还有其他一些风险因素，比如，加密货币钱包提供商，金融行动特别工作组并没有给予关注。

尽管存在上述这些缺点，但金融行动特别工作组的创始人和主要支持者——七国集团，仍然支持该政府间组织的尝试，以弥补打击区块链技术犯罪法律的不一致和不完全性。与其他国际监管机构在反洗钱方面还处于研究阶段相比，尽管基于风险的建议性指南不具有约束力、不对违规行为进行惩罚，但它确实为不同司法管辖区提供了灵活的解决方案。

第四节　构建中国加密货币反洗钱制度的思考

加密货币的诞生，区块链技术的普及，给传统互联网插上了价值传递的翅膀，让互联网的信用得到了提升。加密货币已经从相对小众的投资工具成为具有全球影响力的资产工具。加密货币因其匿名性和跨国性，也可能被犯罪分子用作洗钱和恐怖主义融资的工具。例如，在"丝绸之路"购买违禁品，犯罪分子利用加密货币通过多种方法来洗钱。尽管采用了相同的三阶段反洗钱程序，但匿名性和关于加密货币的全球监管标准不统一为洗钱提供了空间。洗钱是一个全球性问题，而加密货币洗钱问题无疑更加复杂。此外，本书研究了首次代币发行和加密货币交易所也可以用于资金转移，甚至可从一种货币转移到另一种货币。可以说，加密货币为洗钱和恐怖主义融资犯罪活动的开展提供了一条捷径。对此，世界各国只有通力合作，统一监管标准，才能有效预防和制止利用加密货币洗钱和恐怖主义融资行为。

对于中国来说，尽管现在采取了彻底禁止加密货币活动的策略，一定程度上降低了加密货币洗钱的风险，但是这种策略并非一定能取得预期的效果，且存在遏制创新的风险。从长远来看，中国还是需要研究加密货币的反洗钱监管问题。鉴于此，本书提出以下几条完善中国加密货币反洗钱监管制度的建议。

一、建立具有中国特色的监管沙盒机制

监管沙盒可以被界定为允许创新者在暂时免除遵循一部分或者所有法律要求的环境下，测试其产品或业务模型的一系列规则的总和。相应地，这些创新者的行为通常要受到限制，如客户数量控制或风险敞口控制，并受到严格的监管。监管沙盒制度旨在使监管机构和受监管者互惠互利，前者希望达到激发创新和建立法律框架的目的，后者希望减少法律法规方面的不确定性。目前，监管沙盒主要应用在金融科技领域。沙盒作为一种监管工具，可将创新产品更快地推向市场，同时维护公众利益，使其不受到损害。金融科技本质上为新兴科技与金融服务的融合，在建构监管制度时，如能采用以监管中立原则为基础的监管模式，避免过度抑制创新科技发展，同时平衡保护金融消费者及建立监管机制，是政府监管政策的核心问题。例如，对客户洗钱进行审查，平衡市场效率与监管效果。

监管沙盒本质上是一种有条件、有限度、有控制的放松监管，是在金融创新特别是金融科技这个轮廓尚不清晰、规则尚待生成的领域，更好地平衡创新与监管、创新与规范、创新与风险之间的关系，是一种基于原则而非规则的适应性监管。[1]就监管理念而言，监管沙盒较之传统监管方法更注重被监管者的主观能动性，着眼于在监管者与被监管者之间建立良好有效的沟通、合作机制和互动关系，在很大程度上体现了从被动监管向合作监管的转变。[2]

该制度由英国于 2015 年首次提出，并在 2016 年批准了第一个沙盒化金融科技服务项目。[3]英国的框架允许创新者在轻度但明确的监管环境下，在特定的时间段内测试新技术。该制度已迅速传播到其他司法管辖区。瑞士金融市场监管局已为创新公司颁发了一种新的许可类别，其中包括免许可证的

① 廖凡. 论金融科技的包容审慎监管[J]. 中外法学，2019（3）：797-816.

② 张红. 监管沙盒及与我国行政法体系的兼容[J]. 浙江学刊，2018（1）：77-86.

③ FINANCIAL CONDUCT AUTHORITY. Regulatory Sandbox[EB/OL].[2020-12-30]. https://www.fca.org.uk/firms/innovation/regulatory-sandbox.

沙盒。①新加坡也建立了监管沙盒制度。加拿大证券管理局（Canadian Securities Administration）已提出监管沙盒计划。澳大利亚最近成立了一个区块链技术研究中心，并计划推出监管沙盒，以允许公司进行产品测试。2019年12月5日，中国人民银行官网公告称，为落实《金融科技（FinTech）发展规划（2019—2021年）》，按照《国务院关于全面推进北京市服务业扩大开放综合试点工作方案》，支持在北京市率先开展金融科技创新监管试点，探索构建符合我国国情、与国际接轨的金融科技创新监管体系。同日，北京市地方金融监督管理局也发布消息称，将在中央银行的指导和支持下，在全国率先启动金融科技创新监管试点，探索构建包容审慎的中国版"监管沙盒"。因此，可以说，我国把监管沙盒制度延伸至加密货币反洗钱监管领域的时机已经成熟。

二、制定加密货币反洗钱制度规范

尽管加密货币尚处于初期发展阶段，但许多司法管辖区已经制定了一些新的法规。这固然代表了一种渐进的、创新友好型监管策略，也有过早监管的风险。从长远来看，因为技术在不断发展，这种过早立法可能确实具有负面影响，可能需要不断修改立法。此外，正如沃奇（Walch）所指出的，与区块链有关的术语仍未完全确定，这也可能导致立法实施过于复杂。②

立法可以实现法律上的确定性，但过于详尽的规则可能给此领域的运营商带来负担，也可能扼杀创新，并给执法机构带来一些难题，有强迫执行他们不知道的规则的嫌疑。当然，随着技术发展的成熟，立法将变得越来越有必要。面对新技术的出现，对于监管机构而言，确定何时立法并不是件轻而易举的事。确实不应该过早立法，以免扼杀创新；但也不能过于迟缓，使消费者得不到保护，给金融体系带来风险。随着时间的流逝和术语标准的确立，立法将变得更加容易。值得注意的是，国际标准化组织（International Standards

---

① FINMA. FINMA reduces obstacles to FinTech[EB/OL].[2020-12-30]. https://www.finma.ch/en/rss/news/~/link.aspx?_id=A83BD97EC27A4E588F1343DF5D50484D&_z=z.

② WALCH A. The path of the blockchain lexicon（and the law）[J]. Review of Banking and Financial Law，2017（36）：713–765.

Organization，ISO）已经着手制定分布式账本技术和兼容性标准，可能会解决其中某些技术和术语上的困难。

就我国而言，现在采取的是对加密货币彻底禁止的方式。这种方式尽管可以降低我国公民使用加密货币的风险及其对金融稳定的威胁，在一定程度上可以防范不法分子利用加密货币平台进行洗钱和非法集资犯罪的风险，但考虑到加密货币具有全球分布性质及点对点交易的特征，彻底禁止的做法无法完全消除加密货币的洗钱风险。不仅如此，这种"一刀切"的简单做法，将限制区块链技术在我国的发展，使我国失去一次利用新技术取得爆发式发展以及进一步研究加密货币反洗钱监管问题的机会。所以，我国有必要研究和借鉴国际上加密货币反洗钱监管的具体制度和做法，以满足我国的监管需要。

因此，我国可合理借鉴美国纽约州的模式，以现行《中华人民共和国反洗钱法》《支付机构反洗钱和反恐怖融资管理办法》《非银行支付机构网络支付业务管理办法》等反洗钱和反恐怖主义融资法律、法规和规章为基础，制定专门的具有部门规章性质的《加密货币监督管理办法》。从加密货币的定义、牌照申请、合规要求、资本金要求、客户资产托管与保护、重大业务变化、控制人变化与并购、记录保存与检查、财务报告与披露、反洗钱措施、网络安全措施、广告与营销、消费者保护等方面，对加密货币的监管机制作出全面规定，以加强对加密货币的监管和指引，在充分发挥加密货币优势的同时，防范包括洗钱在内的风险。

三、加强客户尽职调查工作

客户尽职调查的目的是全面了解客户，以便对客户进行风险评级，并确定客户可能进行洗钱或资助恐怖主义融资的风险程度。监管机构可以要求加密货币交易所以及将加密货币转换为法定货币的金融机构加强客户尽职调查工作，要求在确认其真实身份之前，不得与其建立客户关系。但是，由于加密货币交易去中心化和跨越国界的性质，如何取得跨境的其他加密货币交易所与金融机构的资料，以有效监控并评估风险，区分合法交易与洗钱犯罪行为，是监管技术工作中亟待解决的问题。

由于加密货币市场的特殊性，金融机构可以考虑加大尽职调查力度。金融机构还应当找到适合特定加密货币市场的监管方法，并加强对员工的培训。确认客户的身份、管辖权和交易的目的对于实施反洗钱计划是必不可少的。由于加密货币在这些方面都存在固有的挑战，金融机构必须确保其政策和程序能够实施，并在加密货币环境下发挥这些核心功能。

四、注重监管科技在反洗钱中的应用

监管科技（regtech）正在取代旧的监管工具成为新的监管媒介。在经历此转换的过程中，监管机构的监管模式为跟上金融科技的发展及监管工具的更新，就需从旧的赋权式监管模式（empowering regulation）转变为新形态的赋能式监管模式（enabling regulation）。金融科技赋能可以运用科技超越人类极限，做过去无法完成的事情。加密货币因其性质已经难以单纯利用旧的赋权式监管模式进行监管，确认客户身份的相关法律规范及制定信息安全标准仅能监管加密货币兑换机构。如果用户通过非本国核准的加密货币兑换机构，如利用场外交易平台或外国加密货币兑换机构进行交易，则会因为不在监管范围内而出现监管漏洞。

加密货币反洗钱监管也需要利用监管科技。加密货币是一种技术性较强的资产转移工具，相应地，其监管也应当更多地采用监管科技。诸如门罗币（Monero）和零币（Zcash）之类的加密货币在设计上具有一定的匿名性，用户可以像使用现金一样收受此类加密货币。毫不奇怪，犯罪分子也意识到可以将加密货币用于包括洗钱在内的非法活动。但是，随着技术的发展，加密货币的流转轨迹完全有可能被刻画出来，从而判定是否存在洗钱行为，以及洗钱的具体方式。国外有研究证实，门罗币的代码存在一定的缺陷：2017 年2 月之前进行的所有交易信息都可以单独提取。而且，如果修改代码，隐私级别就可能降低。[1]因此，那种认为门罗币之类加密货币绝对安全的观点是错误的。我们可以通过分析资金的流动模式，将个人与特定活动联系起来，并

---

[1] CHERTOFF M. A public policy perspective of the Dark Web[J]. Journal of Cyber Policy，2017，2（1）：26−38.

作为证据用于起诉洗钱活动。

五、与各国监管机构合作共享数据

加密货币洗钱通常是跨国犯罪，加强国际合作将有利于降低洗钱犯罪比率。由于洗钱的手段一直在变化，各国如能了解其他国家正调查的洗钱犯罪行为，对于各国主管机关而言，同样极具参考价值。例如，二十国集团（G20）与金融稳定理事会持续关注银行外汇方面的洗钱工作与"识别客户身份"的适用问题，监管机构如能持续参与这项工作，与他国分享反洗钱的信息与经验，可能有助于降低反洗钱工作和相关的执法成本。另外，随着某些洗钱手段越来越复杂，执法部门只有协调努力，才能有效打击洗钱行为。尤其是对于加密货币来说，由于去中心化的性质，参与者可能分布在多个国家，更需要进行监管合作。例如，2018 年初，国际刑警组织和欧洲刑警组织共同举办了一场加密货币研讨会，讨论如何采取措施来打击滥用加密货币的行为。

各国监管机构首先需要建立统一的监管政策标准。前面的研究表明，各国对加密货币采取了不同的监管态度，有的国家采取彻底禁止的方式，有的国家则鼓励加密货币发展。由于加密货币去中心化和天然的跨国性，采取彻底禁止方式的国家也并不能够把加密货币洗钱等犯罪活动拒之国门外。不仅如此，监管标准的不统一还创造了监管套利的空间，增加了监管的不确定性和监管负担。所以，有必要逐渐统一加密货币的监管标准。

第六章　中央银行数字货币的法律问题

迄今为止，加密货币市场的发展在很大程度上仍然局限在私人部门，因为，在自由主义思想观念的驱动下，加密货币理论界强调私人部门在货币创造中的重要性，而对国家干预经济则持怀疑的态度，并对中央银行的地位也产生了怀疑。原则上，私人加密货币的创造不受阻碍，但在没有中央银行存在、不受国家信用支持的情况下，私人加密货币很难被广泛应用。面对私人加密货币的挑战，世界众多国家的中央银行开始探索利用分布式账本技术发行中央银行数字货币，以确保自己不在数字经济竞赛中出局。2019 年 6 月，美国科技巨头脸书发布白皮书，于 2020 年推出新的全球数字货币天秤币，这引发了各界的广泛热议，也加快了我国推进人民币法定数字化的步伐。中央银行数字货币作为加密货币发展的高级阶段或者另一种全新的加密货币，有众多的问题需要探讨。本章主要从经济层面分析中央银行发行数字货币的原因、影响以及技术选择，从法律层面探讨中央银行发行数字货币的设计、面临的问题并提出对策建议。

第一节　中央银行发行数字货币的特征及影响

一、中央银行数字货币问题的提出

当今世界正在经历的信息革命深刻地改变了人们的生产、生活、行为方式和社会关系，引发了包括价值观念、生产方式、生活方式、社会关系等在内的全方位重大变革，其至是颠覆性替代。①随着商品经济的发展和金融技术的不断创新，特别是区块链、加密货币和智能合约等技术的出现，人们日常使用的法定货币的形式都可能发生改变。

国际清算银行 2019 年发布的《谨慎前行——中央银行数字货币调查报告》显示，全球 70% 的中央银行正在对中央银行数字货币发行进行研究。②从 2016 年开始，部分国家的中央银行开展了中央银行数字货币试验项目，比较有代表性的国家是加拿大、新加坡、瑞典、英国。2016 年，加拿大中央银行启动了代号为 Jasper 的项目，Jasper 项目由支付机构加拿大支付协会、6 家商业银行和分布式账本联盟 R3 共同构成。大额支付系统对金融稳定至关重要，因此，加拿大中央银行认为，监管机构有必要了解分布式账本技术如何改变中心化的结构和运行，分布式账本技术系统是否满足《金融市场基础设施准则》（Principle of Financial Market Infrastructures，PFMIs）中有关抵押问题、信用风险、资金结算和流动性风险的要求，以及分布式账本技术对支付系统监管政策的潜在影响。

2017 年 6 月，新加坡金融管理局开展了由新加坡交易所、分布式账本联盟 R3、10 家商业银行、8 家技术公司合作的 Ubin 中央银行数字货币试验，以评估在分布式账本上使用新加坡元的代币形式进行支付结算的效果。项目分两个阶段：第一阶段，目标是创建一个基于分布式账本技术的中央银行数字货币银行间支付系统的概念证明。第二阶段，项目在以太坊区块链 Quorum 上创建了"可行的银行转账原型机制"，目的是探索在分布式账本上推出新加坡法定中央银行数字货币的可行性。

瑞典中央银行于 2017 年 3 月启动了"E-Krona"项目，以此探索中央银行数字货币在零售支付方面的可行性，研究电子克朗的未来，拟将电子克朗作为一种通用的电子支付手段和现金的补充，并确定国家和瑞典中央银行在未来支付体系中的角色。2016 年，在英格兰银行的建议下，英国伦敦大学的研究人员提出并开发了中央银行数字货币原型系统，即 RScoin 系统。RScoin

---

① 马长山. 智能互联网时代的法律变革[J]. 法学研究，2018（4）：20-38.

② 参见《中华人民共和国国民经济和社会发展第十四个五年规划和 2035 年远景目标纲要》第二十一章第三节。

的设计目的是站在中央银行的视角，创造一种受中央银行控制的、可扩展的数字货币，为中央银行发行数字货币提供一个发行流通的参考框架和一系列准则。

2017 年，日本中央银行和欧洲中央银行联合开展研究项目 Stella，旨在研究分布式账本技术在金融市场基础设施中的应用，评估实时全额结算系统（RTGS）是否能够在分布式账本技术环境下安全、高效运转。2016 年，中国香港金管局推出了 Lionrock 项目；突尼斯宣布推出本国货币 Dinar（第纳尔）的数字版本 "E-Dinar"；乌拉圭中央银行提出了用于发行和使用乌拉圭比索的数字版本，即 "e-Peso" 试点项目。中国人民银行一直高度关注数字货币的发展，2014 年就成立了研究团队，并于 2015 年进一步充实力量，对数字货币发行和业务运行框架、数字货币的关键技术、数字货币发行流通环境、数字货币面临的法律问题、数字货币对经济金融体系的影响、法定数字货币与私人发行数字货币的关系等进行了研究。[①]

2019 年以来，各国中央银行普遍加强了对中央银行数字货币的研究，部分国家开始探索中央银行数字货币的发行、流通等技术研发和制度安排，政府支持的专有数字货币未来可期。欧洲中央银行于 2019 年开始研发 EUROChain 项目。俄罗斯中央银行在 2019 年年底表示，其已开始在其监管沙箱中测试稳定币。韩国中央银行表示，将继续进行基于分布式账本技术、加密资产和中央银行数字货币等方面的创新。日本中央银行也就中央银行数字货币尤其是相关法律问题进行了深入研究，并展示了相关研究成果。

中国人民银行原行长周小川曾表示，发行数字货币有四大好处，包含无法伪造、换发容易、降低跨境支付成本、强化洗钱防治及反恐怖主义融资等，并于 2014 年提出数字货币发行构想，着手组织相关领域专家成立数字货币研究部门，从事数字货币发行与运行架构、关键技术、法律问题、对金融体系影响等议题的研究。为加大数字货币研究力量，2016 年 12 月，中国人民银行正式成立负责机构——数字货币研究所，该所于 2018 年 5 月发布《中央银

---

① 姚前. 数字货币初探[M]. 北京：中国金融出版社，2018.

行数字货币原型系统实验研究》①论文，介绍了数字人民币的发行架构、采用的技术等规划。中国人民银行在 2019 年表示，数字货币是未来最重要的金融基础设施之一，已基本完成顶层设计，坚持双层投放、M0 替代、可控匿名原则。②2020 年 8 月，中国商务部公布《关于印发全面深化服务贸易创新发展试点总体方案的通知》，该通知中提及中国数字货币电子支付将于京津冀、长三角、粤港澳大湾区及中西部等 28 个地区中，挑选合适的地点进行试点。2020 年年底发布的《中华人民共和国国民经济和社会发展第十四个五年规划和 2035 年远景目标纲要》中明确提出要"稳妥推进数字货币研发"。2021 年，第二批数字人民币面向公众试点落地，这一速度是前所未有的。

本章选择中央银行数字货币几个争议较大的问题进行研究。一是中央银行为什么要发行中央银行数字货币以及其发行对货币政策所产生的影响。二是在技术路径上，中央银行数字货币发行是否使用以及如何使用分布式账本技术。三是在法律法规上，中央银行数字货币发行面临发行的依据、转移的最终性、如何适用反洗钱规则、如何保护个人数据等问题。需要说明的是，中央银行数字货币这一概念尚无统一定义，文献中也有使用其他术语表达的，比如数字基础货币（digital base money）、官方数字货币（official digital currencies）、数字法定货币（digital fiat currency）、中央银行加密货币（central bank cyptocurrencies）等。中国人民银行使用的术语是数字货币电子支付。国内有学者使用"法定数字货币"这一术语，但现在我国尚未有数字货币方面的立法。因此，本书选择使用"中央银行数字货币"这一英语文献中普遍采用的术语。

---

① 姚前. 中央银行数字货币原型系统实验研究[J]. 软件学报，2018，29（9）：2716-2732.

② 2016 年，中国人民银行召开数字货币研讨会，正式启动了我国法定数字货币问题的研究；2017 年，经国务院批准，中国人民银行建立了数字货币与电子支付研究项目；2019 年，中国人民银行在下半年工作电视会议上指出，当年的一项重点工作就是加快推进我国法定数字货币的研发步伐，跟踪研究国外虚拟货币发展趋势；2019 年 8 月 9 日，《中共中央、国务院关于支持深圳建设中国特色社会主义先行示范区的意见》中提出，打造数字经济创新发展试验区，支持在深圳开展数字货币研究等创新应用。

二、中央银行数字货币的特征

（一）中央银行数字货币的定义与特征

尽管不同类型的中央银行数字货币存在较大差异，但以下四个方面的共同特征，使之既区别于中央银行发行的其他形式的货币，又与比特币、以太币等加密货币和商业银行活期存款不同。

第一，中央银行数字货币是由中央银行发行的，是法定货币（legal tender）的一种表现形式，代表对中央银行资产负债的求偿权，而加密货币则缺乏基础资产支撑。第二，中央银行数字货币具有无形性，它只以数字形式存在，没有物理形式，这与加密货币和银行存款相同，与现金不同。也就是说，中央银行数字货币既具有现金所具有的中央银行发行、中央银行负债两个主要特征，又具有加密货币以电子形式存在的特征。第三，中央银行数字货币具有交易媒介和价值贮藏功能，但不具有记账单位功能，它通常不作为一种新的记账单位出现，①这与加密货币相同。而现金具有交易媒介、价值贮藏和记账单位三种基本的货币功能。第四，中央银行数字货币能够进行电子支付的结算，包括电子商务领域的结算，这与加密货币相同；而现金则无法进行电子结算。因此，中央银行数字货币是以代表具体金额的加密数字串为表现形式，具有发行责任主体和国家主权背书的法定货币。从以上分析可以看出，中央银行数字货币融合了现金、电子支付系统和央行信用三种功能，体现了"去虚拟"的特点。与加密货币相比，中央银行数字货币的主要优势是，它代表对特定发行者的求偿权，弥补了加密货币缺乏价值支撑这一根本缺陷；同时，其供给数量也不是固定的，解决了加密货币价值波动大的问题，有助于满足经济发展的需要。

需要说明的是，中央银行发行数字化货币，本身算不上创新。实际上，在现代经济中，货币的很大一部分都不是以物理形式存在的，商业银行在中央银行的存款准备金以及客户在商业银行存款占据了"货币基础"的90%，它

---

① DONG HE，ROSS B L，V HAKSAR，et al. Fintech and Financial Services: Initial Considerations [EB/OL]. [2019-10-31]. https://www.imf.org/en/Publications/Staff-Discussion-Notes/Issues/2017/06/16/Fintech-and-Financial-Services-Initial-Considerations-44985.

们只能以电子的形式存在，分别是中央银行和商业银行资产负债表上的负债。①因此，从一定程度上说，中央银行已经发行了数字货币，尽管只是狭义上的数字货币，仅由商业银行在中央银行的存款准备金构成；然而，中央银行数字货币至少有两方面的创新，并将带来重大影响。

其一，发行中央银行数字货币意味着现代货币发行范式的重大转变，与活期存款、借记卡、贷记卡或者电子货币等"私人部门的数字货币"不同，②中央银行数字货币是公共部门发行的货币。它为公众提供了新的无违约（default free）风险资产选择，对货币供应量 M0、M1、M2 和货币政策传导渠道均会产生影响。资金存放形式从银行存款转变为数字货币，也会影响商业银行体系的存款创造和贷款发放功能，进而影响金融稳定。需要指出的是，与电子货币或者商业银行存款相比，中央银行数字货币尽管是无违约风险的，但这并不意味着是无风险的（risk free），它同样不能避免贬值的风险以及计算机系统安全风险。其二，如果中央银行数字货币的发行和持有使用了分布式账本技术，其交易验证是通过去中心化、分布式账本实现的，就意味着传统货币发行实践由此发生重大转变。③但中央银行数字货币是否使用以及如何使用分布式账本技术，国际上尚无定论。

（二）中央银行数字货币的类型

中央银行数字货币的类型划分不仅具有学术讨论价值，还具有重要的实践价值，它涉及中央银行数字货币将以什么样的方式被持有，什么样的自然人或者法人有资格持有，以及其匿名程度、监管方式等法律问题。根据不同

---

① MCLEAY M, RADIA A, Thomas R. Money creation in the modern economy[EB/OL]. [2020-10-31]. https://www.bankofengland.co.uk/quarterly-bulletin/2014/q1/money-creation-in-the-modern-economy.

② 有学者认为"私人数字货币"是指以比特币、莱特币等为代表的基于区块链技术、分散"发行"的加密数字货币，本书认为活期存款、借记卡、贷记卡或者电子货币也属于广义上的"私人数字货币"，因为这些也是私人部门的负债。刘新华，郝杰. 货币的债务内涵与国家属性：兼论私人数字货币的本质[J]. 经济社会体制比较，2019（3）：58-70.

③ 李文红，蒋则沈. 分布式账户、区块链和数字货币的发展与监管研究[J]. 金融监管研究，2018（6）：1-12.

的标准将中央银行数字货币划分成不同的类型，①但欧洲中央银行把中央银行数字货币分为以账户为基础（account based）和以价值为基础（value based）两类得到了广泛的认同，②本书从之。相比较而言，以账户为基础的中央银行数字货币更接近于借记卡，以价值为基础的中央银行数字货币更接近于现金。

以账户为基础的中央银行数字货币，原理和目前商业银行账户一样，每一个非银行经济主体可在中央银行开立账户，将资产和其他数据存储在中央银行的数据库中，并且转账过程是通过简单地加减账户余额来实现的，即中央银行数字货币付款最终是通过中心化方式实现的，中央银行将承担支付的责任。当然，中央银行数字货币账户开户时需要验证客户的身份。然而，开户之后，支付交易可以迅速安全地进行，中央银行将监控任何异常活动并在必要时采取额外的反欺诈保障措施。该类中央银行数字货币与商业银行账户有类似之处，但是，一个重要的和根本的区别是，中央银行数字货币付款在付款人和收款人之间立即、直接结算，支付立即完成且是低成本的，因为他们在中央银行都有账户，类似于同一银行客户之间的支付。

对于以价值为基础的中央银行数字货币，非银行经济主体需要具备类似电子钱包的工具，以存放数字货币和自己的私钥。该类中央银行数字货币在设计上类似于现金，将由中央银行发行中央银行数字货币 token③，将在公众之间以电子方式流通，只有在极少数情况下才重新存回中央银行。该类中央银行数字货币的转让以"点对点"、去中心化的方式实现，不需要中央银行参与，由付款者用私钥对需要支出的数字货币进行签名并指定收款者即可，在一定条件下可以实现对中央银行的匿名。中央银行将决定中央银行数字货币token 的供应量，这将固定其名义价值并将其作为法偿货币使用。与现金一样，

① 根据设计特征、流通方式和交易验证的技术方式对不同类型的 CBDC 进行区分。例如，可以根据以下四种属性对 CBDC 进行分类：发行者（中央银行或者其他机构）、形式（电子或者实体）、可获取性（普遍获取还是限制获取）、转移机制（中心化的还是去中心化的）。

② Digital Base Money，An Assessment from the ECB's Perspective[EB/OL]. [2020-12-30]. https：//www.ecb.europa.eu/press/key/date/2017/html/sp170116.en. html.

③ token 在不同语境下有多种中文翻译，比如加密货币、加密资产、代币和通证等，为避免混淆或歧义，本章主要用 Token 而非其中文翻译。徐忠，邹传伟. 区块链能做什么、不能做什么?[J]. 金融研究，2018（11）：1-16.

以价值为基础的中央银行数字货币，付款是立即结算的，并且可以匿名进行。这两种数字货币的关系如图 6-1 所示。

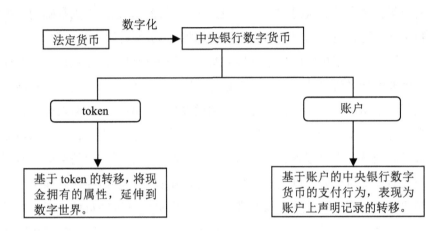

图 6-1 中央银行数字货币的类型

区分不同的中央银行数字货币的意义体现在以下几个方面：一是不同类型的中央银行数字货币相对于现金和其他交易媒介所具有的优势和劣势各不相同；二是中央银行数字货币可能采用但是不一定要采用分布式记账技术，无论中央银行数字货币的持有方式还是交易验证方式都取决于其类型，以及使用中央银行数字货币交易在法律上的最终性方式（中心化的或者去中心化的）；三是根据 中央银行数字货币的类型不同，中央银行数字货币合法持有者（eligible）的范围和中央银行数字货币向市场供应的模式也不同；四是根据中央银行数字货币类型不同，实质特征和对待方式也不同，包括匿名程度、法律或者监管待遇都不同。例如，只有以账户为基础的中央银行数字货币才能支付利息，中央银行发行附有利息的中央银行数字货币需要考虑细节的设计，避免把商业银行置于不利竞争的地位。

三、中央银行发行数字货币可能产生的影响

中央银行考虑发行中央银行数字货币，主要有四方面的原因：一是现金使用减少；二是加密货币兴起对中央银行货币发行垄断权带来了挑战；三是

中央银行数字货币的发行能够帮助中央银行改进货币政策执行机制；四是中央银行数字货币的发行可以促进金融业的稳定，将给整个金融行业带来正面影响。

（一）中央银行发行数字货币的积极影响

第一，中央银行数字货币可提升中央银行货币地位，增强货币政策的有效性。随着电子支付方式变得更加安全和便捷，在许多司法管辖区，许多发达国家和新兴市场国家的中央银行货币在货币总量中的比重有所下降，[①]现金的使用正在减少。自2003年以来，我国中央银行货币与M2的比率下降了5%，印度下降了7%，欧元区则下降了3%。[②]这一点在瑞典国家银行的电子瑞典克朗（E-Krona）项目[③]中表现得更明显。瑞典在数字支付系统取代现金方面处于世界领先地位。由于个人和企业通常无法在中央银行开立账户，因此，现金是他们可以持有中央银行负债的唯一途径。从一定程度上来说，如果个人和企业有可能直接获得中央银行负债，中央银行就有充分的理由直接向公众发行数字货币，引领无现金支付系统的发展，公众将在日常交易中使用无违约风险的数字化支付工具，从而提高支付的效率和安全性，降低经济交易的总成本。[④]但是，正如国际清算银行市场委员会所指出的那样，鉴于私营部门已经提供零售支付产品，应认真考虑这一需求，[⑤]并且考虑发行的方式，中央银行数字货币可能对商业银行账簿货币的可取性造成负面影响，进而导致货币体系出现系统性问题。

第二，中央银行数字货币数字化的特性，有助于解决传统货币政策面临的困境。加密货币的出现给中央银行带来了明显的监管挑战，促使其考虑发行中央银行数字货币。一方面，如果加密货币被广泛地应用于支付系统，实

---

① PRASAD E. Central Banking in a Digital Age: Stock-Taking and Preliminary Thoughts [EB/OL]. [2020-10-31]. https://prasad.dyson.cornell.edu/doc/CentralBankingDigitalAge_Brookings.April18.pdf.

② 姚前. 数字货币初探[M]. 北京：中国金融出版社，2018.

③ Sveriges Riksbank[EB/OL]. [2020-10-31]. https://www.riksbank.se/en-gb.

④ FUNG B S C, HALABURDA H. Central bank digital currencies：a framework for assessing why and how[EB/OL]. [2016-11-1]. https://papers.ssrn.com/sol3/papers.cfm?abstract_id=2994052.

⑤ BANK FOR INTERNATIONAL SETTLEMENTS. Committee on Payments and Market Infrastructures Markets Committee [EB/OL]. [2018-3-27]. https://www.bis.org/cpmi/publ/d174.pdf.

质性减少对现金甚至银行账户存款的需求，那么，将对中央银行的铸币税收入以及支付系统的安全与效率、金融体系的稳定造成重大影响。[①]另一方面，如果加密货币交易结算不断增多，公众的接受和认可程度提高，越来越多的机构和个人把它当作支付和结算的媒介，直至形成与法定货币竞争的局面，就会对中央银行货币政策执行、维护价格稳定和金融稳定的权力带来实质性挑战。退一步说，即便目前加密货币尚不能对中央银行货币发行垄断权造成挑战，加密货币的出现依然引起了中央银行的警惕，因为只有保护公众对货币体系稳定的信心，接受公众的监督，才能确保加密货币不至于破坏支付体系的正常运转或者损害中央银行履行职责和实现货币政策目标的能力。

第三，中央银行数字货币利率可成为一种新的货币政策工具。理论上，建立在分布式账本技术基础之上的中央银行数字货币，相对于传统法定货币具有一定优势，这也是中央银行发行中央银行数字货币的主要原因。中央银行数字货币有可能突破"零利率下限"，鼓励在经济低迷时期更多地进行支出。中央银行的负债取决于流通的所谓基础货币的数量，中央银行货币的利率取决于货币政策，因为中央银行使用的主要工具就是中央银行储备金的利率。当利率接近零时，该工具已用尽，中央银行不得不采用非常规的政策工具，如量化宽松（QE），即中央银行购买资产（使用新创建的中央银行货币）来刺激支出和投资。中央银行数字货币可以解决零利率下限问题，因为中央银行数字货币代币可能需要支付负利率。中央银行数字货币还可以通过允许中央银行不通过购买证券，而是直接增加零售中央银行数字货币账户余额的方式增强货币体系的流动性，来提供对传统量化宽松的替代方案。[②]

第四，中央银行数字货币可对金融稳定产生积极影响。中央银行数字货币的发行可以促进金融业的稳定，将给整个金融行业带来正面影响。一是它

---

① FUNG B S C，HALABURDA H. Central bank digital currencies：a framework for assessing why and how[EB/OL]. [2016-11-1]. https://papers.ssrn.com/sol3/papers.cfm?abstract_id=2994052.

② 相关内容参见 https://www.economist.com/finance-and-economics/2018/05/26/central-banks-should-consider-offering-accounts-to-everyone?fsrc=scn/li/te/bl/ed/centralbanksshouldconsiderofferingaccount stoeveryonefreeexchange。

将向公众提供持有真正无违约风险资产的机会，作为银行存款的流动性替代品，中央银行数字货币将减少对存款保险的需求，降低银行体系不稳定的风险，根除银行挤兑现象，[①]特别是当银行存款的很大一部分转换成中央银行数字货币、归属中央银行数字货币的发行者中央银行直接托管时。二是借助分布式账本技术，中央银行不仅可以实现更广泛的信息收集，获取实时、完整的交易数据，更精准的数据评估，而且可以杜绝交易各方信息不对称问题，实现货币供应总量的精准调控。[②]另外，由于中央银行数字货币携带全息货币的信息，资金流信息可观察、可追踪，从而提高了货币流动的透明度，提高了预防犯罪和反洗钱的能力。[③]

与此同时，任何事物都具有两面性，中央银行数字货币的发行同样会带来一系列负面影响，即便其发行不能完全替代现有的数字账户和现金的流通。

（二）中央银行发行数字货币的负面影响

中央银行数字货币发行将影响金融稳定和资源配置效率。以账户为基础的中央银行数字货币发行不可避免地对商业银行资产负债产生影响，从而缩小其业务领域，甚至对经济产生重大影响。具体来说，由于中央银行数字货币的信用等级高于商业银行存款，如果商业银行无法为客户降低商业银行货币固有的违约风险，人们没有理由持有商业银行存款。如果存款从商业银行转移到中央银行，会导致整个银行体系变窄，甚至成为"狭义银行"。存款流失对商业银行的冲击不容忽视，即便只是部分存款转移，也将对商业银行可以贷出的资金产生重要影响，有可能损坏商业银行的资产负债，甚至进一步损伤其初始授信能力，这主要体现在两个方面。

一方面，中央银行数字货币发行后，商业银行将不得不缩小业务规模或者以更高的成本从利率较高的资金批发市场吸引资金，以维持能够产生利润的贷款业务，这不但会降低商业银行的盈利能力，而且会加剧银行业的期限

---

① DYSON B, HODGSON G. DIGITAL CASH: Why the Central Banks Should Start Issuing Electronic Money[EB/OL]. [2020-10-31]. https://studentshare.org/finance-accounting/2085599-review-essay.

② 杨东. 监管科技：金融科技的监管挑战与维度建构[J]. 中国社会科学，2018（5）：69-71.

③ 有文献通过研究证实，无现金社会和预防犯罪、腐败之间存在一定的关系。Rogoff K S. The curse of cash[M]. Princenton: Princeton University Press，2017.

错配和流动性问题。①另一方面，中央银行提供的零售银行服务将大大增加，挤出本应由商业银行提供的资产和负债管理，造成银行业不稳定。特别是在危机时刻，人们对银行体系不信任时，银行存款更容易转变成中央银行数字货币，加剧银行挤兑现象的发生。考虑到商业银行具有的金融中介角色，以及其在金融体系中的关键地位，出现上述现象，是否背离了中央银行发行中央银行数字货币的初衷？整个经济是否能够迅速调整，适应这一局面？

中央银行数字货币的发行将影响整个社会。一是以账户为基础的中央银行数字货币，使发行者能够获得关于支付和交易的各种信息、数据，授予了发行者几乎无所不能的权力，使其对货币的控制力空前提高。从积极层面看，这可以大幅降低甚至规避货币被非法使用的风险（除非账户是匿名使用的），使之能够监督所有客户的交易。从消极层面看，它增加了支付信息和数据被滥用的可能，也带来了隐私保护问题。二是以价值为基础的中央银行数字货币不可能完全替代纸币，至少对于那些不能娴熟使用移动技术或者网络连接受限的人来说是如此；相应地，用这种中央银行数字货币取代纸币不会获得普遍支持，尽管其在波动性和可接受程度上远胜于加密货币。三是以价值为基础的中央银行数字货币带来了另一个挑战，即其与现有的反洗钱、反恐怖主义融资规则的兼容问题。

从上面的分析可以看出，中央银行发行中央银行数字货币的目的包括创造一种真正的、电子化的现金替代物，以弥补法定货币的不足，提高支付和支付系统的效率，引入一种较私人发行的加密货币更为优越的替代物（体现在波动性、可接受性和网络效应等方面），从而挤出加密货币作为一种支付工具的存在，恢复中央银行对货币供给的控制能力，以及其他政策目标。在处理是否发行中央银行数字货币的问题时，需要平衡多种目标，仔细衡量发行的收益与成本。首先，需要对商业银行存款转移到中央银行做成本与收益分析。尽管中央银行数字货币发行后，存款变得更加安全了，但也可能降低商业银行提供贷款的能力，会对经济造成意想不到的影响。其次，如果银行融

---

① RASKIN M, YERMACK D. Digital currencies, decentralized ledgers and the future of central banking[EB/OL]. [2020-10-31]. https://www.nber.org/papers/w22238.

资中的很大一部分都要依赖资金批发市场，就意味着提高利率对商业银行贷款会产生挤出效应。最后，中央银行数字货币发行将破坏商业贷款的稳定性，特别是在金融危机期间，会激励更多的贷款流向更加安全的领域。所以，我们不仅要考虑中央银行数字货币发行带来的益处，还要评估其是否能够抵消负面影响。

第二节 中央银行数字货币的运行 机制设计与技术选择

任何拟议的中央银行数字货币的地位及其对现有货币系统的影响都取决于中央银行数字货币方案的具体设计特征。Bech 和 Garrat 结合常规的货币分类法，构建了包含四要素的模型：发行人（中央银行）、形式（电子或物理形式）、可访问性（通用或有限）、转让机制（集中式或分散式/点对点）。[①]这提供了一个基本框架，可以分析和比较不同的中央银行数字货币设计方案。本节将在以上分类的基础上，讨论中央银行数字货币具体的设计细节和技术选择问题。与私有的加密货币方案一样，中央银行数字货币设计细节和技术选择也不是价值中立的，会受到中央银行各方面政策的影响。本书认为，中央银行数字货币最重要的设计选择涉及流通模式、匿名性、是否计息、转让机制、在第三国发行五个方面。

一、中央银行数字货币的运行机制设计

（一）中央银行数字货币发行流通模式

中央银行数字货币发行流通模式设计存在的核心问题是，中央银行数字货币是成为现有中央银行货币之一（即现金和储备金）的扩大版，还是成为一种新型的中央银行货币形式。围绕这一问题，英国经济学家 Kumhof 和

---

① BECH M L, GARRATT R. Central bank cryptocurrencies [EB/OL]. [2020-10-31]. https://www.bis.org/publ/qtrpdf/r_qt1709f.htm.

Noone 提出了如下几种设想。[①]一是仅允许金融机构访问（access），即仅限于银行和非银行金融机构访问。按照这种设计，中央银行数字货币实际上已经是无处不在的中央银行电子货币（即储备金）的扩大版，其主要目的是完善实时结算系统。银行和非银行金融机构可以与中央银行直接互动以购买/出售中央银行数字货币，以换取合格证券。二是允许广泛的访问。除了银行和非金融机构，家庭和企业也可以使用中央银行数字货币。因此，中央银行数字货币可供所有经济主体当作货币使用。中央银行不向所有中央银行数字货币持有者提供零售服务，只有银行和非银行金融机构可以直接与中央银行进行交互以买卖中央银行数字货币，而其他用户则必须通过中央银行数字货币交易所买卖中央银行数字货币以换取货币。从理论上讲，这一范围有可能进一步扩大，以便家庭和企业可以直接与中央银行进行中央银行数字货币交易。三是金融机构的中间访问。中央银行数字货币的访问仅限于银行和非银行金融机构。在非银行金融部门，至少有一个金融机构充当狭义银行，向家庭和企业提供完全由中央银行数字货币支持的金融资产，但不提供信贷。也就是说，它们为家庭和企业提供的资产具有中央银行资金的风险特征，而不具有与金融机构及其借款人有关的风险特征。该资产的持有人可以在这种狭义的银行货币之间进行交易。提供此服务的狭义银行被称为间接中央银行数字货币提供者。它不需要缴纳准备金和接入实时结算系统，因此不属于信贷机构和存款机构。

我国学者提出了两种中央银行数字货币发行流通模式。一种是中央银行单层投放模式，即中央银行不通过商业银行，直接面向公众发行数字货币，以替代现金和商业银行存款。中央银行直接面向公众发行中央银行数字货币的后果是，公众直接在中央银行数字货币的发行者——中央银行开立账户，改变了只有商业银行才能够在中央银行开户的现状，中央银行因此需要提供与发行相关的其他服务，包括支付和账户维护服务。这样，中央银行将直接与非常多的零售客户建立联系，不管中央银行数字货币是否具有法偿货币地

---

① KUMHOF M, NOONE C. Central bank digital currencies: design principles and balance sheet implications[EB/OL]. [2020-10-31]. https://www.bankofengland.co.uk/working-paper/2018/central-bank-digital-currencies-design-principles-and-balance-sheet-implications.

位，都将深刻影响中央银行的运行模式。[①]另一种是中央银行—商业银行双层投放模式，沿用现行纸币流通模式，即中央银行向商业银行发行中央银行数字货币，商业银行受中央银行委托向公众提供法定数字货币存取等服务，并与中央银行一起维护法定数字货币发行、流通体系的正常运行。[②]

我国比较倾向于采用"中央银行—商业银行"双层投放模式。一方面，这种模式在现有货币运行框架下让法定数字货币逐步取代纸币，而不颠覆现有货币发行流通体系。中国人民银行发行数字货币实际上是一个非常复杂的工程，像中国这样大的国家，人口众多，各地的经济发展、资源禀赋和人口基数差别都比较大，所以在设计、发行和流通的整个环节，都要充分考虑所面临的多样性和复杂性。采取单层投放、单层运营的模式，相当于中国人民银行一个机构要去面对全中国所有的消费者，环境复杂，考验非常严峻。另一方面，该模式可以调动商业银行的积极性，与中央银行一同参与法定数字货币的发行和流通，适当分散风险，加快服务创新。商业银行和其他一些商业机构，在 IT 基础设施引用和服务体系方面，都已经比较成熟，在金融科技方面也积累了很多经验，人才储备也比较充足，中央银行完全没有必要抛开现有的商业银行 IT 基础设施，再进行重复建设。[③]

上述两种模式至少有四点根本区别。一是只有单层模式下，非银行持有者才能向中央银行主张债权，条件是向中央银行交出现金和银行存款。二是单层投放模式下，商业银行存款的很大一部分有可能从商业银行转移至中央银行，这无论对商业银行的贷款能力还是整个社会经济都将产生重大影响。如果个人可以使用账面货币购买中央银行数字货币，就可能导致资本从广义货币流向狭义货币，因为零售客户会清算其在商业银行的存款以获取中央银行的货币。例如，国际清算银行的一份讨论文件警告说，这种安排可能加剧资金从传统商业银行流出，如果计息中央银行数字货币与短期政府债务和商

---

① 刘少军. 法定数字货币的法理与权义分配研究[J]. 中国政法大学学报，2018（3）：165-179.

② 范一飞. 中国法定数字货币的理论依据和架构选择[J]. 中国金融，2016（17）：10-12.

③ 同上。

业银行债务相竞争，其破坏性就更大。①三是在双层投放模式下，商业银行违约风险不可避免地会继续存在，这就需要商业银行把相应的中央银行数字货币存入中央银行，作为存款准备金。四是双层投放模式将对商业银行的资产负债表和资金结构产生重大影响，商业银行的客户有可能把商业银行的存款转换成中央银行数字货币。

（二）中央银行数字货币匿名与否

当前，零售用户所使用的中央银行货币（即现金）是匿名的，而金融中介机构（即储备金）所使用的中央银行货币不是匿名的。中央银行在制定中央银行数字货币发行计划的时候，必须考虑在反洗钱、反恐怖主义融资、税收规避等方面的影响，这些都要求货币使用实名制，匿名的中央银行数字货币恐怕无法满足要求。②

（三）中央银行数字货币付息与否

在中央银行数字货币设计中，需要考虑的最为重要的一个问题是中央银行数字货币是否应当支付利息。这在很大程度上取决于中央银行希望中央银行数字货币具备的功能和扮演的角色。中央银行数字货币如果被当作代替钞票的数字化支付工具，就可以像纸币一样是不计息的。还有观点认为中央银行数字货币应当计息，因为中央银行存款在很多国家是计息的，中央银行数字货币与中央银行存款相似，它们都是数字化的中央银行负债。而且，中央银行存款利率为正的时候，中央银行数字货币的利率有可能是零；但是，为减少中央银行数字货币对银行金融中介的影响，中央银行存款利率为负的时候，中央银行数字货币也可以是负利率。③

从技术角度来看，中央银行可以轻松地为中央银行数字货币支付利息。实际上，存放在中央银行的所有资金都有相同的名义利率，不管这些资金属于个人、公司还是金融机构。这与弗里德曼的观点一致，他认为，在一个有

---

① COMMITTEE ON PAYMENTS AND MARKET INFRASTRUCTURES. Central bank digital currencies[EB/OL]. [2020-12-31]. https://www.bis.org/cpmi/publ/d174.htm.

② 同上。

③ MERSCH Y. Digital Base Money：an assessment from the ECB's perspective[EB/OL]. [2020-12-31]. https://www.ecb.europa.eu/press/key/date/2017/html/sp170116.en.html.

效率的货币体系中，政府发行的货币应与其他无风险资产有相同的收益。这种理论成为世界各地许多中央银行行动的依据，它们据此向以电子方式存放在中央银行的商业银行准备金支付利息。

对中央银行数字货币支付利息可能大大提升银行系统的竞争力。从事以客户为中心的"关系银行业务"的存款机构不会受到影响；而其他竞争较弱的机构，其储户则有可能把资金转入中央银行数字货币账户。在价格水平稳定的成长型经济体制下，向中央银行数字货币支付的利率应该是正的。但是，如果经济受到严重的不利影响，总体价格水平有较大下行压力，比较可行的办法是中央银行降低存款利率以促进经济复苏和价格稳定。

目前，纸币严重限制了中央银行降低名义利率以应对严重不利冲击的能力。中央银行数字货币的利率可以用作货币政策的主要工具，从而减少对量化宽松等货币工具或者财政干预的依赖，以保持价格稳定。而且，降低名义利率下限一直是维持正通胀缓冲的主要手段之一。目前，主要国家中央银行的通胀目标均为2%，金融危机发生后，一些经济学家建议提高通胀目标。有了计息的中央银行数字货币，将不再有维持任何通胀缓冲的迫切需要。

（四）中央银行数字货币的转让机制

瑞典电子克朗项目提出了与中央银行数字货币支付系统有关的几个问题：（1）是否应当将价值存储在中心账簿，并通过修改该中心账簿实现账户之间的价值转移；（2）是否应当把价值贮存在本地（即记录在应用程序中或一张卡片上）。换句话说，中央银行数字货币应该采用基于账户模式还是价值模式？瑞典电子克朗项目提出了这两种模式的组合，因为以价值为基础的类型在短期内更容易实施（例如，老年人更容易使用），以账户为基础的类型则更复杂但功能更强，从长远来看，可能包括货币政策工具。

设计特征的选择最终将取决于货币体系框架的法律约束以及中央银行数字货币发行所欲实现的宏观经济政策。总体而言，无论选择哪种模式都将产生一系列重要影响，包括现金和中央银行储备金在未来货币系统中的角色，中央银行用于执行其立法任务的政策工具，货币系统各组成部分之间的相互作用，特别是中央银行、商业银行和中央银行以外的财政当局之间的相互作用。①

（五）中央银行数字货币的第三国发行问题

中央银行数字货币的发行还涉及第三国的承认问题。关于中央银行数字货币跨境使用的研究尚处于起步阶段。这是一个复杂而重要的问题，涉及货币主权、外汇管理、跨境资本流动审慎管理、资本账户开放、货币国际化等诸多方面。②当人们对货币体系或者政治局势的稳定失去基本信心时，可能不再持有主权货币，转而持有其他形式的资产或者他国的货币。但是，未经认可或受到国际制裁的政府发行的中央银行数字货币，是否应当被承认？例如，委内瑞拉中央银行在 2018 年年初发行了名为 Petro 的中央银行数字货币。③不久，时任美国总统唐纳德·特朗普签署了一项行政命令，禁止购买 Petro，理由是其试图绕开制裁。④未经认可的政府或非国家（如分裂主义或恐怖分子）行为者发行中央银行数字货币也可能引起类似的问题。使用虚拟货币开展非法活动已经广为人知。对于恐怖组织或受制裁国家发行的虚拟货币将提供更明确的禁止理由，并提出发行的责任和权限问题。

二、中央银行数字货币的技术选择

如上文所述，中央银行发行数字化负债不能算作创新之举。中央银行数字货币与传统的法定货币之间的重要区别是其发行、流通和转让方面可能使用分布式账本技术。那么，中央银行发行中央银行数字货币为什么不考虑使用建立在传统技术基础上的、中心化的系统，而要使用现代化数字技术，特别是分布式账本技术呢？本小节旨在回答两个相关的问题：一是中央银行为什么考虑在中央银行数字货币中使用分布式账本技术，而不是使用封闭和中心化的交易账本；二是与加密货币或者其他加密资产相比，应当使用什么样

---

① BORDO M D，LEVIN A T. Central bank digital currency and the future of monetary policy [EB/OL]. [2020-12-31]. https://www.nber.org/papers/w23711.

② 姚前. 数字货币初探[M]. 北京：中国金融出版社，2018.

③ Committee on Payments and Market Infrastructures. Central bank digital currencies[EB/OL]. [2020-12-31]. https://www.bis.org/cpmi/publ/d174.htm.

④ 同上。

的分布式账本来满足中央银行数字货币的特定需求。

（一）中央银行数字货币使用分布式账本技术的原因

有学者认为，中央银行可以通过允许公众开立数字存款账户的方式提供数字现金（digital cash），这只需要使用中央银行所拥有和运营的中心化的账本，而无须像比特币那样使用分布式账本技术。[①] 但是，为了满足发行中央银行数字货币的运营需要，中央银行有必要探索分布式账本技术的应用。

其一，利用分布式账本技术处理中央银行数字货币交易不仅能够极大地提升支付效率，而且能够不断增加交易处理量，甚至有可能超过现有的实时结算系统处理的交易量。从政策角度看，中央银行不大可能取代商业银行，直接为中央银行数字货币的持有者提供支付服务；同时，也存在第三方利用分布式账本技术提供去中心化的支付服务的可能性。此外，作为中央银行数字货币的发行者，中央银行在一定程度上需要保留现金的许多特征，包括直接性、匿名性和隐私保护、去中心化的交易过程和验证等，这与比特币网络中的参与节点具有的特征类似（即使不具备后者使用的工作量证明验证技术），因此，使用分布式账本技术比使用传统的账本技术、中心化的交易验证要更加适宜。

其二，分布式账本技术不仅能够加快中央银行数字货币交易的进程，还能够促进货币政策的执行。为了增加货币供应，中央银行可以实时把中央银行数字货币从其账户转移至金融机构的账户；为了减少货币供应，中央银行可以提出增加准备金的要求，金融机构需要把中央银行数字货币转移至中央银行的账户。银行的准备金账户余额通过分布式账本维护，且能提供额外的及时到账和免费资金转移服务。还有研究认为，中央银行数字货币的可追踪性和可编程性使之拥有新的功能，前者让中央银行可以追踪和监控数字货币投放后的流转信息，从而获取货币全息信息；后者则可通过"前瞻条件触发"（Forward Contingent）设计很好地解决传导机制不畅、逆周期调控困难、货币脱实向虚、政策沟通不足等传统货币政策困境。[②]

---

① DYSON B, HODGSON G. Digital Cash: Why the Central Banks Should Start Issuing Electronic Money [EB/OL]. [2020-10-31]. https://studentshare.org/finance-accounting/2085599-review-essay.

② 姚前. 法定数字货币对现行货币体制的优化及其发行设计[J]. 国际金融研究，2018（4）：3–11.

其三，中央银行使用分布式账本技术来处理涉及中央银行数字货币的交易，还有其他两方面的技术考量。一是分布式账本技术具有较高程度的操作弹性。分布式账本技术交易处理平台的应用可以扭转"单一节点失败"造成整个系统瘫痪的局面，同时可以确保中央银行数字货币大规模使用所必要的系统稳定性。但是，使用分布式账本技术明显的负面后果是，需要让多方参与者获取交易数据，不可避免地引发隐私和数据保护的问题。二是在网络安全方面，分布式账本技术具有优越性。它可以确保即使某一交易验证节点出现问题，整个系统也能够继续运行，避免系统参与者受欺诈交易的干扰。但分布式账本技术也容易发生网络安全风险，特别是由于涉及多方参与者，多个进入点都有可能把风险带入系统，因此，存在较高的网络攻击和窜改交易数据的风险。

（二）中央银行数字货币应使用的分布式账本类型

分布式账本并不意味着完全的去中心化。相反，人们可以使用许可型账本，也可以使用非许可型账本。对于前者，参与的基础是遵循预先设定的标准，参与者参与记账活动受到限制，比如账本更新、发行新的资产、监管规定的执行、合约或者其他规则要受到账本运营的限制。例如，天秤币就使用了许可型账本。根据天秤币白皮书，天秤币刚起步的时候将使用许可型账本，预计到 2020 年天秤币正式上线时，天秤币协会将有 100 家会员，每家会员都是一个验证节点，因而初始的天秤币账本将由 100 个验证节点构成。对于后者，任何具有技术能力的人都可以成为验证节点。比特币使用了非许可型账本，一台能"挖矿"的设备加一台联网的路由器就可以成为比特币网络中的一个验证节点。

不同程度的去中心化，各有一定的优势和缺点。例如，完全的去中心化、不受限制的账本具有较高程度的弹性和网络安全性，但是效率较低，因为参与者之间的共同计算需要协同，增加了总的运营成本，并且需要增强数据贮存的能力。相反，较为中心化的记账模式成本较低，能够较好地实现法律和监管合规以及数据保密，但是这种模式不可能像前者那样能够具有同样的系统弹性和安全保证。2019 年，比特币区块链大概每秒处理 7 笔交易，一笔交易须经过 10 分钟才能得到确认；在由 100 个节点构成的测试系统中，天秤币区块链每秒可以处理 1000 笔交易，一笔交易经过 10 秒即可得到确认。

中央银行数字货币的交易环境明显不同于现有的加密货币形式，在设计特征上，支持加密货币运行的交易网络，要么是不必要的，要么是不适合的。对于中央银行数字货币来说，比特币的非许可架构以及建立在区块链基础上的工作量证明（proof of work）共识机制，对于存在中央银行的情况，也就是中心化的机构存在的情况下，是没有必要存在的。至少对于初始的中央银行数字货币发行过程来说，不需要避免双重花费的机制，即便发行者中央银行把发行和验证中央银行数字货币支付的任务交给去中心化的授权网络节点（商业银行或者其他第三方）亦如是。因此，如果分布式账本技术被用来发行中央银行数字货币，本书认为应使用许可型账本，并应达到下列标准：（1）中央银行数字货币的发行应当在中央银行的主导下进行；（2）第三方验证者应当是已知的并且是得到授权的；（3）只能采用相对简单的共识机制。也就是说，分布式账本技术和分布式账本应当作为促进中央银行数字货币接入和分发的手段，而不是作为中央银行数字货币交易验证过程的组织基础。

从上文的讨论可以看出，尽管许可型分布式账本在理论上可以支持中央银行数字货币的发行，但中央银行数字货币对分布式账本技术的借鉴，应根据实际业务需求在改造的基础上灵活运用。例如，天秤币在技术方面就采取了相对灵活的措施。这一点同样值得我国借鉴。中国人民银行在考虑技术选择时，甚至可以突破分布式账本技术的思维局限，对各种技术采取开放的态度。如果只是基于分布式账本技术，那么中央银行数字货币的使用只能局限于区块链上，应用场景就有很大局限性。中国人民银行设计的数字货币应当既可以线上使用，也可以线下使用，甚至不需要网络，这样才能满足众多场景应用的需要。

当今，分布式账本技术仍处于起步阶段，多种模型和技术方案在争夺主导地位。对于中央银行数字货币的发行方案设计来说，至关重要的是树立一个分布式账本技术与更广泛金融领域交互的清晰而全面的愿景，包括银行业务，以解决理论和实践问题，以及达成预期目标。本节对中央银行数字货币发行方案的设计问题做了简短讨论，并讨论了是否使用以及如何使用分布式账本技术的问题。总体而言，如果设计和实施正确，分布式账本技术可能会彻底改变货币系统和金融系统，也可能引发关于货币、银行业和金融体系未来的广泛讨论。

第三节 中央银行发行数字货币
难点问题的法律思考

中央银行数字货币的发行除了要考虑货币政策、经济影响以及技术选择等问题，决策者还需要考虑和解决一些法律和监管问题。一是中央银行数字货币的法偿货币地位以及其与现有的法偿货币形式之间的关系问题；二是中央银行数字货币所有权转移的最终性问题；三是中央银行数字货币的反洗钱问题；四是中央银行数字货币数据保护和网络安全问题。

一、中央银行数字货币与法偿货币的关系问题

中央银行发行中央银行数字货币需要解决两个重要问题：一是发行依据和法偿货币[①]地位问题；二是中央银行数字货币与现有的法偿货币形式之间的关系问题。

中央银行数字货币的发行需要解决发行的法律依据和法偿货币地位两个方面的问题。货币发行权是一种公权力，是指国家根据具体条件和需要，决定主币和辅币面值、种类、数额和发行程序的权力。公权力行使的基本原则之一是"法无授权不可为"，这意味着公共机构包括中央银行行使权力需要有明确的法律授权依据，一旦此类机构的行为不属于法律的授权范围，将被视为越权和违法。因此，中央银行发行数字货币，首先需要获得法律的相应授权，即明确中央银行有发行数字货币的权力。即便如此，也并不意味着中央银行发行的中央银行数字货币具有法偿货币地位，因为授予一种货币以法偿货币地位是货币主权问题，需要在法律上有明确规定。因此，如果要赋予中

---

① 法偿货币一般指纸币和铸币，商业银行存款根据不同国家的法律规定，可能构成也可能不构成法偿货币。

央银行数字货币法偿货币地位，需要修改法律，明确中央银行数字货币的法偿货币地位以及与其他货币形式之间的关系。

目前，很多国家对货币的定义仍停留在纸币和硬币层面，货币发行制度也仅针对纸币和硬币的特性而设计。以美国为例，《1965年铸币法》（Coinage Act of 1965）第31条"美国的铸币和纸币（包括联邦票据、联邦银行和州银行的流通票据）是所有债务、公共收费、税收的法偿货币"的规定，明确了法偿货币的含义。如果美联储想要发行中央银行数字货币，首先需要扩充关于法偿货币的定义，确保中央银行数字货币属于"美国的铸币和纸币"。对于欧元区来说，《欧盟运行条约》（TFEU）第128（1）条规定："欧洲中央银行和成员国中央银行发行的现钞是欧盟唯一的具有法偿货币地位的货币。"所以，欧盟也需要修改有关法律，明确授予以欧元计价的中央银行数字货币的法偿货币地位。

我国中国人民银行发行数字货币同样面临两方面的问题。一是发行数字货币的法律依据问题。《中国人民银行法》第四条明确授权中国人民银行代表国家"发行人民币，管理人民币流通"，行使货币发行权。同时，《人民币管理条例》第二条规定，中国人民银行依法发行的货币，包括纸币和硬币。也就是说，按照现行法律规定，人民币的货币形态应为实物货币，纸币和硬币为其材质载体，而不包括无形的数字货币。所以，目前，中国人民银行发行中央银行数字货币是无法律依据的。二是根据现行法律规定，中央银行数字货币同样不具有法偿货币地位。《中国人民银行法》第十六条和《人民币管理条例》第三条规定，"以人民币支付中华人民共和国境内的一切公共的和私人的债务，任何单位和个人不得拒收"，从而明确了人民币的法偿性。若个人或者机构拒绝接受人民币进行偿付，则将面临法律的制裁。但是，这里所指的人民币，只包括纸币和硬币，中央银行数字货币并不属于人民币范畴。从上述两方面可以看出，现有的法律也无法为中央银行数字货币的发行和法偿货币地位提供法律依据和保障。所以，我国应当修订《中国人民银行法》《人民币管理条例》，或者由国务院出台相关决定，明确规定中国人民银行有权发行中央银行数字货币，且对相关定义做适当调整，明确中央银行数字货币是人民币的一种形态，具有与现行的记账货币、纸币、硬币相同的国家货币的法律地位。

中央银行数字货币和现有货币形式之间的关系是另外一个值得注意的问题。如果选择用中央银行数字货币全部替代法定货币，只有通过发行以价值为基础的中央银行数字货币才能实现，因为只有这种中央银行数字货币能够满足纸币和铸币所具有的匿名性、普遍性和无记名等要求。然而，即便是发行这种中央银行数字货币，也只能是阶段性替代物理形态的现金，不可能全部消灭对银行存款的需求，而银行存款在有些国家是可以作为法偿货币使用的。如果发行以账户为基础的中央银行数字货币，则不能完全替代现金和银行存款，特别当这种类型的中央银行数字货币不计息时更是如此。另外，由于数字货币的使用需要特定设备、网络等，在实际应用中很可能出现因缺少设备配合等客观条件无法使用的问题，也可能出现因使用者的年龄、受教育水平、使用习惯等因素导致不方便使用的问题，这势必影响到法偿货币的权威性。①综合以上因素，未来很长一段时间内，最有可能出现的情景是中央银行数字货币与现有的货币形式共存。法律需要解决它们共存的问题，以便消费者和企业知道哪一种形式的货币是有义务接受的法偿货币，公司需要知道在收益表和资产负债表中选择哪一种货币单位，经济主体需要知道对于特定货币形式有哪些法律限制。②

二、中央银行数字货币所有权转移的最终性问题

中央银行的一个核心功能就是提供中央银行货币，即用来履行金钱债务的无违约风险资产。实际上，中央银行是唯一能够为中央银行货币提供最终性的机构，且无对手方风险以及交易结算被取消的风险。由于中央银行数字货币是中央银行货币（不管其是否具有法偿货币地位），中央银行数字货币所有权转移系统应当能够确保法律的最终性，即当事人所期望的是交易在法律上绝对确定，尤其在一方当事人破产的情况下，是不可撤销和

---

① 刘少军. 法定数字货币的法理与权义分配研究[J]. 中国政法大学学报，2018（3）：165-179.

② KUMHOF M, NOONE C. Central bank digital currencies: design principles and balance sheet implications[EB/OL]. [2020-10-31]. https://www.bankofengland.co.uk/working-paper/2018/central-bank-digital-currencies---design-principles-and-balance-sheet-implications.

不可逆转的。如果不能实现结算最终性，那么，当事人一方破产将导致交易的解除或者撤销。

如果中央银行数字货币转账的最终结算通过中央银行的账本进行，那么困扰分层支付系统的违约风险就不存在了。[①]然而，如上文所述，中央银行数字货币发行者即中央银行可以选择把交易验证功能"外包"给分布式网络节点，而使用分布式账本技术进行支付结算或者其他价值转让有可能引起结算最终性问题，主要原因如下：首先，以分布式账本技术为基础的网络只是提供了一种结算的可能性而非最终性，所有权能否最终转让存在疑问。其次，通过分布式账本技术网络（比如比特币网络）所实现的技术上的最终性和法律概念上的最终性存在一定差异。[②]最后，结算最终性的法律法规在多大程度上能够适用于去中心化的平台现在尚不清楚；在完全去中心化的平台下，由于没有可识别的平台运营机构，也难以确定应当由哪一个机构承担结算错误或者结算失败的责任，而在传统的支付系统中，商业银行将承担交易撤销的责任。[③]只有能够实现结算最终性时，分布式账本技术才能提供支付交易的当事人所期望的法律上的确定性。因此，需要彻底探讨与理解数字创新支付交易结构所有权的最终性。使用分布式账本处理的交易，要么适用现有的有关最终性规则，要么在这些规则基础上作出相应的修改，以确保中央银行数字货币所有权转移的最终性。如果上述两种方式都不可行，那么就需要思考是否仍使用分布式账本进行价值转移。事实上，如果中央银行考虑使用分布式账本来验证中央银行数字货币的交易，那么这种验证的处理一定是在许可型分布式账本技术平台上进行的，原因在于结算的最终性：许可型分布式账本技术平台，由于有中心机构负责交易处理和账本更新，相较于非许可型区块链，更容易实现法律上的最终性，同时监管机构也可以在考虑平台特性的基础上，以适

---

① BARRDEAR J, Kumhof M. The macroeconomics of central bank issued digital currencies [EB/OL]. [2020-10-31]. https://www.bis.org/events/confresearchnetwork1909/kumhof.pdf.

② SAMS R. Bitcoin Blockchain for Distributed Clearing：A Critical Assessment[J]. The Capco Institute Journal of Financial Transformation: 39－46.

③ Financial Stability Board. Financial Stability Implications from FinTech: Supervisory and Regulatory Issues that Merit Authorities' Attention[EB/OL]. [2020-10-31]. https://www.fsb.org/wp-content/uploads/R270617.pdf.

当的方式介入监管。中央银行数字货币发行者即中央银行也应当考虑开发验证程序,以决定中央银行数字货币转账从付款人账户到收款人账户产生最终性的时间点,适用于所有相关的去中心化验证网络,对所有的验证节点都有约束力。

三、中央银行数字货币的反洗钱问题

与大多数支付和金融产品一样,中央银行数字货币也可能成为洗钱的工具,因此,中央银行数字货币的发行同样应当考虑反洗钱问题。如果不对这些要求和其他的监管、税收机制进行充分考虑,可能产生一系列问题。中央银行数字货币在适用反洗钱法律法规方面,面临一些挑战。

其一,履行反洗钱义务的主体将发生重大变化。一方面,中央银行作为中央银行数字货币的发行方和密钥分发、交易认证主体,理应承担一定的反洗钱义务,但是,中央银行通常不是反洗钱义务的主体。我国《反洗钱法》第三条强调金融机构和特定非金融机构履行客户身份识别、大额交易和可疑交易报告、交易记录保存等反洗钱义务,但是根据《金融机构反洗钱规定》第二条,这里所指的金融机构并不包括中国人民银行。也就是说,中国人民银行不是反洗钱义务的主体。另外,从《中国人民银行法》第四条第十款、第三十二条第九款的规定也可以看出,中国人民银行主要承担的是反洗钱方面的指导、部署、监测和检查监督工作,并不实际履行客户身份识别、大额交易和可疑交易报告、交易记录保存等反洗钱义务。从实定法的角度看,要求中央银行数字货币的发行者和网络运行者承担客户身份或者核实转账的资金来源等反洗钱义务,是没有法律依据的。因此,有必要修改法律,要求中国人民银行直接履行反洗钱义务,堵住明显的漏洞,防止中央银行数字货币发行之后有关机构或者个人借机逃避反洗钱义务。

其二,中央银行数字货币可以不通过任何金融机构进行"点对点"交易,产生了包括互联网企业、移动服务供应商等大量游离于金融体系之外的交易主体。现有的反洗钱监测手段无法进行全面有效的监测控制,可能降低现有反洗钱制度的有效性。由于加密货币具有去中心化的特点,所有的数据和应用都部署在区块链上,并存储于世界各个角落的无数节点中,这些节点跨越

国家地理边界和司法管辖的边界而没有确切的地理位置。①尤其是中央银行数字货币能够轻易实现跨国转账，代币在区块链内不同地址之间的转移天然是跨国界的，这使挑战进一步增加。②

其三，中央银行数字货币发行之后，"识别客户身份"原则该如何适用？"识别客户身份"的目标是让公司更好地了解客户、相关的受益人，并验证客户身份，留下可供执法使用的纸质记录。"识别客户身份"背后的政策考量，原则上同样适用于中央银行数字货币账户。然而，客户身份识别和验证的规则如欲适用于中央银行数字货币账户提供者，则取决于国内法的规定是否涵盖特定客户勤勉规则、国内适用"识别客户身份"检验的模式、国内法对于小额交易豁免"识别客户身份"规则适用等情况。因为中央银行数字货币的账户提供者，即中央银行同样应受"识别客户身份"规则的约束。就此来看，"识别客户身份"规则也要作出相应的调整，以反映中央银行数字货币的特殊性以及数字货币发行者即中央银行的特殊性。此外，如果中央银行数字货币要变得更具用户吸引力，就需要有更强的匿名性，让银行和商家无法追踪数字货币的交易历史和用途，但采用匿名形式会使逃避反洗钱法律变得更容易，必然会与"识别客户身份"规则相冲突；如果匿名性导致非法交易或者逃税增加，也可能带来额外的社会成本。未来需要在保护用户隐私和打击违法犯罪之间找到平衡点。因此，中央银行数字货币不会进行绝对的用户或者账户持有者匿名设计。

尽管存在上述挑战，从积极的一面看，由于中央银行数字货币具有可追踪性的特点，中央银行可以有效识别用户的身份，并可以追踪和监控数字货币投放后付款、转账的信息，获取货币全息信息。如果中央银行数字货币能够适用反洗钱规则，并且其使用受到了适当的监督，使用中央银行数字货币进行的支付结算交易有可能更加透明，可疑交易更有可能被识别出来。与现金的转让不同，涉及中央银行数字货币的转让总是会留下数字记录，因此，执法机构至少可以通过数据分析检测异常交易，识别交易方，阻止可疑交易

---

① LEO ZENG. 加密数字货币的国际反洗钱机制研究[J]. 国际经济法学刊，2019（4）：38-47.

② 邹传伟. 区块链与金融基础设施：兼论 Libra 项目的风险与监管[J]. 金融监管研究，2019（7）：18-33.

或者使用可疑账户处理的交易，防止中央银行数字货币在支付系统中被滥用。但数字货币的可追踪性不是商家或者银行的特权，除非法律要求，否则用户信息不得向任何人披露。所以，中央银行数字货币发行之后，有必要针对数字货币的特点及其支付结算方式，完善反洗钱法律制度，弥补明显的法律漏洞，防止通过中央银行数字货币来规避反洗钱、反恐怖主义融资的义务。

四、中央银行数字货币的数据保护和网络安全问题

中央银行数字货币需要借助分布式账本技术，以纯数字化形式存储，将身份信息代码和私钥作为确定所有权归属的重要依据，并有主要通过信息传输方式实现所有权转移的特征，因此，其面临严峻的数据保护和网络安全问题。分布式账本技术的交易处理和记录具有不可窜改性，并且信息一旦记录在分布式账本上，原则上来说是不可删除的。同时，与中心化的账本相比，去中心化的账本能够显示更多的信息；多个账本贮存同样的信息，从理论上说，能够提高数据的安全性和系统的稳定性，但是与此同时也降低了数据的隐私保护，因为发生在非许可分布式账本技术网络上的交易，每一个网络的参与者都可以看到。在分布式账本技术环境下，特别是在没有中心节点来承担保护数据隐私责任的情况下，我们该如何保护数据的隐私和"被遗忘权"？如果数据隐私得不到保护，中央银行数字货币就不可能得到广泛的采用。

中央银行数字货币还面临网络安全问题。网络安全是目前中央银行系统面临的最重要的运营挑战之一。网络威胁，如恶意软件和欺诈，几乎是所有支付、清算和结算系统都要面临的风险。然而，非许可型分布式账本具有交易层面的透明性以及任何配备适当软件和网络的人都可以接入的特点，因此，容易成为第三方恶意攻击的目标；如果参与者数量较多，许可型分布式账本也容易成为恶意攻击的目标。而且，如果网络攻击成功，可以轻松转移大量资金，给用户造成极大损失。因此，保护共享账本避免外部攻击是中央银行数字货币发行的先决条件。

针对上述风险，除应采取技术保护措施，还应建立相应的法律保护制度。一是在设计中央银行数字货币所有解决方案、系统和服务等运行机制时，必

须考虑数据保护和网络安全问题。中国人民银行数据保护局已制定了特别准则，将设计和默认设置进行数据保护的软件应用于中央银行数字货币设计技术解决方案中。二是中国人民银行应制定与中央银行数字货币数据保护有关的法规，针对存储、使用数字货币的客户端信息泄露风险，应当在立法中对信息的非法采集、获取等作出禁止性规定；针对数字货币匿名性可能引发的洗钱、恐怖主义融资、腐败和逃税等金融犯罪问题，应规定公共机构查询数字货币持有人的身份信息以及拥有的数字货币金额、密钥、交易数据等信息需要具备的条件及查询程序。①三是与域外监管机构合作，解决数据保护、本地贮存和跨境流动的矛盾问题。数据保护的法律和监管规定限制了数据的贮存和跨境流动，这必定限制完全非许可分布式账本技术环境下交易数据的流动问题，因为每一笔交易都是分布式的，其验证要跨越整个网络节点。总之，只有消除外部攻击或者其他形式的恶意窜改对使用者的负面影响，并且使贮存和共享的敏感信息能够避免被黑客攻击、泄露和数据滥用，中央银行数字货币才能够得到广泛应用。

在货币领域，历史证明了两个基本事实。一是货币是一种公共物品，货币和国家主权不可避免地联系在一起。所以，哈耶克提出的货币的非国家化这一极端的概念在人类社会经验中缺乏坚实的基础。二是货币只有获得独立但负责任的公共机构的支持，才能激发社会信任并发挥关键的社会经济职能。信心的流通要优于货币的流通，只有公众对货币的稳定性和可接受性产生信任时，货币才能真正为社会所接受。历史上，那些最能实现其目标并被证明最可靠的货币形式无不得益于强大的机构支持。这种支持保证其可靠性、价值稳定性并且被广泛接受。只有拥有强大授权的独立中央银行才能提供必要的机构支持，以发行可靠的货币，并严格保护公众的信任。就此来看，无论是以比特币为代表的加密货币，还是以中央银行数字货币为代表的可信任机构数字货币，都无望取代法定货币，但其发行也是历史的必然选择。

但是，中央银行数字货币的发行面临着法律、对金融体系的影响和技术选择等几个方面的挑战。本书认为，中央银行数字货币发行固然有利于负利

---

① 刘向民. 央行发行数字货币的法律问题[J]. 中国金融，2016（17）：17—19.

率货币政策工具的执行，可提高货币政策有效性，降低现金管理成本，但有可能对金融稳定、资源配置的效率产生重大影响，中央银行需要平衡中央银行数字货币发行的收益与成本。在技术选择方面，毫无疑问，分布式账本技术是重点考虑的对象，但是由于中央银行数字货币转移的最终性和问责的需要，中央银行数字货币的发行宜使用许可型分布式账本技术，至少在初期是如此。同时，系统建设者不宜拘泥于任何技术，要有长期演进的技术理念，除了分布式账本技术，还需要关注其他正在竞争和发展中的安全技术、可信技术，比如可信可控云计算、芯片技术等。在应对法律挑战方面，需要解决中央银行数字货币发行的法律依据、法偿货币地位、所有权转移的最终性、反洗钱、数据保护和网络安全等问题。此外，中央银行还需要考虑中央银行数字货币能否被外国人接受和使用，以及中央银行数字货币在跨境使用时是否能够符合现有的规章制度的规定，包括外汇限制和资本流动管理措施。

结论与建议

一、主要研究结论

（一）加密货币有望深刻改变金融生态体系

数字化金融创新，尤其是分布式账本技术能够简化结算链条、降低成本，提高速度的同时增强弹性，有可能深刻影响金融服务的提供者以及提供方式。就分布式分类账来说，尽管现在看起来还有些笨拙，但它存在巨大的创新空间，甚至出现"破坏式创新"，从而对金融市场生态体系产生革命性影响。正如本书其他章节的研究显示，分布式账本技术能够增强小额支付和证券交易处理等市场基础设施操作的弹性，提高市场透明度，有促进市场准入和降低结算成本等潜力。加密货币是真正的游戏规则变革者，有可能在传统的金融服务生态体系之外，打造出一种全新的加密货币金融服务生态体系。当然，这种变革是渐进的，需要较长的一段时间，特别是考虑到金融科技对支付、结算等金融服务的影响，不仅取决于数字金融创新固有的潜力，还取决于消费者和投资者的偏好、习惯等因素。本书其他章节也指出，加密货币之所以出现并持续存在，是因为它能够弥补现有金融服务模式的不足，用数字化的创新去改善甚至解决传统金融生态体系存在的问题。但加密货币只能在有限的程度上提供支付、结算等金融服务，这主要是因为当前的支付和证券发行、清算和结算体系被证明有其存在的价值，包括危机期间存在的价值。除此以外，传统金融体系效率低等问题也可以通过常规的途径来解决。尽管分布式账本技术和区块链具有相当大的发展潜力，但现在还不清楚是否有充足的理由来彻底改造当代金融体系，或仅仅渐进式改革现有价值交易平台的模式和负责其管理和运行的机构。同时，即便有必要对当前金融体系进行彻底改造，也不清楚分布式账本技术和区块链是否是正确的工具，是否能够实现目标。

因此，尽管成熟的和经过适当改进的分布式账本技术有改善金融市场运行的潜力，但它不是万能的，使用当前的技术和市场基础设施完全可以取代它，且该技术还处于不成熟阶段，所以，很难确定地说它是否会改变以及如何改变金融生态体系。

（二）加密货币和法定货币将共同存在

未来可能出现法定货币与私人发行的加密货币共存和相互竞争的局面。尽管一些加密货币（特别是比特币）已经取得了不同程度上的成功，但是，迄今为止，加密货币作为一种价值贮藏和交易媒介还未最终胜出。这不仅因为加密货币尚未获得觊觎已久的法定货币地位，还因为其固有的波动性，严重损害了其真正替代法定货币的能力。需要指出的是，具有物理形式的现金是替代支付媒介比较的基准，在与传统的和新兴的支付手段竞争中，依然在最终性和匿名性方面占据优势地位。此外，中央银行发行数字货币是必然趋势，中央银行数字货币与现行的纸币、硬币一样，是法定货币的一种表现形式，其目的不是替代现金，而是为了弥补现金的不足。不管中央银行数字货币的发行采取什么样的形式和流通模式，主权国家都需要为其提供源源不断的货币政策支持。由于实践和法律上的原因，加密货币并不能满足这些需要，加密货币不代表对可识别发行人资产负债表的求偿权，公众接受程度有限，并且其自身存在可扩展性问题。

（三）加密货币监管需要平衡创新和风险

加密货币在被广泛接受和纳入监管之前，需要突破一系列监管障碍。如前文有关章节研究显示，以比特币为代表的加密货币价格波动幅度较大，成为投机的对象，带来很高的投资者、消费者保护风险，同时，加密货币还被用于洗钱等犯罪活动，一些国家的监管机构对这一新兴的、革命性的技术采取全面禁止等激进的监管措施，阻碍了市场准入，遏制了分布式账本技术在行业中的应用和进一步创新。不管程度如何，加密货币面临的监管和接受障碍都是相当大的。监管机构需要平衡传统的金融服务提供者和利用分布式账本技术等金融科技提供金融服务者的关系，避免不必要的准入障碍；需要平衡现有的金融市场监管框架下存在的第三方中介和利用分布式账本技术技术形成的"去中心化"金融生态体系的关系。尽管现在还不能完全了解分布式账本技术和加密货币对金融服务市场的影响，但可以确定的是，其可以提高金融市场的效率，并且，通过两个独立的金融生态系统来分散金融市场运营的风险，有助于实现金融市场和监管的多元化。

监管机构需要调和两个相冲突的目标：在保留数字创新给金融市场带来益处的同时，抑制其不良影响，采取适当的、与风险相适应的监管方式，把加密货币纳入现有的金融监管体系，既不让其野蛮生长，也不让其消弭于萌芽状态。创新和监管之间的关系一直很紧张，过于严格的监管可能影响技术进步，并延缓相关机构运用金融科技进行价值创造的进程；过于宽松的监管则可能对投资者、消费者保护不力，并给金融体系带来负面影响。

我们之所以要对加密货币监管，不仅是因为其带来的风险和机遇，还因为消费者、投资者和金融市场需要技术创新，技术创新难免影响到公共利益，需要监管介入，从而实现消费者保护、金融稳定和促进公平竞争的目标。

二、加密货币监管的政策建议

（一）应区别对待不同的加密货币

加密货币监管大致可以分为"支付型""资产型"和"功能型"三大类，每一种加密货币的法律属性、法律关系的构造和产生的风险都各不相同，因此应当根据其法律属性的不同，采取不同的监管措施。从中国人民银行等五部委 2013 年发布的《关于防范比特币风险的通知》以及 2017 年中国人民银行等七部委联合发布的《关于防范代币发行融资风险的公告》可以看出，我国现阶段对比特币等加密货币采取了全面禁止的监管措施。一方面它限制了创新空间，使我国失去探索加密货币在金融等领域应用的机会，不利于提高金融效率、降低金融服务的成本以及促使金融更具包容性；另一方面，从法律的实效来讲，由于相对宽松的执法和加密货币"去中心化"的特点，全面禁止并没有改变加密货币在我国继续存在的事实。当然，这也并不是说不进行监管，使加密货币成为逃避监管、进行监管套利的工具。例如，在美国，部分区块链从业者以美国第一宪法修正案中关于言论自由的条款为名对抗监管，但普遍的看法是，区块链中凡是涉及财富、商品、证券、支付的记录和转移的内容，就不再属于宪法修正案中言论自由的范畴。[①]

所以，比较可行的做法是根据加密货币的法律属性和不同的法律关系构造，设计不同的准入门槛和提出不同的监管要求。对于"支付型加密货币"，可以考虑通过监管支付系统对其进行间接监管。例如，美国纽约州已经颁布《加密货币许可条例》，监管机构决定为此类业务制定特定的许可。卢森堡采取的是向加密货币交易颁发"支付机构许可证"的监管办法，为支付服务机构 Bitstamp Europe S.A.和 bitFlyer Europe S.A. 颁发了业务许可，为钱包服务商和交易所提供跨境转账服务提供了可能。[②]把加密货币交易所认定为支付机构并颁发业务许可，是将现有法规扩展到加密货币生态系统的参与者的监管策略。但是，加密货币支付存在特殊的风险，即使将与支付服务有关的法律完全适用加密货币也无法规避加密货币交易所产生的风险。加密货币面临的两种特有的风险是，加密货币支付中与结算资产的流动性和波动性相关的风险，以及加密货币应用区块链技术所带来的只是结算的高度可能性而非必然的最终性。对于"资产型加密货币"，符合有价证券构成条件的，可以适用证券法监管。对于"功能型加密货币"可以适度减小监管力度。

（二）应重视与利用监管科技

为了实现有效的监控，监管机构需要更先进的技术工具来监控复杂的金融科技产品，例如加密资产。监管科技（Regtech）便是一种先进的技术工具，它通过使用人工智能、云计算和分布式账本等创新科技实时监控市场的变化，实现对监管标准有效率的监控，也包括数据分析、监管报告、反洗钱或反欺诈、风险管理领域内的自动化解决方案。[③]有学者认为，监管科技是"金融服务监管的未来发展方向，应该会成为支撑整个金融服务行

---

① LITWACK S. Bitcoin：Currency or Fool's Gold：A Comparative Analysis of the Legal Classification of Bitcoin[J]. Temple International and Comparative Law Journal，2015（29）：309-348.

② SACKHEIM M S, HOWELL N A. The Virtual Currency Regulation Review[M]. 4th ed. London: Law Business Research Ltd, 2021.

③ 杨东. 监管科技：金融科技的监管挑战与维度建构[J]. 中国社会科学，2018（5）：69-91，205，206.

业的基础"。^①还有学者认为，"科技驱动型监管是构建新金融监管模式和维度的正道，能克服目前存在的监管失灵与过度监管、不监管与'一刀切'粗暴监管的问题，也同时可以解决政府监管能力建设问题。"^②

监管科技可以增加银行与监管机构之间的互动，从而改善市场监控并增强监管合规性。理想情况下，监管机构应该与被监管机构保持紧密联系，以便能够实时监控市场发展并快速作出反应。有学者也认为，"科技驱动型监管将会通过对微观层面的实时监管，对金融机构和金融消费者进行画像，从而能够对整个金融行业的宏观发展进行动态画像，及时掌握风险点，弥合传统金融监管模式下微观审慎监管和宏观审慎监管的割裂问题"。^③对于银行而言，监管科技可显著降低合规成本。

但是，监管科技的作用不应被高估。这是因为其对手金融科技正以监管者无法匹敌的速度生产出新的金融产品。使用监管沙箱，行业可以在被市场大规模采用之前，测试新的金融产品和服务，以便监管机构可以熟悉这些产品和服务，并及时制定监管对策，以弥补市场与监管机构之间的时间和知识鸿沟。^④阻碍监管科技解决方案有效性的重大挑战之一是，缺乏用于部署监管科技的国际法律框架。监管科技要求进行广泛的数据收集和共享，而这需要法律保障。^⑤各种数据保护法、国内宪法和其他法律障碍可能阻碍数据收集。最重要的是，国家监管机构之间的政治分歧进一步增强了问题的复杂性。总体而言，监管科技可以提供实时监控市场的解决方案，但建立切合实际的监管机制需要很长时间。

---

① ARNER D W，BARBERIS J，BUCKEY R P. FinTech，RegTech，and the reconceptualization of financial regulation[J]. Northwestern Journal of International Law & Business，2016（37）：371-413.

② 杨东. 监管科技：金融科技的监管挑战与维度建构[J]. 中国社会科学，2018（5）：69-91，205，206.

③ 同上。

④ FINANCIAL CONDUCT AUTHORITY. Regulatory Sandbox Lessons Learned Report.[EB/OL]. [2020-10-31]. https://www.fca.org.uk/publication/research-and-data/regulatory-sandbox-lessons-learned-report.pdf.

⑤ ANAGNOSTOPOULOS I. Fintech and regtech：Impact on regulators and banks[J]. Journal of Economics and Business，2018（100）：7-25.

（三）应契合加密货币技术特征

金融监管存在多种监管模式。我们可以从起源上对这些模式进行分类。公共监管注重与政府相关的公共机构在监管中的作用，认为监管的主要目的是保护整个社会的利益。公共监管可能采取涉及整个市场、系统性的方法，适用旨在保护整个市场和经济的规则，通过纠正现有或市场失灵来规避系统性风险。①现有的金融监管体系所彰显的是典型的中心化模式的监管路径，具有直接、集中和命令控制的特点，总体上表现为国家授权的中心机构直接对用户进行监管，大致路径为"国家—中心（监管机构）—用户"。但这种类型的监管本质上是保守的，可能对银行自由造成不必要的限制，成本高昂并且效率低下。同时，它也是静态的，对市场发展的反应较慢，而且又严重依赖集中式的监管对象和系统来进行控制。此外，公共监管通常局限在国家或区域范围内，主要受国家利益或其成员利益驱动。因此，在面对加密货币等具有去中心化和跨国性特征的全球金融产品或服务时，自然显得千疮百孔、力不从心。迄今为止，公共监管机构对加密货币采取了多种监管方法，如彻底禁止、纳入现有的监管体系和制定新的法律法规等。目前来看，除非就加密货币的监管达成国际共识，而且国际监管机构承担起相应的责任，否则公共监管很难有效解决监管套利问题。②

与公共监管相对应的是私人监管或自律监管，即以市场为主导、由行业监管机构或者私人机构承担执行规则的主要责任并确保进行合规的监管。这些机构通常也是规则的制定者。自律监管具有一定优势，包括市场专业知识的获得、有效分配资源和更大的资源库可以利用等。③但是，私人监管存在着可信度不高、缺乏问责机制以及监管者被行业俘获等问题，并且把保护公共

① HARNAY S，SCIALOM L. The influence of the economic approaches to regulation on banking regulations：a short history of banking regulations[J]. Cambridge Journal of Economics，2016，40（2）：401-426.

② ARNER D W，BARBERIS J，BUCKEY R P. FinTech，RegTech，and the reconceptualization of financial regulation[J]. Northwestern Journal of International Law & Business，2016（37）：371-413.

③ ASHBY S，CHUAH S H，HOFFMANN R. Industry self-regulation：a game-theoretic typology of strategic voluntary compliance[J]. International Journal of the Economics of Business，2004，11（1）：91-106.

利益的责任从公共机构转向私人机构也存在一定的风险。自律监管与金融放松管制有关，是导致金融危机的关键原因之一。2008 年，全球金融危机之后，为了应对系统性风险和加强对单个银行的监管，公共监管再度复兴，自律监管相对被边缘化。

加密货币具有去中心化、匿名性和跨国性等特点，完全颠覆了公共监管所赖以建立的哲学基础和监管范式。由于缺乏中介机构和可识别的加密货币发行人，用户从对中介的依赖转向对算法和加密技术的依赖。加密货币从一开始就远离国家设立的中心机构，在这一过程中还形成了"去中心化"的演进路径，基于市场竞争形成的加密货币交易所仍然是"去中心化"的，并非系由于国家指令而形成的，而是在市场竞争中自发形成的，因此它并不强制用户在此进行交易，而是赋予用户更多的选择自由。这样一来，其监管也应与公共监管采用完全不同的监管路径，应当转而采用"用户→交易平台→牌照管理"的监管路径。例如，2018 年 10 月，日本政府授予日本虚拟货币兑换协会（Japan Virtual Currency Exchange Association）对加密货币进行监管和执行的权力。在加密货币这样快速发展的行业中，自律监管比公共监管更有能力制定监管规则。自律监管存在的主要理由是监管者与被监管者（银行）之间存在重大信息不对称的问题。监管者在信息获取方面面临较多困难，而被监管机构可以利用直接接触市场的便利，较为轻松地获取信息。但是，众所周知，自律监管存在行业俘获的问题，从而牺牲金融稳定这一公共利益。

所以，有必要采取公共监管和自律监管相结合的方式。监管理论提出了多种不同的混合模型，包括：强制自律监管，即监管者将监管职能分包给被监管人；元监管模式，即监管机构把监督或风险控制职能授予公司。加密货币采用了多项创新技术，同时带来了独特的挑战，因此需要私有部门与监管机构之间密切合作。公私合作的监管模式具有一定的独特性，并且由于加密货币技术含量高，需要充分发挥监管科技的监管作用。

（四）应注重全球合作

为了促进数字金融创新，解决加密货币监管面临的挑战和其他法律问题，需要进行一定的全球合作或者全球协调。加密货币的运行跨越国界、分属不同的资产类型，有不同的服务参与者，加密货币监管成为一个国际性问题。

同样，加密货币面临的挑战具有全球性，也应当进行全球合作以共同应对，确保不同的司法管辖区之间公平的竞争环境和各国应对措施的一致性。现在各国的监管法律制度之所以不一致，一方面是因为各国法律传统不同，另一方面是因为不同国家选择了不同的优先政策，只有通过制定共同的法律原则和实现全面覆盖的监管才能突破这一障碍。数字金融创新的实践已经触及合同、财产、证券和冲突法等不同的法律问题，如果各国相关法律重大差异继续存在，就会阻碍对这一技术的应用以及监管的适用。国际合作不仅能够促进监管融合，还能促进区块链技术标准的统一和提高互操作性，从而提高区块链技术的使用效率。

参考文献

一、中文文献

（一）中文著作

[1] 长铗，韩锋，等. 区块链：从数字货币到信用社会 [M]. 北京：中信出版集团，2016.

[2] 江波. 虚拟财产司法保护研究[M]. 北京：北京大学出版社，2015.

[3] 姚前. 数字货币初探[M]. 北京：中国金融出版社，2018.

[4] 姚前，陈华. 数字货币经济分析[M]. 北京：中国金融出版社，2018.

[5] 谢平，石午光. 数字货币新论[M]. 北京：中国人民大学出版社，2019.

[6] 杨延超. 机器人法：构建人类未来新秩序[M]. 北京：法律出版社，2019.

[7] 杨东. 链金有法：区块链商业实践与法律指南[M]. 北京：北京航空航天大学出版社，2017.

[8] 钟伟，魏伟，陈骁，等. 数字货币：金融科技与货币重构[M]. 北京：中信出版集团，2018.

（二）中文译著

[1] 阿尔文德·纳拉亚南，约什·贝努，爱德华·费尔顿，等. 区块链技术驱动金融：数字货币与智能合约技术[M]. 林华，王勇，帅初，等译. 北京：中信出版集团，2016.

[2] 爱德华·卡斯特罗诺瓦. 货币革命：改变经济未来的虚拟货币[M]. 束宇，译. 北京：中信出版集团，2015.

[3] 保罗·魏格纳，迈克尔·凯西. 区块链：赋能万物的事实机器[M]. 凯尔，译. 北京：中信出版集团，2018.

[4] 保罗·魏格纳，迈克尔·凯西. 加密货币：虚拟货币如何挑战全球经济秩序[M]. 吴建刚，译. 北京：人民邮电出版社，2015.

[5] 劳伦斯·莱斯格. 代码 2. 0：网络空间中的法律（修订版）[M]. 李旭，沈伟伟，译. 北京：清华大学出版社，2018.

[6] 卢克·多梅尔. 算法时代：新经济的新引擎[M]. 胡小锐，钟毅，译. 北京：中信出版社 2016 年版.

[7] 劳伦斯·H. 怀特. 货币制度理论[M]. 李扬，周素芬，姚枝仲，译. 北京：中国人民大学出版社，2004.

[8] L. 兰德尔·雷. 现代货币理论：主权货币体系的宏观经济学[M]. 张慧玉，王佳楠，马爽，译. 北京：中信出版集团，2017.

[9] 劳拉·德拉迪斯. 互联网治理全球博弈 [M]. 覃庆玲，陈慧慧，译. 北京：中国人民大学出版社，2017.

[10] 米尔顿·弗里德曼. 货币的祸害：货币史片段[M]. 安佳，译. 北京：商务印书馆，2006.

[11] 弥尔顿·L. 穆勒. 网络与国家：互联网治理的全球政治学[M]. 周程，鲁锐，夏雪，等，译. 上海：上海交通大学出版社，2015.

[12] 维克托·迈尔-舍恩伯格，托马斯·拉姆什. 数据资本时代[M]. 李晓霞，周涛，译 . 北京：中信出版集团，2018.

[13] 温德尔·瓦拉赫，科林·艾伦. 道德机器：如何让机器人明辨是非 [M]. 王小红，译. 北京：北京大学出版社，2017.

[14] 伊森·凯什，奥纳·拉比诺维奇·艾尼. 数字正义：当纠纷解决遇见互联网科技[M]. 赵蕾，赵精武，曹建峰，译. 北京：法律出版社，2019.

[15] 弗里德里希·冯·哈耶克. 货币的非国家化[M]. 姚仲秋，译. 上海：新星出版社，2007.

[16] 罗伯特·赫里安. 批判区块链[M]. 王延川，郭明龙，译 . 上海：上海人民出版社，2019.

（三）中文期刊论文

[1] 本·布劳德本特，蔡萌浙. 中央银行与数字货币[J]. 中国金融，2016（08）：11-13.

[2] 常鹏翱. 民法中的物[J]. 法学研究，2008（02）：27-39.

[3] 陈兴良. 虚拟财产的刑法属性及其保护路径[J]. 中国法学，2017（02）：

146-172.

[4] 柴振国. 区块链下智能合约的合同法思考[J]. 广东社会科学, 2019（04）: 236-246.

[5] 陈吉栋. 智能合约的法律构造[J]. 东方学, 2019（03）: 18-29.

[6] 蔡英欣. 试论虚拟货币之监理与法律定位: 以日本法为中心[J]. 管理评论, 2018（10）: 53-67.

[7] 崔冬, 万晨. 数字货币国际监管的发展动向及对我国的启示[J]. 征信, 2016, 34（10）: 62-64.

[8] 狄刚. 数字货币辨析[J]. 中国金融, 2018（17）: 52-54.

[9] 邓建鹏. ICO 非法集资问题的法学思考[J]. 暨南学报（哲学社会科学版）, 2018, 40（08）: 40-49.

[10] 董新义, 李鑫淼. 虚拟货币的监管政策和制度框架刍议[J]. 证券法律评论, 2018（01）: 280-293.

[11] 范一飞. 中国法定数字货币的理论依据和架构选择[J]. 中国金融, 2016（17）: 10-12.

[12] 樊云慧. 比特币监管的国际比较及我国的策略[J]. 法学杂志, 2016, 37（10）: 116-123.

[13] 范薇, 王超, 谢华. 美国数字货币反洗钱监管[J]. 中国金融, 2017（10）: 84-85.

[14] 封思贤, 丁佳. 数字加密货币交易活动中的洗钱风险: 来源、证据与启示[J]. 国际金融研究, 2019（07）: 11-23.

[15] 傅晓骏, 王瑞. 加密资产概念、现状及各国（地区）监管实践[J]. 金融会计, 2018（05）: 45-53.

[16] 何东, 卡尔·哈伯梅尔, 罗斯·莱科, 等. 虚拟货币及其扩展: 初步思考[J]. 金融监管研究, 2016（04）: 46-71.

[17] 华秀萍, 夏舟波, 周杰. 如何破解对数字虚拟货币监管的难题[J]. 金融监管研究, 2019（11）: 1-18.

[18] 凯伦·杨, 林少伟. 区块链监管: "法律"与"自律"之争[J]. 东方法学, 2019（03）: 121-136.

[19] 凯文·沃巴赫，林少伟. 信任，但需要验证：论区块链为何需要法律[J]. 东方法学，2018（04）：83-115.

[20] Leo Zeng. 加密数字货币的国际反洗钱机制研究[J]. 国际经济法学刊，2019（04）：38-47.

[21] 贺立. 美国虚拟货币监管经验及对我国的启示[J]. 武汉金融，2018（07）：54-58.

[22] 贺同宝. 国际虚拟货币监管实践研究[J]. 北京金融评论，2018（03）：3-7.

[23] 焦瑾璞，孙天琦，黄亭亭，等. 数字货币与普惠金融发展：理论框架、国际实践与监管体系[J]. 金融监管研究，2015（07）：19-35.

[24] 李文红，蒋则沈. 分布式账户、区块链和数字货币的发展与监管研究[J]. 金融监管研究，2018（06）：1-12.

[25] 廖凡. 论金融科技的包容审慎监管[J]. 中外法学，2019，31（03）.

[26] 刘向民. 央行发行数字货币的法律问题[J]. 中国金融，2016（17）：17-19.

[27] 刘少军. 法定数字货币的法理与权义分配研究[J]. 中国政法大学学报，2018（03）：165-179.

[28] 刘新华，郝杰. 货币的债务内涵与国家属性：兼论私人数字货币的本质[J]. 经济社会体制比较，2019（03）：58-70.

[29] 娄耀雄，武君. 比特币法律问题分析[J]. 北京邮电大学学报（社会科学版），2013，15（04）：25-31.

[30] 梅夏英. 虚拟财产的范畴界定和民法保护模式[J]. 华东政法大学学报，2017，20（05）：42-50.

[31] 梅夏英. 数据的法律属性及其民法定位[J]. 中国社会科学，2016（09）：164-183，209.

[32] 林旭霞. 虚拟财产权性质论[J]. 中国法学，2009（01）：88-98.

[33] 马长山. 智能互联网时代的法律变革[J]. 法学研究，2018，40（04）：20-38.

[34] 穆杰. 央行推行法定数字货币 DCEP 的机遇、挑战及展望[J]. 经济学家，2020（03）：95－105.

[35] 皮六一，薛中文. 加密资产交易监管安排及国际实践[J]. 证券市场导报，2019（07）：4-12.

[36] 道垣内弘人. 比特币的法律性质与交易所破产取回权的成立与否[J]. 中日民商法研究, 2017, 16（09）: 149－159.

[37] 沈伟. 金融科技的去中心化和中心化的金融监管:金融创新的规制逻辑及分析维度[J]. 现代法学, 2018（03）: 70-93.

[38] 盛松成, 张璇. 虚拟货币本质上不是货币: 以比特币为例[J]. 中国金融, 2014（01）: 35-37.

[39] 孙国峰, 陈实. 美国虚拟货币监管借鉴[J]. 中国金融, 2017（19）: 82-84.

[40] 孙国峰, 陈实. 论 ICO 的证券属性与法律规制[J]. 管理世界, 2019, 35（12）: 45－52.

[41] 陶峰, 万轩宁. 监管科技与合规科技: 监管效率和合规成本[J]. 金融监管研究, 2019（07）: 68-81.

[42] 温信祥, 张蓓. 数字货币对货币政策的影响[J]. 中国金融, 2016（17）: 24-26.

[43] 谢平, 石午光. 数字加密货币研究: 一个文献综述[J]. 金融研究, 2015（01）: 01-15.

[44] 谢平, 石午光. 数字货币的风险、监管与政策建议[J]. 新金融评论, 2018（01）: 132-149.

[45] 王延川. 智能合约的构造与风险防治[J]. 法学杂志, 2019, 40（02）: 43-51.

[46] 万国华, 孙婷. 证券区块链金融: 市场变革、法律挑战与监管回应[J]. 法律适用, 2018（23）: 57-66.

[47] 吴凌翔. 金融监管沙箱试验及其法律规制国际比较与启示[J]. 金融发展研究, 2017（10）: 44-51.

[48] 杨东, 陈哲立. 虚拟货币立法: 日本经验与对中国的启示[J]. 证券市场导报, 2018（02）: 69-78.

[49] 杨东. 监管科技: 金融科技的监管挑战与维度建构[J]. 中国社会科学, 2018（05）: 69-91, 205, 206.

[50] 姚前. 数字货币的发展与监管[J]. 中国金融, 2017（14）: 38-40.

[51] 姚前, 汤莹玮, 等. 关于央行法定数字货币的若干思考[J]. 金融研究, 2017（07）: 78-85.

[52] 姚前. 数字货币的前世与今生[J]. 中国法律评论, 2018（06）: 169-176.

[53] 姚前. 法定数字货币的经济效应分析: 理论与实证[J]. 国际金融研究, 2019（01）: 16-27.

[54] 赵磊. 论比特币的法律属性: 从 HashFast 管理人诉 Marc Lowe 案谈起[J]. 法学, 2018（04）: 150-161.

[55] 赵磊, 孙琦. 私法体系视角下的智能合约[J]. 经贸法律评论, 2019（03）: 16-32.

[56] 赵天书. 比特币法律属性探析: 从广义货币法的角度[J]. 中国政法大学学报, 2017（05）: 77-88.

[57] 张继红, 牛佩佩. 美国数字货币监管考量及对我国的启示[J]. 金融法苑, 2018（01）: 133-146.

[58] 张红. 监管沙盒及与我国行政法体系的兼容[J]. 浙江学刊, 2018（01）: 77-86.

[59] 路漫, 靳珂. 虚拟货币反洗钱问题研究[J]. 金融理论与实践, 2017（07）: 73-75.

[60] 周润, 卢迎. 智能合约对我国合同制度的影响与对策[J]. 南方金融, 2018（05）: 93-98.

[61] 张景智. "监管沙盒"的国际模式和中国内地的发展路径[J]. 金融监管研究, 2017（05）: 22-35.

[62] 邹传伟. 区块链与金融基础设施: 兼论 Libra 项目的风险与监管[J]. 金融监管研究, 2019（07）: 18-33.

[63] 朱太辉, 陈璐. Fintech 的潜在风险与监管应对研究[J]. 金融监管研究, 2016（07）: 18-32.

[64] 周仲飞, 李敬伟. 金融科技背景下金融监管范式的转变[J]. 法学研究, 2018, 40（05）: 3-19.

[65] 张建文. 如何规制数字金融资产: 加密货币与智能契约: 俄罗斯联邦《数字金融资产法》草案评述[J]. 上海政法学院学报（法治论丛）, 2018（05）: 14-23.

二、英文文献

（一）英文著作

[1] ALIBER R Z, KINDLEBERGER C P, MCCAULEY R N. Manias, Panics, and Crashes: A History of Financial Crises[M]. New York: Palgrave Macmillan, 1996.

[2] ATHANASSIOU P. Hedge Fund Regulation in the European Union: Current Trends and Future Prospects[M]. WASHINGTON: Wolters Kluwer Law & Business, 2009.

[3] BAMFORD C. Principles of international financial law[M]. Oxford: Oxford University Press，2011：7-40.

[4] DE FILIPPI P, WRIGHT A. Blockchain and the Law: The Rule of Code[M]. Cambridge: Harvard University Press, 2018.

[5] DON TAPSCOTT, ALEX TAPSCOTT. Blockchain Revolution：How the Technology behind Bitcoin is Changing Money Business and the World[M]. New York: Penguin Random House LLC，2016:308.

[6] FINCK M. Blockchain Regulation and Governance in Europe[M]. Cambridge: Cambridge University Press, 2018.

[7] JACOBI A P. The FATF as the central promoter of the anti-money laundering regime[M]// Securitization, Accountability and Risk Management: Transforming the Public Security Domain. London: Routledge, 2012.

[8] PAK NIAN LAM, LEE KUO CHUEN DAVID. Introduction to Bitcoin[M]// Lee Kuo Chuen David. Handbook of Digital Currency：Bitcoin，Innovation，Financial Instruments，and Big Data. Amsterdam: Academic Press, 2015: 19–20.

[9] PROCTOR C. Mann on the Legal Aspect of Money[M]. 7th ed. Oxford: Oxford University Press，2012:15-30.

[10] REINHART C M, ROGOFF K S. This Time Is Different: Eight Centuries of Financial Folly[M]. Princeton: Princeton University Press, 2011.

[11] SACKHEIM M S, HOWELL N A. The Virtual Currency Regulation Review[M]. 4th ed. London: Law Business Research Ltd, 2021.

[12] WILLIAM MOUGAYAR. The Business Blockchain: Promise, Practice, and Application of the Next Internet Technology[M]. New Jersey: John Wiley and Sons, 2016:108.

（二）英文期刊论文

[1] ADAM J KOLBER. Not-So-Smart Blockchain Contracts and Artificial Responsibility[J]. STAN TECH L REV, 2018(21): 198-206.

[2] AMICELLE A. Towards a "new" political anatomy of financial surveillance [J]. Security Dialogue, 2011, 42(2): 161-178.

[3] ARNER D W, BARBERIS J N, BUCKLEY R P. The Evolution of Fintech: A New Post-Crisis Paradigm?[J]. SSRN Electronic Journal, 2016, 47(4):1271-1319.

[4] BRYANS D. Bitcoin and money laundering: mining for an effective solution[J]. Indiana Law Journal, 2014 (89):441–472.

[5] CATHERINE MARTIN CHRISTOPHER. The Bridging Model: Exploring the Roles of Trust and Enforcement in Banking, Bitcoin, and the Blockchain[J]. NEV L J, 2016(17):139-180.

[6] DE CARIA R. The Legal Meaning of Smart Contracts[J]. European Review of Private Law, 2019（6）: 731-751.

[7] GARY LILIENTHAL, NEHALUDDIN AHMAD. Bitcoin: is it Really Coinage?[J]. Computer and Telecommunications Law Review, 2018 (24): 49–56.

[8] GEORGE WALKER. Financial Technology Law: A New Beginning and a New Future[J]. INT'L LAW, 2017(50): 137-171.

[9] GOODHART C A E, LASTRA R M. Border Problems[J]. Journal of International Economic Law, 2010, 13（3）:705-718.

[10] HALL J A. Howey, Ralston Purina and the SEC's Digital Asset Framework[J]. The Review of Securities & Commodities Regulation, 2019, 52(12): 137-141.

[11] HENRY SIDGWICK. What is Money?[J]. History of Economic Thought Articles, 1879(25): 563-575.

[12] JOHNSON D R, POST D G. Law and Borders: The Rise of Law in Cyberspace[J]. Stanford Law Review, 1996, 48(5): 1367-1402.

[13] MANNING M. Distributed Ledger Technology in Securities Clearing and Settlement：Some Issues[J]. JASSA: The Journal of the Securities Institute of Australia, 2016（3）:30-36.

[14] MARC I STEINBERG, WILLIAM E KAULBACH. The Supreme Court and the Definition of "Security"：The "Context" Clause，"Investment Contract" Analysis，and Their Ramifications[J]. Vanderbilt Law Review, 1987(40): 489-539.

[15] MENDELSON M. From Initial Coin Offerings to Security Tokens: A US Federal Securities Law Analysis[J]. Stanford Technology Law Review, 2019 (22): 52-94.

[16] MONAGHAN M K. An Uncommon State of Confusion: The Common Enterprise Element of Investment Contract Analysis[J]. Fordham Law Review Fordham Law Review，1995(63):2135, 2157-2158.

[17] PALKA P. Virtual Property：Towards a General Theory[D]. Florence: European University Institute, 2017.

[18] RANCHORDÁS S. Innovation Experimentalism in the Age of the Sharing Economy[J]. Lewis & Clark Law Review, 2015(19):871-924.

[19] ROHR J, WRIGHT A. Blockchain-Based Token Sales，Initial Coin Offerings，and the Democratization of Public Capital Markets[J]. Hastings Law Journal，2019(70):463-524.

[20] SAMS R. Bitcoin Blockchain for Distributed Clearing：A Critical Assessment [J]. The Capco Institute Journal of Financial Transformation: 39-46.

[21] STOKES R. Anti-Money Laundering Regulation and Emerging Payment Technologies[J]. Banking & Financial Services Policy Report, 2013, 32(5): 1-11.

[22] TSINGOU E. Global financial governance and the developing anti-money laundering regime: What lessons for International Political Economy?[J]. International Politics , 2010, 47(6), 617–637.

[23] VICTOR FLEISCHER. Regulatory Arbitrage[J]. Texas Law Review 2010(89): 227-229.

[24] ZETZSCHE D A, BUCKLE R P, ARNER D W. The ICO Gold Rush: It's a Scam, It's a Bubble, It's a Super Challenge for Regulators[J]. Harvard International Law Journal, 2019, 60 (2): 267-315.

（三）其他文献

[1] ATHANASSIOU P. Impact of digital innovation on the processing of electronic payments and contracting：an overview of legal risks[EB/OL]. [2017-11-16]. https://papers.ssrn.com/sol3/papers.cfm?abstract_id=3067222.

[2] BAFIN. Initial coin offerings: BaFin publishes advisory letter on the classification of tokens as financial instruments[EB/OL]. [2019-10-31]. https://www.bafin.de/SharedDocs/Veroeffentlichungen/EN/Fachartikel/2018/fa_bj_1803_ICOs_en.html.

[3] BANK FOR INTERNATIONAL SETTLEMENTS. Committee on Payments and Market Infrastructures Markets Committee[EB/OL]. [2018-3-27]. https://www.bis. org/cpmi/publ/d174.pdf.

[4] BARRDEAR J, KUMHOF M. The macroeconomics of central bank issued digital currencies[EB/OL]. [2020-10-31]. https://www.bis.org/events/ confresearchnetwork 1909/kumhof.pdf.

[5] BATIZ-BENET J, SANTORI M, CLAYBURGH J. The SAFT Project: Toward a Compliant Token Sale Framework[EB/OL]. [2020-10-31]. https:// saftproject.com/static/SAFT-Project-Whitepaper.pdf.

[6] BECH M L，GARRATT R. Central bank cryptocurrencies [EB/OL]. [2020-10-31]. https://www.bis.org/publ/qtrpdf/r_qt1709f.htm.

[7] BILAL MEMON. Guide to Stablecoin：Types of Stablecoins & Its Importance[EB/OL]. [2020-2-4]. https：//masterthecrypto.com/guide-to-stablecoin-

types-of-stablecoins/.

[8] BINDSEIL U. Tiered CBDC and the financial system[EB/OL]. [2020-1-4]. https://papers.ssrn.com/sol3/papers.cfm?abstract_id=3513422

[9] BITCOIN MAGAZINE. What Is an ICO? [EB/OL]. [2019-10-31]. https://bitcoinmagazine.com/guides/what-is-an-ico.

[10] BORDO M D，LEVIN A T. Central bank digital currency and the future of monetary policy[EB/OL]. [2020-12-31]. https://www.nber.org/papers/w23711.

[11] CIPHERTRACE. Cryptocurrency Anti-Money Laundering Report[EB/OL]. [2020-11-01]. https://www.ciphertrace.com/crypto-aml-report-2018q3.pdf.

[12] COMMITTEE ON PAYMENTS AND MARKET INFRASTRUCTURES. Central bank digital currencies[EB/OL]. [2020-12-31]. https://www.bis.org/cpmi/publ/d174.htm.

[13] COMMODITY FUTURES TRADING COMMISSION. Order Instituting Proceedings Pursuant to Sections 6(c) and 6(d) of The Commodity Exchange Act, Making Findings and Imposing Remedial Sanctions（CFTC Docket No 15–29）[EB/OL]. [2015-09-17]. https://www.cftc.gov/sites/default/files/idc/groups/public/@lrenforcementactions/documents/legalpleading/enfcoinfliprorder09172015.pdf

[14] DE FILIPPI P, HASSAN S. Blockchain technology as a regulatory technology: From code is law to law is code [EB/OL]. [2018-1-8]. https://arxiv.org/abs/ 1801.02507.

[15] Decentralized arbitration to address blockchain disputes[EB/OL]. [2020-10-31]. https://blockchainwriter.tilda.ws/decentralized-arbitration-address-blockchain-disputes-jincor.

[16] DEPARTMENT OF FINANCIAL SERVICES. NY DFS Releases Proposed BitLicense Regulatory Framework for Virtual Currency Firms[EB/OL]. [2020-1-20]. https://www.dfs.ny.gov/reports_and_publications/press_releases/pr1407171

[17] DEWEY J N, EMERSON M D. Beyond Bitcoin：How Distributed Ledger Technology Has Evolved to Overcome Impediments Under the Uniform

Commercial Code，47 UCC L. J. 105[EB/OL]. [2020-10-31]. http://
tapchinganhang.gov.vn/ung-dung-blockchain-trong-giao-dich-l-c-tai-cac-ngan-
hang-thuong-mai-viet-nam.htm.

[18] DONG HE，ROSS B L，V Haksar，et al. Fintech and Financial Services:
Initial Considerations[EB/OL]. [2019-10-31]. https://www.imf.org/en/Publications/
Staff-Discussion-Notes/Issues/2017/06/16/Fintech-and-Financial-Services-Ini
tial-Considerations-44985.

[19] DRUG ENFORCEMENT ADMINISTRATION. 2017 National Drug Threat
Assessment [EB/OL]. [2020-10-31]. https://www.dea.gov/documents/2017/
2017-10/2017-10-01/2017-national-drug-threat-assessment.

[20] DYSON B, HODGSON G. Digital Cash: Why the Central Banks Should Start
Issuing Electronic Money[EB/OL]. [2020-10-31]. https://studentshare.org/
finance-accounting/2085599-review-essay.

[21] ENISA. Distributed Ledger Technology & Cybersecurity： Improving
information security in the financial sector[EB/OL]. [2019-10-31]. https://
www.enisa.europa.eu/publications/blockchain-security.

[22] EUROPEAN BANKING AUTHORITY. EBA Opinion on virtual currencies
[EB/OL]. [2014-7-4]. https://www.eba.europa.eu/sites/default/ documents/files/
documents/10180/657547/81409b94-4222-45d7-ba3b-7deb5863ab57/EBA-
Op-2014-08%20Opinion%20on%20Virtual%20Currencies.pdf?retry=1.

[23] EUROPEAN SECURITIES AND MARKETS AUTHORITY. ESMA alerts
firms involved in Initial Coin Offerings to the need to meet relevant regulatory
requirements [EB/OL]. [2019-10-31]. https://www.esma.europa.eu/document/
esma-alerts-firms-involved-in-initial-coin-offerings-icos-need-meet-relevant-
regulatory.

[24] EUROPOL. Europol – Interpol Cybercrime Conference Makes the Case for
Greater Multisector Cooperation[EB/OL]. [2020-1-20]. https://www.europol.
europa.eu/media-press/newsroom/news/europol-%E2%80%93-interpol-cyber
crime-conference-makes-case-for-greater-multisector-cooperation.

[25] EUROPOL. Illegal Network Used Cryptocurrencies and Credit Cards to Launder More Than EUR 8 Million from Drug Trafficking[EB/OL]. [2020-10-31]. https://www.europol.europa.eu/media-press/newsroom/news/illegal-network-used-cryptocurrencies-and-credit-cards-to-launder-more-eur-8-million-drug-trafficking.

[26] FATF. Regulation of Virtual Assets[EB/OL]. [2019-10-31]. https://www.fatf-gafi.org/en/topics/virtual-assets.html.

[27] FINANCIAL ACTION TASK FORCE. Guidance for a Risk-Based Approach to Prepaid Cards, Mobile Payments and Internet-Based Payment Services [EB/OL]. [2020-12-30]. https://www.fatf-gafi.org/en/publications/Fatfrecommendations/Rba-npps-2013.html.

[28] FINANCIAL ACTION TASK FORCE. Guidance for a Risk-Based Approach to Virtual Currencies[EB/OL]. [2020-12-30]. https://www.fatf-gafi.org/en/publications/Fatfgeneral/Guidance-rba-virtual-currencies.html.

[29] FINANCIAL ACTION TASK FORCE. Virtual Currencies：Key Definitions and Potential AML/CFT Risks[EB/OL].[2014-7-4]. https://www.fatf-gafi.org/en/publications/Methodsandtrends/Virtual-currency-definitions-aml-cft-risk.html.

[30] FINANCIAL CONDUCT AUTHORITY. Cryptocurrency derivatives: FCA statement on the requirement for firms offering cryptocurrency derivatives to be authorised[EB/OL]. [2019-10-31]. https://www.fca.org.uk/news/statements/cryptocurrency-derivatives.

[31] FINANCIAL CONDUCT AUTHORITY. Distributed Ledger Technology: Feedback Statement on Discussion Paper 17/03[EB/OL]. [2019-10-31]. https://www.fca.org.uk/publication/feedback/fs17-04.pdf.

[32] FINANCIAL CONDUCT AUTHORITY. Initial Coin Offerings: Consumer warning about the risks of Initial Coin Offerings[EB/OL]. [2019-10-31]. https://www.fca.org.uk/news/statements/initial-coin-offerings.

[33] FINANCIAL CONDUCT AUTHORITY. Regulatory Sandbox[EB/OL].

[2020-12-30]. https://www.fca.org.uk/firms/innovation/regulatory-sandbox.

[34] FINANCIAL CRIMES ENFORCEMENT NETWORK. Application of FinCEN's Regulations to Persons Administering, Exchanging, or Using Virtual Currencies [EB/OL]. [2020-1-20]. https://www.fincen.gov/resources/statutes-regulations/ guidance/application-fincens-regulations-persons-administering.

[35] FINANCIAL CRIMES ENFORCEMENT NETWORK. History of Anti–Money Laundering Laws, United States Department Of The Treasury[EB/OL]. [2016-07]. https：//www.fincen.gov/history-anti-money-laundering-laws.

[36] FINANCIAL STABILITY BOARD. Financial Stability Implications from FinTech: Supervisory and Regulatory Issues that Merit Authorities' Attention [EB/OL]. [2020-10-31]. https://www.fsb.org/wp-content/uploads/R270617.pdf.

[37] FINMA. FINMA reduces obstacles to FinTech[EB/OL].[2020-12-30]. https:// www.finma.ch/en/rss/news/~/link.aspx?_id=A83BD97EC27A4E588F1343D F5D50484D&_z=z.

[38] FINMA. Guidelines for Enquiries Regarding the Regulatory Framework for Initial Coin Offerings（ICOs）[EB/OL].[2019-10-31]. https://www.finma.ch/ en/~/media/finma/dokumente/dokumentencenter/myfinma/1bewilligung/finte ch/wegleitung-ico.pdf?la=en.

[39] FUNG B S C，HALABURDA H. Central bank digital currencies：a framework for assessing why and how[EB/OL]. [2017-6-29]. https:// papers.ssrn.com/sol3/ papers.cfm?abstract_id=2994052.

[40] GREENSPAN G. The Blockchain Immutability Myth[EB/OL]. [2019-10-31]. http://blogchain.info/post/the-blockchain-immutability-myth.

[41] HAGIWARA Y，NAKAMURA Y. Japan Unveils Guidelines for Allowing Initial Coin Offerings Even as China, US Support Curbs[EB/OL]. [2019-10-31]. https://new.dealstreetasia.com/stories/japan-unveils-guidelines-for-allowing-i nitial-coin-offerings-95640.

[42] HAUBRICH J G，ORR A. Bitcoin versus the Dollar[EB/OL].[2020-2-4]. https://www.semanticscholar.org/paper/Bitcoin-versus-the-Dollar-Haubrich-

Orr/3e7e5c50d8155731657da682624d97ffdc47456a.

[43] HE M D, HABERMEIER M K F, LECKOW M R B, et al. Virtual currencies and beyond：initial considerations[EB/OL].[2016-1-20]. https://www. imf.org/en/ Publications/Staff-Discussion-Notes/Issues/2016/12/31/Virtual-Currencies-an d-Beyond-Initial-Considerations-43618.

[44] HOUSE COMMITTEE ON APPROPRIATIONS. Commerce, justice, science, and other related agencies appropriation bill[EB/OL]. [2020-1-20]. https://www. congress. gov/113/crpt/hrpt171/CRPT-113hrpt171.pdf.

[45] How Distributed Ledgers Impact Post-Trade in a Dodd-Frank World [EB/OL]. [2019-10-31]. https://www.finyear.com/How-Distributed-Ledgers-Impact-Post-Trade-in-a-Dodd-Frank-World_a36692.html.

[46] INTERNATIONAL CAPITAL MARKETS ASSOCIATION. Distributed Ledger Technology [EB/OL]. [2019-10-31]. https：//www.icmagroup.org/Regulatory-Policyand-Market-Practice/market-infrastructure/fintech/distributed-ledger-technology-dlt/.

[47] JASON G ALLEN. What's Offered in an ICO? Digital Coins as Things [EB/OL]. [2018-3-19]. https://papers.ssrn.com/sol3/papers.cfm?abstract_id= 3140499.

[48] JI JI KYODO. Japanese Cryptocurrency Exchange Coincheck to Reimburse Customers Who Lost Money in Massive Theft[EB/OL].[2020-2-4]. https：// www.japantimes.co.jp/news/2018/01/28/national/japanese-cryptocurrency-ex change-coincheck-reimburse-customers-lost-money-massive-theft/.

[49] KAZUAKI NAGATA. Cryptocurrency Exchange Coincheck Loses ￥ 58 Billion in Hacking Attack[EB/OL]. [2020-2-4]. https：//www.japantimes. co.jp/news/2018/01/27/national/cryptocurrency-exchange coincheckloses-58-billion-hacking- attack.

[50] KUMHOF M, NOONE C. Central bank digital currencies: design principles and balance sheet implications[EB/OL]. [2020-10-31]. https://www.bankofengland. co.uk/working-paper/2018/central-bank-digital-currencies-design-principles-

and-balance-sheet-implications.

[51] LAGARDE C. Winds of Chang：The Case for New Digital Currency [EB/OL]．[2018-11-14]．https://www.imf.org/en/news/articles/2018/11/13/ sp111418-winds-of-change-the-case-for-new-digital-currency.

[52] LOVELLS H. A Guide to Blockchain and Data Protection[EB/OL]. [2019-10-31]. https://engagepremium.hoganlovells.com/resources/blockchain/insight/a-guide-to-blockchain-and-data-protection.

[53] MCLEAY M, RADIA A, THOMAS R. Money creation in the modern economy [EB/OL]. [2020-10-31]. https://www.bankofengland.co.uk/quarterly-bulletin/ 2014/q1/money-creation-in-the-modern-economy.

[54] MERSCH Y. Digital Base Money：an assessment from the ECB's perspective [EB/OL]．[2020-12-31]．https://www.ecb.europa.eu/press/key/date/2017/html/ sp170116.en.html.

[55] MILLS D, et al. Distributed Ledger Technology in Payments，Clearing，and Settlement[EB/OL].[2019-10-31]．https://www.federalreserve.gov/econres/ feds/distributed-ledger-technology-in-payments-clearing-and-settlement.htm.

[56] MONETARY AUTHORITY OF SINGAPORE. MAS Clarifies Regulatory Position on the Offer on Digital Tokens in Singapore[EB/OL]. [2020-1-20]. https://www.mas.gov.sg/news/media-releases/2017/mas-clarifies-regulatory-position-on-the-offer-of-digital-tokens-in-singapore.

[57] NABILOU H. Central bank digital currencies：Preliminary legal observations [EB/OL].[2019-2-27].https://papers.ssrn.com/sol3/papers.cfm?abstract_id=33 29993

[58] National risk assessment of money laundering and terrorist financing 2020[EB/OL]．[2020-12-31]．https://www.gov.uk/government/publications/ national-risk-assessment-of-money-laundering-and-terrorist-financing-2020.

[59] PETERS G W，PANAYI E. Understanding Modern Banking Ledgers through Blockchain Technologies：Future of Transaction Processing and Smart Contracts on the Internet of Money[EB/OL].[2019-10-31]. https://link.

springer.com/chapter/10.1007/978-3-319-42448-4_13.

[60] Post-Trade Clearing & Settlement Processing Optimization：An Opportunity for Blockchain？ [EB/OL].[2021-10-31].https://www.prove.com/blog/post-trade-clearing-settlement-processing-optimization-an-opportunity-for-blockchain.

[61] PRASAD E. Central Banking in a Digital Age: Stock-Taking and Preliminary Thoughts[EB/OL]. [2020-10-31]. https://prasad.dyson.cornell.edu/doc/Central BankingDigitalAge_Brookings.April18.pdf.

[62] ALI R，BARRDEAR J，CLEWS R，SOUTHGATE J. The Economics of Digital Currencies（2014）[EB/OL].[2019-6-25]. Bank of England Quarterly Bulletin Q3, https://www.bankofengland.co.uk/-/media/boe/files/digital-currencies/the-economics-of-digital-currencies.

[63] RAFTERY G, OKI K, BINGHAM R W. Japanese Financial Services Agency accredits the Japan Virtual Currency Exchange Association as a Self-Regulatory Organization[EB/OL]. [2020-10-31]. https://www.lexology.com/library/detail.aspx?g=c37cb49f-d0c7-4ac9-965c-e05427b7691b.

[64] RASKIN M, YERMACK D. Digital currencies, decentralized ledgers and the future of central banking[EB/OL]. [2020-10-31]. https://www.nber.org/papers/w22238.

[65] RESERVE BANK OF AUSTRALIA. Submission to the inquiry into digital currency：Senate Economics References Committee [EB/OL].[2015-12-17]. https://www.rba.gov.au/publications/submissions/financial-sector/pdf/inquiry-digital-currency-2014-11.pdf.

[66] REUTERS. US SEC official says ether not a security price surges[EB/OL]. [2020-2-4]. https：//www.reuters.com/article/cryptocurrencies-ether/us-sec-official-says-ether-not-a-security-price-surges-idUSL1N1TG1TF.

[67] SATOSHI NAKAMOTO. Bitcoin：A Peer-to-Peer Electronic Cash System [EB/OL]. [2018-12-30].https://Ibitcoin.org/bitcoin.pdf.

[68] SEC Thailand. Summary of the Royal Decree on the Digital Asset Businesses B.E. 2561[EB/OL]. [2019-10-31]. https://www.sec.or.th/EN/Documents/

ActandRoyalEnactment/LawReform/summary-decree-digitalasset2561.pdf.

[69] SEC. Joint Staff Statement on Broker-Dealer Custody of Digital Asset Securities[EB/OL]. [2019-10-31]. https://www.sec.gov/news/public-statement/joint-staff-statement-broker-dealer-custody-digital-asset-securities.

[70] SECURITIES AND EXCHANGE COMMISSION. Report of Investigation Pursuant to Section 21(a) of the Securities Exchange Act of 1934: The DAO[EB/OL]. (2017-7-25)[2020-2-4]. https：//www.sec.gov/litigation/investreport/34- 81207.pdf.

[71] Sveriges Riksbank[EB/OL].[2020-10-31]. https://www.riksbank.se/en-gb.

[72] Testimony of Chairman Timothy G Massad before the US Senate Committee on Agriculture, Nutrition & Forestry[EB/OL]. [2019-10-31]. https://www.cftc.gov/PressRoom/SpeechesTestimony/opamassad-22.

[73] THE MONETARY AUTHORITY OF SINGAPORE. A Guide to Digital Token Offerings[EB/OL]. [2020-10-31]. https://www.mas.gov.sg/regulation/guidelines/a-guide-to-digital-token-offerings.

[74] THE MONETARY AUTHORITY OF SINGAPORE. MAS clarifies regulatory position on the offer of digital tokens in Singapore[EB/OL]. [2019-10-31]. https://www. mas.gov.sg/news/media-releases/2017/mas-clarifies-regulatory-position-on-the-offer-of-digital-tokens-in-singapore.

[75] THE SECURITIES AND EXCHANGE COMMISSION. About the Division of Corporation Finance[EB/OL]. [2019-10-31]. https://www.sec.gov/divisions/corpfin/cfabout.

[76] THE SECURITIES AND EXCHANGE COMMISSION. Company Halts ICO After SEC Raises Registration Concerns[EB/OL]. [2019-10-31]. https://www.sec.gov/news/press-release/2017-227.

[77] THE SECURITIES AND EXCHANGE COMMISSION. Framework for "Investment Contract" Analysis of Digital Assets[EB/OL].[2019-10-31]. https://www.sec.gov/corpfin/framework-investment-contract-analysis-digital-assets

[78] THE SECURITIES AND EXCHANGE COMMISSION. SEC Issues Investigative Report Concluding DAO Tokens, a Digital Asset, Were Securities[EB/OL]. [2019-10-31]. https://www.sec.gov/news/press-release/2017-131.

[79] THE SECURITIES AND EXCHANGE COMMISSION. SEcurities Act of 1933 Release No. 10445 / December 11, 2017 [EB/OL].[2019-10-31]. https://www.sec.gov/files/litigation/admin/2017/33-10445.pdf.

[80] THE SECURITIES AND EXCHANGE COMMISSION. Two ICO Issuers Settle SEC Registration Charges, Agree to Register Tokens as Securities [EB/OL]. [2019-10-31]. https://www.sec.gov/news/press-release/2018-264.

[81] THE TRUST MACHINE[EB/OL]. [2019-10-31]. https://www.economist.com/leaders/2015/10/31/the-trust-machine.

[82] UK GOVERNMENT OFFICE FOR SCIENCE. Distributed Ledger Technology：Beyond Block Chain[EB/OL].[2019-10-31]. https://www.gov.uk/government/news/distributed-ledger-technology-beyond-block-chain.

[83] US Department of Commerce，National Institute of Standards and Technology. Digital Signature Standard (DSS) [EB/OL].[2019-10-31]. https://nvlpubs.nist.gov/nistpubs/FIPS/NIST.FIPS.186-5.pdf.

[84] US Department of Treasury Financial Crimes Enforcement Network. Guidance：Application of FinCEN's Regulations to Persons Administering，Exchanging，or Using Virtual Currencies[EB/OL]. [2020-2-4]. https：//www.fincen.gov/sites/default/files/shared/FIN-2013-G001.pdf.

[85] VALCKE P，VANDEZANDE N，VAN DE VELDE N. The Evolution of Third Party Payment Providers and Cryptocurrencies Under the EU's Upcoming PSD2 and AMLD4[EB/OL]. [2020-1-20]. https://swiftinstitute.org/research/money-laundering-risks-facing-third-party-payment-providers-in-emerging-economies- and-the-counter-policies-measures/.

[86] VAN VALKENBURG P. The ULC's model act for digital currency businesses has passed, Here's why it's good for Bitcoin. [EB/OL]. [2019-10-31]. https://

www.coincenter.org/the-ulcs-model-act-for-digital-currency-businesses-has-passed-heres-why-its-good-for-bitcoin/.

[87] WALCH A. Deconstructing "Decentralization": Exploring the Core Claim of Crypto SystemsExploring the Core Claim of Crypto Systems[EB/OL]. [2020-2-4]. https://academic.oup.com/book/35207/chapter-abstract/299660206? redirectedFrom=fulltext.

[88] WOOD A. Japanese Research Group Establishes Guidelines for ICO Regulation [EB/OL]. [2020-10-31]. https://crypto24hnews.com/article/japanese-research-group-establishes-guidelines-for-ico-regulation-ctl8548.

[89] WORLD ECONOMIC FORUM. The Future of Financial Infrastructure: An Ambitious Look at How Blockchain Can Reshape Financial Services [EB/OL]. [2019-10-31]. https://www.weforum.org/publications/the-future-of-financial-infrastructure-an-ambitious-look-at-how-blockchain-can-reshape-financial-services.

[90] World's First Smart Contract Based Arbitration Proceedings Conducted [EB/OL]. [2020-10-31]. https://www.trustnodes.com/2017/07/17/worlds-first-smart-contract-based-arbitration-proceedings-conducted.

[91] WRIGHT A, DE FILIPPI P. Decentralized blockchain technology and the rise of lex cryptographia [EB/OL]. [2015-3-25]. https://papers.ssrn.com/sol3/papers.cfm?abstract_id=2580664.

（四）相关案例

[1] Amended Complaint，SEC v. Sohrab ("Sam") Sharma, et al. (2018).

[2] Balestra v. ATBCOIN LLC, et al., No. 1:2017-cv-10001 - Document 42 (2019).

[3] Complaint, SEC v. Titanium Blockchain Infrastructure Services, Inc. (2018).

[4] Complaint，SEC v. PlexCorps et al. (2017); Complaint，SEC v. AriseBank et al. (2018).

[5] Complaint，SEC v. ReCoin Group Foundation, LLC, et al. (2017).

[6] Federal Act on Financial Market Infrastructures and Market Conduct in

Securities and Derivatives Trading (Financial Market Infrastructure Act, FinMIA) of 19 June 2015. SR 958.1，RS 958.1，art. 2.1（Switz.）.

[7] First Victoria National Bank v. United States, 620 F.2d 1096.

[8] Glen-Arden Commodities, Inc. v. Costantino, 493 F.2d 1027, 1035(1974).

[9] Hashfast Technologies LLC-Adversary Proceeding, 15-03011（Bankr. N. D. Cal 2016）.

[10] Marine Bank v. Weaver，455 U. S. 551，588-589（1982）.

[11] National Provincial Bank v. Ainsworth [1965] AC 1175, House of Lords.

[12] Noa v. Key Futures, Inc., 638 F.2d 77, 79(1980).

[13] SEC v. Belmont Reid & Co., Inc., 794 F.2d 1388, 1391(1986).

[14] SEC v. Trendon T. Shavers and Bitcoin Savings and Trust, 4:13-cv-00416, (E.D. Tex.).

[15] SEC v. Trendon T. Shavers and Bitcoin Savings and Trust, 4:13-cv-00416, (E.D. Tex.).

[16] SEC v. W. J. Howey Co., 328 U.S. 293 (1946).

[17] SEC v. Shavers, 2013 WL 4028182 (E.D. Tex. 2013).

[18] Skatteverket v. David Hedqvis，C-264/14（2015）.

[19] United States v. Lord, No. 15-00240-01/02，(2017).

[20] United States v. Mansy，No. 2：15-cr-198-GZS(2017).

[21] Wisconsin Central Ltd. v. United States, No. 17-530.

[22] Your Response Ltd. v. Datateam Business Media Ltd. [2014] EWCA Civ 281.